古典文獻研究輯刊

三三編

潘美月・杜潔祥 主編

第 15 冊

錢坫《說文解字斠詮》研究

王相帥 著

國家圖書館出版品預行編目資料

錢坫《說文解字斠詮》研究／王相帥 著 -- 初版 -- 新北市：
花木蘭文化事業有限公司，2021〔民110〕
目 2+202 面；19×26 公分
（古典文獻研究輯刊 三三編；第 15 冊）
ISBN 978-986-518-631-9（精裝）
1.（清）錢坫 2.說文解字 3.學術思想 4.研究考訂
011.08   110012081

ISBN-978-986-518-631-9

9 789865 186319

古典文獻研究輯刊
三三編 第十五冊   ISBN：978-986-518-631-9

錢坫《說文解字斠詮》研究

作　　者	王相帥
主　　編	潘美月、杜潔祥
總 編 輯	杜潔祥
副總編輯	楊嘉樂
編　　輯	許郁翎、張雅淋、潘玟靜　美術編輯　陳逸婷
出　　版	花木蘭文化事業有限公司
發 行 人	高小娟
聯絡地址	235 新北市中和區中安街七二號十三樓
	電話：02-2923-1455／傳真：02-2923-1452
網　　址	http://www.huamulan.tw 信箱 service@huamulans.com
印　　刷	普羅文化出版廣告事業
初　　版	2021 年 9 月
全書字數	158918 字
定　　價	三三編 36 冊（精裝）台幣 90,000 元

錢坫《說文解字斠詮》研究

王相帥 著

作者簡介

王相帥，1987 年生，山東臨沂人。2008 至 2015 年就讀於北京師範大學，先後獲漢語言文字學專業碩士、博士學位。主要研究領域為清代《說文》學和音韻學。

提　　要

　　錢坫的《說文解字斠詮》是清代較早對《說文》進行全面校勘和詮釋的著作，但錢坫及其《斠詮》在以往的研究中關注不多。本書即以《斠詮》為研究對象，從以下四個方面對錢坫《斠詮》的成就進行探討：

　　一、結合錢坫一生學行探討其學術淵源與交遊足跡，揭示這些因素在錢坫《斠詮》著述過程中的各種影響。

　　二、在《說文》校勘方面，對錢坫的校勘底本、參校材料、校勘內容和校勘方法進行考察，揭示了錢坫在乾嘉之際進行《說文》校勘整理的理念和價值。

　　三、在《說文》詮釋方面，梳理了錢坫對《說文》形、音、義三個層面進行詮釋的材料和方法，對詮釋中涉及的語言學問題進行了概括。

　　四、基於對錢坫斠詮《說文》內容和方法的梳理，從語言學的角度考察錢坫的諸多學術理念，比如錢坫所強調的《說文》系統的形音義統一觀念，字詞的共時對應、歷時演變關係，以《說文》為正字標準約束文獻、時俗用字等，錢坫的這些《說文》學觀念和方法論在乾嘉小學中具有一定典型性，對今天文獻語言尤其是出土文獻的研究具有重要參考價值。

　　錢坫的《斠詮》反映了當時《說文》學研究的普遍特點和發展趨勢，昭示著《說文》學的發展進入全面而深入的全盛時期，因而《斠詮》在當時的學術發展階段具有重要的標誌性意義。

目
次

第一章 緒 論

第一節 選題緣起

東漢許慎著的《說文解字》是我國歷史上第一部全面解析文字形、音、義的文字學著作。由於成書的時代去古未遠，收錄了大量古文字字形，加上書中蘊含著豐厚的文字學理論，又與經典文獻結合緊密、相輔相生，所以對《說文》的重視和研究就成為我國傳統文字學研究的一條主線。今天我們要梳理和研究傳統的文字學發展史，就必須把《說文》學史的整理作為研究的重點。

在古代，對《說文》的研究出現過兩次高峰：一是唐李陽冰、南唐徐鍇、宋徐鉉等人對《說文》的刊定和校訂，尤其是徐鍇的《說文解字繫傳》，開創了後世注釋《說文》的先河。二是在清代，隨著明末清初學術風氣的轉變，知識分子開始摒棄「空談性理」的宋明理學，轉而崇尚質樸無華、追求實證的漢學。他們推崇漢學經說，就以漢代古文經學的精華——《說文》為入門階梯。因此，隨著漢學的復興，對《說文》的關注和研究在清代也達到了最高峰。在當時出現了一大批《說文》學專家，最著名的有《說文》「四大家」，稍遜者也不下數十百家。《說文》之學在有清一代成了獨一無二的顯學。

清代是《說文》學最終形成和大發展的時期。這個時期對《說文》的研究開始變得全面而深入，研究許書的基本工作有對文本的校勘、對許書體例的發凡、對許義的疏通證明、對聲讀的辨正、對字體的討源等。在此基礎上，更多的是以許書為基礎和工具，去探討漢字的正、俗、通、借、訛等歷

史演變問題，描述詞義的引申發展方向，重建古聲韻體系和轉合關係。清代研究《說文》的氣象與前代截然不同，從研究的廣度和深度來看，已經形成了專門的《說文》之學。並且，清代學者用他們的研究成果證明了《說文》在傳統語言文字學中的核心地位。

因此，在《說文》學史的研究中，清代的《說文》學史是最重要的一個階段。我們要梳理清代學者在《說文》學方面的著作文章、學術傳承關係，瞭解他們的學術立場、研究視角，學習他們的研究方法，歸納他們的語言文字觀念，繼承他們的研究成果，來豐富和完善現有的語言文字學理論。

然而，從目前對清代《說文》學史的研究進展來看，人們的目光還主要集中在成果最為突出的《說文》「四大家」身上。以《說文解字研究文獻集成》為例，該書匯總了 20 世紀以前《說文》學研究的代表性成果，從現當代卷中有關清代《說文》學史的篇目來看，幾乎全是有關「四大家」的研究成果，研究其他著作文章的篇目寥寥無幾。這與當時龐大的研究隊伍、眾多的研究著述的現實情況有較大差距。從學術史研究的角度來看，學術史上一些重要的節點當然值得重點關照，但是節點與節點之間的學術發展脈絡、節點背後的學術格局，同樣值得深入研究。學術史的研究，應該是由點及線、由線及面不斷豐滿、不斷深入的過程。以此看來，清代《說文》學史的研究，不應止步於對「四大家」的關注，還需要對其他的《說文》研究者給予足夠的重視，對他們的著作給予恰當的評價，在學術史上留給他們適當的位置。

胡樸安在《中國文字學史》中以《說文》四大家為綱論述了清代《說文》學的研究概況，又單分一節來討論「嘉定三錢」的《說文》學研究，對「嘉定三錢」的《說文》學研究給予較高的評價。在當時，以錢大昕為首的錢氏家族對《說文》頗有研究，形成了自己的特色。錢大昕是清代較早提倡研究《說文》的學者，在《說文》學方面的許多觀點，對後世影響很大，比如對《說文》與經典用字關係的研究，對徐鉉新附字的探討，對「連篆讀」等《說文》體例的闡發，都是從他的《說文答問》發端的。而錢大昭是他的兄弟，錢塘、錢坫是他的侄子，都曾跟隨錢大昕問學多年，一起研討《說文》，他們最大程度地繼承和發展了錢大昕的《說文》學思想。錢大昕叔侄四人是乾嘉時期研究《說文》的重要學者，他們的研究對後來的學者有重要的指引和啟發作用，對他們的研究給予適當的評價，是一個重要的研究課題。

錢大昕的《說文》學觀點主要見於《潛研堂文集》卷十一的「說文答問」

和《十駕齋養新錄》的卷四，只是札記性的記錄，沒有對《說文》全書的通釋。錢大昭著有《說文統釋》六十卷，體大思精，是對《說文》進行全面研究的著作，可惜今僅存《說文統釋自序》和《說文新附新補考證》兩篇文章。錢塘著有《說文聲系》二十卷，是以《說文》諧聲系聯漢字、探討詞源問題的著作，可惜已經亡佚，只能從錢塘的《與王無言書》中窺其涯涘。錢坫著有《說文解字斠詮》十四卷，是對《說文》進行校勘並簡要詮釋的著作，另有《十經文字通正書》，是利用《說文》正字溝通經典文獻用字的著作。由上可見，錢氏四人對《說文》均有精深研究，可惜現在能看到的對《說文》作全面研究的著作，只有錢坫的《說文解字斠詮》。

在對錢氏《說文》學的研究中，由於錢大昕、錢大昭、錢塘存世的《說文》學著述篇幅不多，已有學者作了一些探討，反倒是完整存世的《斠詮》，卻少有人涉及。為彌補這一不足，我們選擇錢坫的《斠詮》作為主要的研究對象，對《斠詮》作全面的整理與研究，提煉錢坫的《說文》學思想，並結合錢大昕、錢大昭和錢塘現存的著述來考察錢氏叔侄《說文》學思想的共性，論述他們之間的學術繼承關係，給予錢坫的《說文》學成就一個客觀合理的歷史評價。

第二節　清代《說文》學史研究現狀

《說文》學的研究和《說文》學史的研究不同，《說文》學重在《說文》本體，比如《說文》校勘、體例、收字、訓釋、音讀、注疏等方面的研究；或者是以《說文》為材料，探討《說文》與古文字學、詞彙學、音韻學、詞典學等語言文字學方面的問題。《說文》學史的研究則重在梳理《說文》學的發展演變情況，探討一些理論方法的演變規律，介紹相關學者的觀點著作並給予適當評價。《說文》學主要是對學理的探討，《說文》學史主要是學科發展史的敘述和評價。《說文》學是對《說文》的直接研究；《說文》學史是對《說文》學的研究，對於《說文》是第二層次、間接的研究。

《說文》學的研究具有很強的繼承性，是經過了多代人的努力積累才形成的《說文》之學。後世學者在面對前人成果時，或多或少都會有評價或繼承的舉動或言語表示。這些材料也屬於《說文》學史的範疇，但它們大多只是對某一觀點、某一材料、某一人物進行的局部性、偶然性評論，既不全面

也不具有學史的自覺意識。我們可以用來串聯學術發展的脈絡，在討論前人成果時作為參考，但它們還稱不上是在研究《說文》學史。

清代《說文》學史，是清代《說文》學研究的學術發展史，前輩學者對清代《說文》學史的研究，可以從兩個維度來看：有宏觀考察整個清代《說文》學史的，有具體考察清代某個學者、某本著作、某個理論的。下面我們也從這兩個角度來綜述前人的研究成果。

一、有關清代《說文》學史的通論或綜述性著作

這類著作中關於清代《說文》學史的論述，又可以分為不獨立的《說文》學史研究和專門的《說文》學史研究著作。

（一）不獨立的《說文》學史研究

很多學者在文字學史或語言學史的通論性著作中有不少關於《說文》學史的論述。比如胡樸安的《中國文字學史》，黃德寬、陳秉新的《漢語文字學史》，王力的《中國語言學史》，何九盈的《中國古代語言學史》《中國現代語言學史》等著作，都把《說文》學史當作文字學或語言學發展史的一部分。胡樸安的《中國文字學史》是我國第一部文字學史著作，它對《說文》學史的介紹也最細緻，下面我們以它為例介紹這類著作中對清代《說文》學史的敘述。

胡樸安《中國文字學史》第三編「文字學後期時代（清）」講述的基本就是清代《說文》學史的內容，先總述顧炎武、戴震開啟清代《說文》學的倡導、引領之功，而後分列「四大家」的《說文》學研究以及後人的訂補成果，同時也將同類型的研究著作臚列在下面，算是以類相從。之後又分列「三錢之文字學」「乾嘉以後諸儒之六書說」「從偏旁到字原」「從聲讀到《文始》」「新補新附」「逸字」「經字」「引經」「校勘」等節，將其他研究《說文》的學者著作按類分列，比較全面地梳理了清代《說文》學的研究成果。

（二）專門的《說文》學史研究

專門進行《說文》學史研究的萌芽可以追溯到清代謝啟昆的《小學考》〔註1〕、黎經誥的《許學考》〔註2〕兩部目錄書。謝書裏的文字類是有關《說

〔註1〕謝啟昆，小學考〔M〕，北京：國家圖書館出版社，2011。
〔註2〕黎經誥，許學考〔M〕，臺北：華文書局股份有限公司，1970。

文》的書目，黎書則是專門的《說文》學書目彙編，並且黎書是專門接續謝書所未收的著作。這兩部著作的編寫旨趣大致相同，收錄了歷代學者在《說文》方面的著述（從所佔篇幅上看，絕大多數都是清代的著作），並援引原書序跋、學者的相關評價，間或也有作者的按語。其實，這兩部書雖然都是目錄學著作，但作者將《說文》學一類的書類聚在一起，還附有原書序跋、後人評論、或加按語等提要性的內容，對所收著作的大致內容和貢獻進行了簡單的介紹和評價，幫助人們瞭解《說文》學的發展情況和相關著述。雖然還在有意無意之間，這也對後人梳理《說文》學史起到了很大的啟示作用，並提供了翔實的資料。

20 世紀 60 年代林明波著《清代許學考》〔註3〕，繼承謝、黎二人著述的旨趣，「作提綱挈領之敘述，考其撰人之始末，著其學術之源流」，「俾各家之說，開卷而得其梗概，有清一代許學之業績，釐然呈現於目前」。林書又根據做學問的大體路徑，先後分為校勘類、箋釋類、專考類、雜著類、六書類、辨聲類等。每類之中或以成書的先後為次，或以內容的相近為序，又在每一小類的前面附加一個小序，陳述各書前後相屬次的含義。可見，林書較之前代的謝、黎二書，更重視對清代《說文》學著作的科學分類，也更注重對著作內容的分析和學術源流的梳理。通過這幾點可以看出，林書雖然表面上採取了目錄書的形制，但已經採取了《說文》學本學科體系的綴聯方式，在排列方式上更符合《說文》學史的發展情況。林書還對每一本書都有簡要的評價，有意識地梳理《說文》學的學術傳承，這是一部初具規模的斷代性質的《說文》學史著作。

張其昀的《「說文學」源流考略》〔註4〕是第一部貫通《說文》學發展歷史的學術史著作，書中的第三編是清代《說文》學史部分，在本編作者介紹了清代《說文》學的研究特點、重要著作、學術思想，對不同類型的著作進行了分別討論。書中用大量篇幅介紹了清代《說文》學的重要著作，不過在介紹時也只是大多根據本書的序跋、後人的評論進行論說，缺少深入而全面的挖掘，因此，在某種程度上本書也難以擺脫資料彙編的不足。從此也可見，清代《說文》學史的研究還有大量工作要做，對歷史上的很多重要學者、重要著作、重要專題，都還缺乏細緻的研究。總的說來，張書對清代《說文》

〔註3〕林明波，清代許學考〔M〕，臺北：嘉新水泥公司文化基金會，1964。
〔註4〕張其昀，「說文學」源流考略，〔M〕，貴陽：貴州人民出版社，1998。

學研究的分析系統而全面，但也有沿襲前人羅列材料而少論說的弊病，不過這是由於目前研究工作的不足造成的。張書的不足，正是今後清代《說文》學史研究的重點。

　　黎千駒的《說文學專題研究》〔註5〕是近年出版的又一部通論性的《說文》學史著作。該書的敘述方式是以專題為單位，分為六書、字體、詞彙、詞義、體例等幾個專題，清代《說文》學的有關內容也被安排到相應的專題中。在每個專題下，清代《說文》學的內容均處在各自不同的發展線條中，前後相承的演進關係看的很清楚。這與張其昀的《考略》不同：張書大致以時間先後為序，屬於斷代描寫；黎書則是從《說文》學的各專題入手，以各專題的發展為幾條線索，再用時間貫穿各專題內部。這有些像古代史書的編纂方式，張書大致類似斷代史，而黎書則是屬於紀傳體。這兩種敘述方式突出的重點不一樣，前者注重斷代描寫的細緻，後者更突出各專題研究成果的歷史發展脈絡。我們在了解清代《說文》學史時，把這兩種書結合起來，就既能明瞭清代《說文》學的著述情況，也能看到清代學者對各類問題的研究進展及其歷史傳承。

　　以上的《說文》學史著作，通過不同的編纂方式，對清代《說文》學的著述情況作了比較詳細的描寫和介紹，是我們繼續深入研究清代《說文》學史的寶貴資料。

二、清代《說文》學史的專題研究

　　據丁福保《說文解字詁林》〔註6〕中《引用諸書姓氏錄》統計，有清一代研究《說文》且有著作傳世的就有 200 多人，其中比較出名的也有將近 50 人。而最著名的就是《說文》段、桂、王、朱四大家。他們代表了清代《說文》學發展的最高成就，幾乎成為清代《說文》學的代名詞。後代研究清代《說文》學的成果中，對他們的關注最多，研究也最充分，下面我們依次介紹。

（一）段玉裁的《說文解字注》

　　段玉裁的《說文解字注》體大思精，對《說文》作了全方面的疏證，也取得了多方面的成就。

〔註5〕黎千駒，《說文》學專題研究〔M〕，北京：中國社會科學出版社，2010。
〔註6〕丁福保，說文解字詁林〔M〕，北京：中華書局，1988。

　　周祖謨在《論段氏說文解字注》〔註7〕一文中總結了段氏所作的主要工作：校訂《說文》傳本的訛誤；發明許書通例；根據古代群書訓詁解釋許說；闡發音與義之間的關係，形音義互求；說明古今字與假借字；推闡詞義引申和變遷；等等。同時也指出了段注的不足：校勘有時過於武斷；對轉注假借的闡發與許意不合；誤解許義，強為說解；誤以為許書說解必用本字；對引申的闡發還不太清晰；等等。周文對段注進行了比較系統和全面的功過評判，將段注的閃光點和短板一一擺在人們面前。

　　郭在貽曾撰寫有關《說文》段注的系列論文，探討段注與漢語詞彙的研究、段注與文字學的研究、段注對《說文》學的貢獻、段注的研究方法、段注的闕失等問題。他認為段注的成就，「不僅在於他『究其微旨，通其大例』，對許書作了細密全面的校勘整理，更在於他通過對許書的注釋，提出並初步解決了一系列有關漢語音韻學、文字學、詞彙學、訓詁學的重大問題，他能初步運用歷史發展的觀點和一些科學的方法來研究語言現象。換言之，他使《說文解字》的研究，從純粹校訂、考證的舊框子裏解放出來，在某種意義上走上了科學語言學的軌道。」〔註8〕郭在貽的系列文章對段注的成就與不足以及方法論進行了全面清理，是段注研究中非常重要的文獻。

　　除了像周、郭二人的評述，還有李傳書《說文解字注研究》、馬景侖《段注訓詁研究》、余行達《說文段注研究》、蔣冀騁《說文段注改篆評議》等專著，另有論文300餘篇，可見對段注的研究相當密集。

（二）桂馥的《說文解字義證》

　　桂馥是與段玉裁同時的學者，但他的《義證》流傳卻遠不及段注，現在對《義證》的研究成果也寥寥可數。

　　現有的研究，主要有陳東輝《略論桂馥〈說文解字義證〉之價值》〔註9〕、王浩《論桂馥的〈說文解字義證〉》〔註10〕和《桂馥證義的方法論研究》〔註11〕、韓偉《試論桂馥〈說文解字義證〉及其六書研究特點》〔註12〕、劉若一《桂

〔註7〕周祖謨，問學集〔M〕，北京：中華書局，1966：852～884。
〔註8〕郭在貽，訓詁叢稿〔M〕，上海：上海古籍出版社，1985：821。
〔註9〕陳東輝，略論桂馥《說文解字義證》之價值〔J〕，古籍整理研究學刊，1996，
　　　　（3）。
〔註10〕王浩，論桂馥的《說文解字義證》〔D〕，河北師範大學碩士學位論文，2002。
〔註11〕王浩，桂馥證義的方法論研究〔J〕，河北師範大學學報，2007，（3）。
〔註12〕韓偉，試論桂馥《說文解字義證》及其六書研究特點〔J〕，平頂山師專學報，

馥文字學思想探析》〔註13〕等幾篇文章。陳文從《義證》排列詞義的有序嚴整、校正《說文》、體例嚴謹等方面討論了該書的價值，提出應當正視《義證》的詞義研究價值，摒棄資料書的偏見。王浩的《論桂馥的〈說文解字義證〉》是一篇初步對《義證》進行全面研究的論文，該文對《義證》的說解內容、體例、證義的成就以及不足進行了介紹和闡發，但還基本停留在描寫階段，缺少對桂馥《說文》學思想的提煉和總結。稍後他在《桂馥證義的方法論研究》中對桂馥作的主要工作——證義進行了方法論上的總結，是目前對桂馥《義證》研究較深入的文章。韓文是對桂馥六書觀念進行的探討，他認為桂馥研究六書不在論說，而在實證；不在創新，而在宗許。桂馥是通過大量舉例來證實六書，還重在對「意」的探求和推闡。劉文對桂馥有關漢字起源、功用、發展演變的觀點，文、字、名、書不同的觀點以及他的六書觀進行了探討，對桂馥的思想有所闡發。

通過對這些文章的簡述，可以發現現在對桂馥的研究還是很薄弱的，尤其是對桂馥證義的研究，還有很大的拓展空間。

（三）王筠的《說文釋例》

在王筠之前的《說文》研究，做的主要工作都是考證和闡發《說文》的形、音、義的，基本屬於語言和文字的範疇，王筠作為「四大家」之一，卻是以能系統揭示和總結《說文》體例見長的。

孫雅芬《〈說文釋例〉研究》〔註14〕對《說文釋例》作了詳細梳理，總結了王筠的關於六書、重文和文字歷史演變等方面的觀點和思想，對其訂正段注、用古文字資料考證文字的工作進行了整理歸納，系統總結了王筠治《說文》的方法：注重對形音義的考求、重目驗、善用古文字材料等。最後該論文認為王筠的主要貢獻是對文字學理論和許書體例的闡發，其不足在於受傳統理論的框架拘限太深，只在框架內解決問題，有些問題就流於主觀穿鑿。

陳淑梅《試論王筠對漢字學的貢獻——讀王筠〈說文釋例〉》〔註15〕從漢

2002，（12）。

〔註13〕劉若一，桂馥文字學思想探析〔J〕，樂山師範學院學報，2004，（1）。

〔註14〕孫雅芬，《說文釋例》研究〔D〕，曲阜師範大學碩士學位論文，2006，（4）。

〔註15〕陳淑梅，試論王筠對漢字學的貢獻——讀王筠《說文釋例》〔J〕，古漢語研究，2001，（1）。

字學的角度對王筠提出的一些文字學概念和思想進行了分析，比如王筠提出了「分別文」「累增字」的概念，探討了它們產生的途徑，這實際上是對漢字體系不斷孳乳分化規律性的揭示。該文還對王筠的一些先進的字用觀念比如「貴時不貴古」、承認俗字後出字等進行了分析。

關於《說文釋例》的文章還有張玉梅《王筠漢字學思想述論》，宋平《王筠文字學研究》，李運富、蔣志遠《論王筠「分別文、累增字」的學術背景與研究意圖》〔註16〕，馬瀟瀟《王筠〈說文釋例〉六書理論研究》等文章，限於篇幅，我們不再一一介紹。

現在對王筠《說文釋例》一書研究的較多，對他的其他著作如《說文解字句讀》《說文繫傳校錄》《文字蒙求》《說文韻譜校》等關注較少，成果也不多。

（四）朱駿聲的《說文通訓定聲》

朱駿聲的《說文通訓定聲》與以往疏證、闡發許義的《說文》學著作不同，它是以《說文》為研究對象，擺脫漢字形體的束縛，以語音為紐帶，系統地研究語義，研究詞和詞義的淵源關係。因而，《通訓定聲》對現代語義學、語源學的研究而言，都有相當大的研究價值。正如姜聿華所說，「朱書的最大貢獻是運用聲義相通的道理全面地解釋詞義。」〔註17〕

對於《通訓定聲》的研究，已有一些專著。李雄溪《朱駿聲〈說文通訓定聲〉研究》〔註18〕，分析了朱書的版本體例，評價了朱氏的六書觀以及在字義、字形、古音研究上的缺失和貢獻。朴興洙《〈說文通訓定聲〉研究》〔註19〕，分析了朱書據以增加新附字的根據、引書的來源、以及六書的內涵，闡釋了本義、引申義、假借義和別義的體例和內容，並從右文、同源等角度論述成書特點。

在已有成果中，對《通訓定聲》詞義的研究是一個重點。何書《〈說文通訓定聲〉的詞義研究》〔註20〕以本義為研究出發點，運用蔣紹愚與張聯

〔註16〕李運富、蔣志遠，試論王筠「分別文、累增字」的學術背景與研究意圖〔J〕，勵耘學刊（語言卷），2013，（3）。

〔註17〕姜聿華，中國傳統語言學要籍述論〔M〕，北京：書目文獻出版社，1992。

〔註18〕李雄溪，朱駿聲《說文通訓定聲》研究〔M〕，香港：商務印書館，1996。

〔註19〕朴興洙，《說文通訓定聲》研究〔M〕，香港：文匯出版社，2006。

〔註20〕何書，《說文通訓定聲》的詞義研究〔D〕，南京師範大學博士學位論文，2006。

榮的詞義變化理論，從義素遺傳與變化角度分析引申理據以及詞義系統性，並對朱駿聲假借理論得失做出評價。安蘭朋《〈說文通訓定聲〉詞義引申研究》〔註21〕將段注與《定聲》中關於詞義引申的說法進行比較，分析其不同，還對《定聲》的轉注理論、聲義關係、編排體例、詞義系統及文字孳乳觀等方面作出評價。彭萍《〈說文通訓定聲〉「別義」研究》〔註22〕分析了「別義」與《說文》「一曰」的異同，將「別義」分別與朱書的本義、引申義和假借義進行比較，總結出「別義」的性質及成因。

另外，也有一些文章從文字、音韻、詞源等角度來研究本書，如朱星《評〈說文通訓定聲〉》、李俊紅《〈說文通訓定聲〉「假借」研究》、楊淑麗《〈說文通訓定聲〉聲符研究淺探》等，限於篇幅，不再一一介紹。

近幾年又有一批碩博士論文和文章展開了對清代《說文》四大家之外的學者或著作的研究。比如陶生魁的《〈說文古本考〉考》、方達《〈惠氏讀說文記〉研究》、馬元麗《〈說文字原〉研究》、丁玲《鈕樹玉〈段氏說文注訂〉研究》、牛紅玲《鈕樹玉〈說文新附考〉研究》、韓亮《嚴可均〈說文聲類〉研究》、郝晨《姚文田〈說文聲系〉研究》、趙錚《吳玉搢〈說文引經考〉平議》、胡家全《鈕樹玉的〈說文〉研究》等。這些著作或文章對以往不被重視的一些學者或著作進行研究，改善了清代《說文》學研究以四大家為主要研究對象的局面，研究視野更寬、和對象更多了。

除了對專人專書的橫向專題研究，也有人開始嘗試縱向的理論專題研究。比如臺灣學者翁敏修的《清代〈說文〉校勘學研究》〔註23〕，是對清代學者校勘《說文》的成果進行全面整理的力作，翁書編輯了《清代〈說文〉校勘著述考》，總結了清代《說文》的校勘成果，並對清人校勘《說文》的成績做了客觀而全面的總結，文末還附有《校勘著述取材勘誤表》《校勘著述取材來源表》以及《近代〈說文〉異文研究論著目錄》，可以說翁敏修的論著對我們研究《說文》校勘有著巨大的作用。另一個是劉豔清的《清代「六書學」

〔註21〕安蘭朋，《說文通訓定聲》詞義引申研究〔D〕，安徽大學博士學位論文，2005。
〔註22〕彭萍，《說文通訓定聲》「別義」研究〔D〕，北京師範大學碩士學位論文，2005。
〔註23〕翁敏修，清代《說文》校勘學研究〔M〕，古典文獻研究輯刊第九編第3冊，臺北：花木蘭文化出版社，2009。

研究》〔註24〕，該論文嘗試梳理清代有關六書的論著，進行全面梳理和總結，一方面是對有關六書的著述進行登記整理，一方面從理論的高度加以整合類聚，梳理其間的學術源流關係。該論文可以看作党懷興《宋元明六書學研究》的續作，雖然是延續党書的六書學研究思路，但從六書學的角度對清代《說文》學的六書類著述進行整理還是頭一次。

通過上面的綜述可以看出來，對清代《說文》學的研究，在某些點上的研究得已經很深入，但對學術發展史的梳理和對斷代《說文》學史的研究還有很大不足，需要從點至線、面的拓展。

第三節　錢坫生平與學術研究現狀

錢坫是乾嘉年間活躍在學者圈子裡的一個重要學者，他早年在京師、壯年在陝西、晚年回歸故鄉，都一直與眾多學者保持學術互動。他一生博學多能、勤苦治學，著述宏富。但去世後著述大多散失，生前事跡漸漸被人遺忘。

錢坫的生平交遊事跡，主要見於江藩《國朝漢學師承記》、包世臣《藝舟雙揖》所附「錢獻之傳」、桂文燦《經學博采錄》以及《清史列傳》《清史稿》等書中，但所載內容均比較簡略，又大多雷同，無法深入了解其一生學行。

近年來，臺灣「中央研究院」歷史語言研究所研究員陳鴻森致力於搜集與錢坫有關的文獻資料，先後撰成《錢坫遺文小集》《錢坫年譜》二文，系統梳理了錢坫一生的交遊行跡和著述情況，其《錢坫年譜》發表後，上海嘉定博物館王光乾又發表《〈錢坫年譜〉拾遺》，補充了一些錢坫在鄉間的活動事跡。幾位學者的努力，為學界了解錢坫提供了詳實的線索。

隨著學界對清代學術史研究的深入，對錢坫的學術成就也有了多方面的發現。從目前的研究來看，學界對錢坫的書法、金石、經史、小學、輿地等方面的成就給予了關注。

錢坫在書法方面的成就很大，是清代著名的篆書書法家。學界對他的書法進行了多方面探討。最早有清代包世臣《藝舟雙揖》對他的篆書風格進行評述總結，確定了他在清代書法史上的地位。在當代，莫家良《錢坫書法四論》、彭福慶《錢坫篆書研究》等從梳理錢坫生平交遊入手，探討其篆書書法的形成和在當時學界的影響，又在分析錢坫不同時期書法作品的基礎上，

〔註24〕劉豔清，清代「六書學」研究〔D〕，陝西師範大學博士學位論文，2010。

結合其學術路徑，論述其篆書風格的轉變，對錢坫的書法作了比較系統的評述。陳雅飛《畢沅幕府書家群概論》《乾隆年間的畢沅幕府及其書法活動》探討了錢坫在畢沅幕府中與其他學者書家間的相互交流和影響，對錢坫書法的階段性特點有所關注。

在小學方面，黃侃曾著有《〈說文解字斠詮〉箋識》，對《斠詮》一書逐條進行箋識，對錢坫斠詮《說文》的正誤作了細緻的批點，不時也注明自己的看法。可惜對《斠詮》的臧否全存於每條的批語當中，沒有多少總結錢坫成就與不足的論述。

崔瑾《錢坫〈說文解字斠詮〉研究》〔註25〕是第一篇對《斠詮》進行初步研究的論文。該文從錢坫的生平著述，《斠詮》的版本、內容與成就，《斠詮》與同時代著述的比較等方面對錢坫的《斠詮》作了比較全面的論述。對《斠詮》版本的調查和內容的介紹是本書的重點內容。作者細緻梳理了國內幾大圖書館中《斠詮》的版本存貯情況，對幾個重要版本作了細緻的比較，比較全面地掌握了《斠詮》的版本信息。文中對《斠詮》的結構體例和研究術語作了基本的介紹，對錢坫著作《斠詮》所參考的資料作了一些調查統計工作。文末還將《斠詮》與段玉裁的《說文解字注》、桂馥的《說文解字義證》作了一些比較，藉此來界定錢坫《斠詮》的歷史地位。本文的不足之處在於對《斠詮》本書內容的描寫不夠全面，文中僅對錢坫的凡例作了一些拓展，並未深入瞭解錢坫斠詮《說文》的具體內容，描寫不足，也就還未觸及到錢坫的《說文》學思想。在與同時代著述的比較中也只是泛泛而談，對界定《斠詮》的歷史地位幫助不大。總得來看，本文對《斠詮》的版本、內容作了一些基本梳理，但還不夠深入，對本書的把握也還不夠全面，對《斠詮》的進一步研究還很有必要。

趙明秀《錢坫〈異語〉考述》對錢坫的方言學著作《異語》作了考察，對該書的性質、主要內容作了描寫分析，為進一步與其他方言學著作進行比較提供了條件。《詩音表》是錢坫的一部重要音韻學著作，目前陳新雄《古音學發微》、李葆嘉《清代古聲紐學》、叢培凱《錢坫〈詩音表〉雙聲說初探》、嚴立仁《錢坫〈詩音表〉研究》等論著對其作了深入研究，對錢坫古聲母研究的淵源和聲母分合關係作了比較詳細的描寫分析，與錢大昕的古聲母觀點作了比較，充分肯定了錢坫古聲母研究的價值。

〔註25〕崔瑾，錢坫《說文解字斠詮》研究〔D〕，寧夏大學碩士學位論文，2013。

20 世紀以來，古文字學發展興盛，對傳統金石學的關注也與日俱增。錢坫在金石學方面的貢獻引起了學界的關注。王其秀《錢坫金石學研究述評》對錢坫的《十六長樂堂彝器款識》評價很高，肯定錢坫以金石考證經史的著述目的，對錢坫考釋古文字的方法和成果進行了總結。葉玉《錢坫金石問學一則》梳理文獻，考證了錢坫與好友之間進行金石考證相互激勵的事跡，肯定了在陝西幫助畢沅和王昶搜集編纂金石著作的功勞。

綜上，目前學界對錢坫在書法、金石、古音等方面的研究已經開始，但對其《說文》學成果的梳理與研究還不夠深入。對錢坫的《說文》學進行深入研究，我們認為是有必要的。

第四節　研究目標與方法

從以上幾個方面對清代《說文》學研究的梳理來看，已有的著述能夠從宏觀上對學術史的發展作大致的梳理，對個案的研究有些已經比較充分。但如果從更高的學術史書寫標準來看，還有可以繼續深入的空間。

學術史的傳統書寫方式是描寫每個時代的典型學者與著作，由一個個的點貫穿而成學術史，節點越密集，越能顯現學術史發展的細節和真實走向。書寫學術史不是給歷代學者樹碑立像，而是以古諷今，為今天的學術研究提供資源和經驗。因此，選擇的節點越多越好，這個要求與目前的研究現狀還有很大差距。

段玉裁《說文解字注》自問世以來，不管在當時還是在現代，一直被譽為《說文》學的上乘之作，書中囊括了段玉裁的古音學思想、詞義發展理論、形義統一原理、音近義通規律等富有理論色彩的觀點，對許多字的解釋也相當精到。但據陳鴻森《段玉裁〈說文注〉成書的另一側面——段氏學術的光與影》一文考證，段玉裁在書中襲用惠棟、錢大昕、江聲、王念孫、鈕樹玉、王鳴盛等人觀點，可看出段玉裁在此書中匯集了不少當時學者的真知灼見，段玉裁的成功與當時的《說文》研究水平及交遊範圍有很大關係。即如本文所研究的錢坫《說文解字斠詮》一書，其中也有不少參用他人觀點處。僅從這兩例我們就可以發現每個時期的學術最高點，也凝聚了當時不少學者的心血在裡面，這需要全面考察典型學者著作周圍的學術氛圍、學術水平。這也就要求我們在優先研究典型學者著作的時候，要考慮到他們

的關係網絡，比較全面地描述學術關係。這不僅能更好地理解、接受典型著作的主張和觀點，也能使學術史突破單純的節點式研究，學史的脈絡更清楚。

正如陳祖武所說「從歷史實際出發，對各家學術進行實事求是的具體研究。其中包括對眾多學者深入的個案探討，也包括對學術世家和地域學術的群體分析，從而把握近百年間學術演進的源流，抑或能夠找到將乾嘉學派研究引向深入的途徑。」〔註26〕對個案作充分研究，才能寫出一部好的學術史。為此，我們制定以下研究目標和研究方法。

一、研究目標

由於以往學界對錢坫及其著述的關注不多，本書嘗試對錢坫其人及所撰《說文解字斠詮》作專門的研究，擬實現以下研究目標：

1. 梳理錢坫的生平經歷、交友遊學情況，探討錢坫的人生經歷與《說文》學研究的關係。錢坫出身學術世家，自幼受其父兄的言傳身教，又與當時名士交遊往來，交流小學研究心得，這些背景知識對理解其《說文》學觀念的形成有重要意義。

2. 客觀描寫《斠詮》對《說文》校勘、詮釋的主要內容。逐條分析錢坫的《斠詮》內容，對每條中涉及的不同內容進行分類歸置，為進一步考察梳理材料。

3. 在分析整理《斠詮》內容的基礎上，總結歸納錢坫的語言文字思想。與其他幾位錢氏學者作比較，揭示出他們之間的學術繼承關係，也可以與同時代其他學者比較，客觀評價錢坫的研究方法和思想觀念。

4. 結合錢坫當時的小學發展水平，對他取得的《說文》學成就作出客觀合理的評價。評價錢坫的《說文》學成就，既要看他做了哪些工作，也要看他的思想內涵和理論高度，在全面考察其成就的前提下將其放到當時的發展階段中，對其作出適當的評價，給錢坫一個合理的歷史定位。

二、研究方法

本書是對專書進行學史方面的研究，擬採用以下幾種研究方法：

1. 窮盡描寫。對錢坫的《斠詮》內容做細緻的分類整理，全面反映錢坫

〔註26〕陳祖武、朱彤窗，乾嘉學派研究〔M〕，石家莊：河北人民出版社，2007：3。

的各項成果。

　　2. 分析與歸納。對每個條目細緻分析其反映出的問題，將涉及的問題歸納成類，按類討論錢坫斠詮《說文》所呈現出的思想理念。

　　3. 歷史比較的方法。在深入研究錢坫《斠詮》成果的基礎上，把它放在當時的學術環境下，與同時代學者的研究成果相比較，與前後的學術發展相比較，給它一個恰當的歷史定位。

第二章　錢坫的生平及著述

第一節　錢坫的生平事跡與學術交遊

　　錢坫（1744～1806），字獻之，號十蘭，清代江蘇嘉定縣人。其別號有篆秋、月光居士、八奚居士、閔音亭長等，晚年因右肢偏廢，又自嘲取號扁跳人、跳扁病夫。書齋名先後有篆秋草堂、吉金樂石齋、浣花拜石軒、文章大吉樓、十六長樂堂、不讀非聖賢書齋等。錢坫少年勤苦力學，於乾隆三十九年（1774）中順天鄉試副榜。四十一年（1776）入陝西巡撫畢沅幕府。四十八年（1783）後歷任陝西乾州州判，署興平、韓城、大荔、武功等地知縣，華州知州。嘉慶四年（1799）積勞成疾，中風偏癱，次年棄官歸鄉，後寓居吳門，活動於蘇州、揚州、松江等地。嘉慶十一年（1806）十一月卒於吳寓，年六十三。〔註1〕

　　錢坫自幼即跟隨錢大昕、錢塘等人問學，專讀漢魏古書，摒棄宋明理學。他一生覃研經史，精通小學，篤嗜金石、輿地之學，擅篆書，為一代名家，如包世臣所云「錢大昕通經史百家言，為三吳老宿，君沈博不及詹事，而精當過之，學者所為稱『嘉城二錢』者也。」〔註2〕錢坫在當時尤以精通小學和擅長篆書名重一時。其精通小學，貫通金石文字，可舉一例以窺一斑。畢沅於乾隆四十三年（1778）在西安得到周智鼎，畢氏極珍寶愛，與諸幕僚作詩酬唱慶祝。但鼎器銹蝕斑駁，銘文古奧難通，時人難以通讀。畢沅

〔註1〕王光乾、田崇新，《錢坫年譜》拾遺〔J〕，上海文博論叢，2014，（2）。
〔註2〕包世臣，錢獻之傳，《藝舟雙楫》卷八，清道光二十六年《安吳四種》本。

乃囑託錢坫為之釋讀,坫於是「乃以偏旁證之古籀,其字可辨者咸得焉」〔註3〕,於文意得十之七八。錢坫對此事也頗為自得,其後在《十六長樂堂古器款識考》自敘中述及金石研究歷程,仍提及此事。於此軼事,可見錢坫小學修養精深,冠稱一時。與學術方面的成就相比,錢坫在書法上的成就,更受人們的推崇。錢坫當時因為篆書神筆,名滿京師,甚至連其參加鄉試的試卷,考官都爭相物色,一睹為快。錢坫在晚年患病之後,篆書風格有所轉變,將金石文字的氣韻風骨摻雜其中,更凸顯出其書法的推陳出新、轉而益精。由於錢坫在書法上取得的超凡成就,後世認識錢坫,更多的是以書家的身份,其乾嘉學者的本分,反倒不為人所看重了。

錢坫雖然在當時的學界聲名籍籍,但流傳下來的傳記資料非常簡略,江藩《國朝漢學師承記》、包世臣《錢獻之傳》、潘奕雋《陝西乾州州判錢獻之傳》〔註4〕、桂文燦《經學博採錄》《清史列傳》《清史稿》等書中為錢坫列有傳記,但都簡略缺漏,只簡單列舉錢坫一生宦跡、行述。我們只能從其好友的詩文集、序跋、書信、地方志等間接、零散的資料中尋找有關錢坫的記述,窺見一些錢坫當時的風采與行述。

所幸臺灣中央研究院歷史語言研究所陳鴻森教授近來致力於錢坫生平資料的輯佚、匯集工作,目前已編成《錢坫遺文小集》〔註5〕《錢坫年譜》〔註6〕等極有價值的著作。另外,嘉定博物館王光乾也作《〈錢坫年譜〉拾遺》,為之增補重要細節。這些成果為我們了解錢坫的人生經歷,進而探討其學術思想提供了很大便利。我們對錢坫一生行述的了解,即主要依賴二位先生的成果。

錢坫的一生頗為坎坷,幼年失怙,家貧無以自足;壯年時又遠宦關中,輾轉多地,一直是低級官吏,多次考進士不中,以至心灰意冷;老年又肢體偏廢,不便行動,只好乞老歸鄉。綜觀其一生的軌跡,階段性非常明顯,因此我們分三個時期來討論他的行述、交遊情況。

〔註3〕洪亮吉,洪亮吉集〔M〕,北京:中華書局,2001:533。

〔註4〕潘奕雋,三松堂集〔M〕,《續修四庫全書》第1460冊,上海:上海古籍出版社,2002:607。

〔註5〕陳鴻森,錢坫遺文小集〔J〕,《中國典籍與文化論叢》第12輯,北京:北京大學出版社,2010。

〔註6〕陳鴻森,錢坫年譜〔J〕,《中國經學》第9輯,桂林:廣西師範大學出版社,2012。

（一）在家讀書（1744～1771）──為學取向的確立

錢坫出身於清代嘉定的學術世家──錢氏家族，是著名學者錢大昕的族侄，錢塘的親弟。錢坫年少時即勤苦好學，又隨諸父兄相與問學，其為學取向頗有家風。

錢坫乾隆九年（1744）生，與其族叔錢大昭同年。錢坫幼年時，其父即已年邁亡故，剩下孤兒寡母，過著貧寒的生活。錢坫讀了幾年書塾，便因家境不好而輟學，但錢坫還是胸有大志，「於世事無所通曉，獨好讀古書」〔註7〕，在家閉戶讀書十三年，於「三《禮》《左氏春秋》《毛詩》《史記》《漢書》、許氏《說文解字》、杜氏《通典》，及馬、鄭、孔、賈之言，皆能錯綜其義」〔註8〕。錢坫在早年即讀經史，習小學，具有了深厚的學術積澱，為以後的研究打下了堅實的基礎。

錢坫敏而好古的讀書取向，是與錢氏家族世代專注古學的讀書傳統分不開的。錢坫在早年讀書時，即與年齡相差不大的族叔錢大昭、兄長錢塘（長於錢坫9歲）共同學習、相互切磋，又能時時得到錢大昕的指點。錢大昕在《溉亭別傳》中講述了他們叔侄幾個共同學習的情形：「溉亭（即錢塘）少時執經於先君子，予長於溉亭七歲，相與共學。予入都以後，溉亭與其弟坫，及予弟大昭相切磋，為實事求是之學，蘄至於古文而止。」〔註9〕錢大昕厭惡空疏鄙陋的應試科舉，提倡治經考史的樸學，認為這才是「實事求是之學」。錢坫從小就受到這種質樸家風的薰陶，與諸父兄一起為「實事求是之學」，養成了好讀古書的習慣，樹立了讀經治史的學術取向。

錢坫讀書異常勤奮，其「閉戶讀書十三年」，「年廿五乃娶，三日即徹夜讀書如故」，頗有窮且益堅的韌性。

（二）遊學京師（1772～1774）──精研小學，篆書名家

錢坫成家以後，生活更加艱難，日常生活難以為繼，只好去北京投奔錢大昕。錢坫在京師的三年間，跟隨錢大昕研討小學，對音韻和《說文》的認識趨於深入，形成了影響其一生的學術觀念；結交了一批志同道合的知識分子，

〔註7〕　桂文燦，經學博采錄〔M〕，《續修四庫全書》第179冊，上海：上海古籍出版社，2002：63。

〔註8〕　包世臣，錢獻之傳，《藝舟雙楫》卷八，清道光二十六年《安吳四種》本。

〔註9〕　陳文和主編，嘉定錢大昕先生全集〔M〕，南京：江蘇古籍出版社，1997：第9冊，681。

相互論學，所獲頗多；練習篆書，成為一代篆書名家，開啟了京師盛行篆書之風。

　　錢坫年少時即通讀《說文》，受其兄錢塘影響較大。錢塘曾在與友人的書信中說：「僕少好《說文解字》一書，暇則觀之，遂能漸悟其旨。」〔註10〕可見，錢坫在《說文》方面的啟蒙與學習，與其父兄的影響密不可分。

　　錢坫青年入京以後，又與錢大昕同治《說文》，對於聲音文字訓詁之學，所得益多。如錢大昕自云乾隆三十五年（1770）「始讀《說文》，研究聲音文字訓詁之原，間作篆隸書」〔註11〕，其在與李文藻的信中又說「僕兩三年內學問無所進，惟於聲音文字訓詁，稍窺古人小學之本。有族侄名坫字獻之者，亦好此學，與我同志。」〔註12〕錢大昕在小學方面的成就，體現在對古聲紐的考證、對雙聲觀的提倡、對《說文》的闡發，多散見於其所作札記、書信、序跋中，有很多精到的見解。現在看來，這些見解應當是與錢坫共同研討的結果，錢坫在《斠詮》中，也多有與錢大昕類似的觀點。他們在治學方法和理念上，有許多共通之處。

　　在京期間，錢大昕因錢坫通許氏《說文》，便讓他學習篆書。錢坫勤苦力學，最終練就了一手絕筆。錢坫習篆的過程，頗有傳奇色彩，一時傳為美談。

　　包世臣《錢獻之傳》云：「購李陽冰《城隍廟碑》，晝夜習之，三月不能成字。忽患癇，醫者診之脈，無病而手足厥冷，目瞠視，鼻微有息而已，如是者七日。忽中夜躍起，濡墨作篆，書乾卦象畢，不勝餓而寢。翌早，詹事來視病，君尚未寤，見案上篆一紙，大驚。君病顧已解，詹事問病狀，君答曰：『兒故無病，兒夢至石室中，見唐巾老者，指授兒作篆七日夜，不得少間，作成輒批抹，最後書乾卦象。』老者曰：『此可矣。』兒遂覺。追憶筆勢，中夜作此幅。』詹事細詢夢中所見，蓋即少溫云。翁公聞之，即從君索書，歎絕以為神授。一日君篆書遂名天下。君名既藉甚，試官物色君文，輒失之。」〔註13〕

〔註10〕錢塘，漑亭述古錄〔M〕，《叢書集成新編》第 10 冊，臺北：新文豐出版公司，1985：252。

〔註11〕陳文和主編，嘉定錢大昕先生全集〔M〕，南京：江蘇古籍出版社，1997：第 1 冊，23。

〔註12〕陳鴻森，錢大昕潛研堂遺文輯存〔J〕，《經學研究論叢》第 6 輯，臺北：學生書局，1999：232。

〔註13〕包世臣，錢獻之傳，《藝舟雙楫》卷八，清道光二十六年《安吳四種》本。

　　這則故事的真實性不得而知，但錢坫的篆書的確達到了獨步當世的地步，受到了人們的熱烈追捧，錢坫的名氣也漸漸大起來。

　　錢坫習篆書，在當時很有特色。他的篆書根基於《說文》，既追求書法上的藝術美，也要求符合小學的六書。他曾自詡「斯、冰之後，直至小生」，就是說他的篆書直接秉承了李斯、李陽冰等人的真意而不妄作。本來他學篆書時，就是以李陽冰的篆書為臨摹的對象，而李陽冰則是被看作篆籀中興的人物。他對遍臨古碑而自成一格的篆書大家鄧石如持不屑的態度，一個很重要的原因就是因為鄧石如只講書法，而所書之字不合六書之旨。可見，錢坫之篆書，是「小學之篆」，兼有學術研究的目的在內。

　　錢坫篆書成名，為他結交名士提供了很大便利。當時京中有宴飲賦詩、酬唱交遊的風尚，錢坫恰恰不善此道，錢大昕讓錢坫學書法，大概是想讓錢坫有一技之長，也好融入當時的士人群體。事實證明，錢坫憑藉叔父錢大昕的關係和冠絕一時的篆書，結交了很多著名的學者，成為眾人爭相延請的座上客。

　　錢坫在京城期間，結交了數十位當時著名的知識分子，如翁方綱、嚴長明、朱筠、紀昀、張塤、王念孫、任大椿、孔繼涵、姚鼐、丁傑、王昶、徐書受、李文藻、錢伯坰、黃易等等，均為一時之選，翁方綱形容說「獻之以一介之士遊京師，未三年而同學前後數輩無不知有獻之者」。〔註14〕錢坫真正融入了京師的士人群體，數次參加文人盛集的宴飲、賞景、祭祀活動，酬唱賦詩、歌詠情懷，甚至他後來幾次入京出京，其好友均集會為其送迎。乾隆三十八年（1773）詔開四庫館，匯集天下藏書，錢坫也會同很多知識分子參與其中，幫助校勘古籍，所見、所得甚多，對他的學問頗有教益。

　　錢坫在京師的遊學經歷，治小學、習篆書、廣交遊，對以後的學術興趣和人生經歷，產生了很大影響。

（三）宦遊關中（1774～1801）——砥礪學問，究心金石

　　錢坫在乾隆三十九年（1774）鄉試中榜後不久，即啟程離京，越衛、周，通於秦、晉，做客於陝西畢沅幕府。錢坫在畢沅幕府做幕賓近十年，期間多次參加鄉試，每試不中，漸於舉業心灰意冷。後來得畢沅保奏，錢坫於乾隆

〔註14〕翁方綱，復初齋文集〔M〕，清代稿本百種彙刊・集部，臺北：文海出版社有限公司，1974。

四十八年（1783）任陝西乾州直隸州州判，這是他做官之始。在之後的二十年間，宦遊於陝西各地，輾轉任咸寧、興平、韓城、大荔、武功等地知縣，華州知州，均是官小職卑，疲於奔走，終至衰勞過度，罹患半體偏廢之疾。

　　錢坫滯留關中近三十年，為官落拓，生活艱辛，羈旅淒苦。與其窘迫的人生相比，他在學術方面頗有建樹：結交了一批嗜好金石、精通輿地小學的學者，如孫星衍、洪亮吉等，朝夕研討，對錢坫的學問有很大促進作用，他們討論的成果在錢坫的著作中也多有體現；致力於金石瓦當的搜求與研究，為撰寫《十六長樂堂古器款識考》《浣花拜石軒鏡銘集錄》等金石類著作積累了豐富的資料與學養；撰寫了多部著作，如《爾雅古義》《爾雅釋地四篇注》《十經文字通正書》《史記補注》《新斠注地理志》等小學、史地著作均成於此時。

　　畢沅在關中任巡撫，極力招致當時的賢達名士入幕充當幕僚，漸漸形成了規模。錢坫初入陝時即加入畢沅幕府，當時有嚴長明、張塤、孫星衍、洪亮吉、莊炘、王復等人在幕，他們一起校訂古書，討論訓詁輿地之學，搜求金石瓦當，幫助幕主畢沅纂集著作、修訂方志等等。當時王昶任陝西按察使，公務閒暇之餘，也時常匯集眾人，飲酒賦詩，以此為樂，頗似京中舊事。

　　在畢沅幕府中，錢坫與孫星衍、洪亮吉之間的學術討論比較多。錢坫在孫星衍輯《倉頡篇》跋中說：「余少孤失學，壯而好遊，沈潛之功少。然喜與賢士大夫交，得聞前輩緒論，故業亦稍進。……余非賢人，今幸依侍河間中丞莫府，又有侍讀嚴君及孫君日相討論，白紗入緇，不染自黑。《左氏》曰『三人為眾』，『三人』我師之誼歟！」〔註15〕孫星衍也在錢坫《爾雅釋地四篇注》後序提及他們之間相互切磋的情形：「星衍既與錢君同客陝西撫院，時又同為地理之學，其讀一書，有所知，必相告，亦多如其意所欲出。」〔註16〕錢坫與孫星衍、洪亮吉等人朝夕相處，校訂古書，商討古書疑義，這種學術討論，對錢坫的學識增長很有幫助。

　　錢坫在協助畢沅處理政務、校訂古書之餘，也積極參與對金石資料的搜集與著錄工作。關中是三代、秦漢、隋唐繁衍興盛的地方，鐘鼎、瓦當、碑刻資料極為豐富。當時陝西巡撫畢沅嗜好收藏金石古物，所謂「上有所好，

〔註15〕陳鴻森，錢坫遺文小集〔J〕，《中國典籍與文化論叢》第 12 輯，2009：269。
〔註16〕錢坫，爾雅釋地四篇注〔M〕，《續修四庫全書》第 187 冊，上海：上海古籍出版社，2002：30。

下必甚焉」，其幕下的幕賓也積極投入到搜集、研究金石資料的事業當中，在當時成為一種風尚，每見一古物，必重金求購，每見一碑刻，必拓之而去，樂此不疲。如王昶《金石萃編》卷二十二云：「四十八年，昶按察西安，與同年巡撫畢公均有金石之好，而趙子魏在幕中，申子兆定、孫子星衍為予門人，與錢子坫、俞子肇修、程子敦極意搜求。」〔註17〕又如當時畢沅偶然得到了周代的曶鼎，銘文有四百餘字，是錢坫為其釋讀理順，得以通暢其義。錢坫不僅留心搜集各種金石資料，還幫助纂集、審定畢沅的《關中金石記》、王昶的《金石萃編》等金石學著作。這兩部書搜羅宏富、考辨精審，其實也主要是在錢坫等幕賓的幫助下纂集而成，其中辨析金石源流、釋讀金石文字、考證古代名物制度、探討文字源流等內容，大都出於錢坫等幕賓之手。

　　錢坫在關中廣泛交遊，踏遍名山大川，搜集金石器物，積累了豐富的治學經驗和研究資料。儘管官事繁雜，生活窘迫，他仍勤於著述。在關中所作可考者有《爾雅古義》二卷、《爾雅釋地四篇注》一卷、《漢書十表注》十卷、《新斠漢書地理志》十六卷、《十六長樂堂古器款識考》四卷、《浣花拜石軒鏡銘集錄》二卷、《史記補注》一百三十卷等。從著作種類來看，他在這段時間的學術取向，主要在金石與輿地之學。

　　其研究金石，實際上是側重小學的。錢坫研究金石學，是為了考辨文字、補證經史，與以收藏鑒賞為目的的傳統金石學有較大不同。他將所藏金石資料編纂成書，其選取的原則是「足證文字之源流，足辨經史之譌舛」，「可發明史書者載入，否則不載」〔註18〕。又《浣花拜石軒鏡銘集錄》序云：「余所置前人舊物，每重其文字，故但有花紋無銘識者概不著錄。」〔註19〕可見錢坫研究金石學仍是以有益於小學與經史為目的，不是泛泛的把玩收藏。

　　其研究輿地，其實質乃在史學。錢坫研究史學，主張從考證地理沿革入手，他說「讀史先考地理，繼考世次，地理、世次定，則事跡乃實，不此之講，而空言無補矣。」〔註20〕所以其史學著作大多以考證地理沿革為主。他

〔註17〕王昶，《金石萃編》卷二十二，清嘉慶十年青浦王氏經訓堂刻本。
〔註18〕錢坫，十六長樂堂古器款識考〔M〕，《續修四庫全書》第901冊，上海：上海古籍出版社，2002：499。
〔註19〕錢坫，浣花拜石軒鏡銘集錄，民國10年海寧陳氏《百一盧金石叢書》本。
〔註20〕王昶，湖海文傳〔M〕，《續修四庫全書》第1669冊，上海：上海古籍出版社，

撰《新斠漢書地理志》歷時十五年乃克成書，於《史記補注》云「三十年精力盡於此書」〔註21〕，可見錢坫在史學方面用功之深。

錢坫漂泊半生，長期在關中為官、為學，雖然成就斐然，但由於地域上的偏隔，使他遠離了當時的學術圈子，與內地知識分子的學術交流不多，其學術著作也流布不廣。因而錢坫除了書法精絕，風行海內之外，其小學、史學方面的成就，在當時學界產生的影響有限，後人稱道者也寥寥，這是錢坫身後名聲不廣的重要原因之一。

（四）歸鄉養老（1801～1806）——篆法革新，學術總結

錢坫由於長期奔忙於官府事務，積勞成疾，終致中風偏癱。患病之後，只好乞歸養老。歸鄉後，一家人生活困苦，常以錢坫賣字維持生活，其畢生所藏的金石器物，也大多典當散失。

錢坫暮年，書法有所革新。其右手偏廢，「以左手作書，因難於宛轉，遂將鐘鼎文、石鼓文及秦漢銅器款識、漢碑題額各體參雜其中，忽圓忽方，似篆似隸，亦如鄭板橋將篆、隸、行、草鑄成一爐。」〔註22〕孫星衍也說其「用左手作篆，因參以古文奇字」〔註23〕，其書法風格在篆書的基礎上，增加了金石文字的筆法和氣韻，富有金石氣。論者以為其左手作篆，尤為一絕。

錢坫在晚年也重新整理自己的著作，將《詩音表》《車制考》《論語後錄》《爾雅釋地四篇注》合為「錢氏四種」〔註24〕。其新撰的著作，可考者有《說文解字斠詮》一書，此書為錢坫一生的最後著述，刊刻未成而卒。

錢坫晚年寓居吳門，也時常來往於蘇州、松江、揚州等地，新結交了袁廷檮、鈕樹玉、包世臣、阮元等朋友。嘉慶十一年（1806）十一月某日，錢坫卒於吳門寓所。錢坫歿後，包世臣為錢坫作《錢獻之傳》以記之。

2002：10。

〔註21〕江藩，國朝漢學師承記〔M〕，北京，中華書局，1983：40。

〔註22〕錢泳，履園叢話〔M〕，北京：中華書局，1979：284。

〔註23〕孫星衍，錢坫篆書庾開府行雨山、吹臺山、望美人山三銘跋，續修《歷城縣志》卷三十二。

〔註24〕有嘉慶七年（1802）擁萬堂刻本。

第二節　錢坫的小學著作

　　錢坫少年時即通讀《說文》，入京師後又跟隨錢大昕學習音韻文字訓詁之學，繼承了錢大昕的許多學術思想，其小學修為，在青年時即已有所成就。錢坫一生學術興趣廣泛，勤於著述，身後留下了豐富的成果。總的來看，他的著作主要涉及經學、史學、小學、金石學等領域。為本書研究的需要，我們重點介紹他在小學方面的著作，其他則簡略言之。

　　錢坫在小學方面的代表作除了晚成的《說文解字斠詮》《十六長樂堂古器款識考》《浣花拜石軒鏡銘集錄》，諸如《爾雅古義》（乾隆四十一年）、《爾雅釋地四篇注》（乾隆四十六年）、《十經文字通正書》（乾隆四十一年）、《詩音表》（乾隆四十二年）、《異語》（乾隆四十二年）等，都成於錢坫三十多歲的時候，時正當青壯年，僅從著述時間上看，他在小學方面的成就，由於得到了錢大昕的指導，年少早成。

一、《說文解字斠詮》

（一）《斠詮》寫作的學術背景

1. 漢學的復興

　　明朝衰朽亡國，滿清入主中原，對當時的知識分子產生了極大的思想衝擊。經過對前朝滅亡的反思，讀書人漸漸對空談命理心性的程朱理學、陽明心學喪失了信心，開始摒棄現有的學術，尋求新的救世良方。最終他們將目光定在講求「經世致用」的漢唐經學上，意在復興儒學的真精神，恢復儒家的經世傳統。

　　在這種內心訴求的驅使下，知識分子大多將精力轉向對漢代經學的研究，注重辨正名物、考核故實，通過考證的方式恢復經典的歷史原意，以達到經世致用的最終目的。

　　在研習漢代經典時，他們從最基礎的疏通字詞、辨章名物入手，以求還原經典本義。因此，隨著漢學復興思潮的湧起，人們對傳統小學的重視與日俱增。小學作為讀經的入門鑰匙，又成為人們追捧的對象。

　　早在漢代，人們就視小學為讀經的門徑。人們在注釋和解讀經典時，逐漸總結了很多小學方面的規律和經驗，通過師徒轉授，或記錄在各經的傳注中。而東漢和帝時許慎的《說文解字》，是漢代小學家們讀書治經經驗的集大成之作，是許慎綜貫群經、博采通人的總結性著作。清代學者很明白這

一點，便將《說文》作為研究小學的核心、治經的階梯，如嚴可均說「夫《說文》為六藝之淵海，古學之總龜，視《爾雅》相敵而賅備過之，《說文》未明，無以讀經。」〔註25〕

因此，清代漢學的興盛，也使《說文》成為一時關注的焦點，促進了《說文》學的全面和縱深發展。

2. 《說文》的刊刻流行

清代《說文》研究蔚然成學，與毛晉父子刊刻《說文》有很大關係。南宋李燾按韻重編《說文解字》，便於翻檢，很受士林學者的歡迎。但這也導致了大徐本《說文》流傳日希，在元明二代罕為人知。毛扆在汲古閣本《說文》後交代了《五音韻譜》流傳而大徐本式微的情形，其題識云：「《說文》自《五音韻譜》盛行於世，而『始一終亥』真本遂失其傳」，又「先君購得《說文》真本系北宋板，嫌其字小，以大字開雕，未竟而先君謝世。扆哀毀之餘，益增痛焉，久欲繼志而力有不逮。今桑榆之景，為日無多，乃鬻田而刻成之，蓋不忍墮先志也。」毛晉父子為了大徐本《說文》的重現於世做出了很大努力。

毛氏汲古閣本《說文》是清代最早翻刻宋本《說文》的，後來經過幾次印刷和乾隆三十八年（1773）大興朱筠椒華吟舫據毛本翻刻，使毛本成為清初流行最廣的版本。當時的讀書人能接觸到的，基本只有這一個版本，他們對《說文》的學習和研究，都是通過毛本進行的。所以說，毛本對清初《說文》的普及和研究功不可沒。

另外，作為《說文》重要版本之一的《說文解字繫傳》，經過學者的搜求與刊刻，也漸漸流傳開來。起初朱文藻將朱文游與郁陛宣二抄本對校，又參考大徐本《說文》及其他書中所引異文，成《說文繫傳考異》一書，該書是清代最早校訂整理《繫傳》的著作。四庫開館之後，汪啟淑在四庫館中見到數本《繫傳》抄本，因而校錄刊刻，自是《繫傳》始有刻本行世。稍後馬俊良在汪本《繫傳》基礎上頗有校正，重新翻刻，成《龍威秘書》本。乾嘉年間，人們尋常能見到的，就是汪本與馬本這一系統的《繫傳》版本。此時《繫傳》的刊刻流行，不僅促進了對小徐《繫傳》的整理與研究，也對大徐本的校勘工作有很大的幫助。

〔註25〕嚴可均，說文校議〔M〕，《續修四庫全書》第 213 冊，上海：上海古籍出版社，2002：467。

3.《說文》學的興起

隨著《說文》的普及流傳，加上研讀經典的現實需求，人們對《說文》的關注，在惠棟、戴震、錢大昕等學派宗師的倡導下漸開風氣，在乾嘉年間掀起了研究《說文》的熱潮。

惠棟為吳派經學祖師，治學主張以小學入經學，對《說文》一書尤為用心。惠棟一生批校《說文》十餘種，對《說文》的研究心得大多保存在這些批語中。惠棟研究《說文》未有專書，是其弟子江聲從他對《說文》紛繁的批語中輯錄而成《惠氏讀說文記》一書，成為清代研究《說文》的第一部專著。該書主要是對《說文》文本作了正訛誤、補闕疑、考音韻、辯正俗等方面的工作，〔註26〕校語精核，多為後人引用。《惠氏讀說文記》是清代第一部研究《說文》的札記性著作，對後來專門的《說文》研究有開啟之功。

戴震是皖派的代表人物，他治學講究小學與經學的相互推動。他在《與是仲明論學書》中曾講到《說文》與讀經的關係：「求所謂字，考諸篆書，得許氏《說文解字》，三年得其節目，漸睹古聖人製作本始。又疑許氏於故訓未能盡，從友人假《十三經注疏》讀之，則知一字之義，當貫群經，本六書，然後為定。」〔註27〕這即是段玉裁所說的「以字考經，以經考字」，這一思想是戴震為之確立的清代學者研究《說文》的基本指導思想。

錢大昕是吳派的卓越代表，學識淵博、學力精深。他的《說文》研究，在探討《說文》與經典文獻的關係、闡發《說文》義例、考證新附字、校勘大小徐本等方面都有可貴的嘗試，為後來的《說文》學研究開闢了更為寬廣的領域。他一生曾輾轉執教於多個書院，受業弟子上千人，在他的學生中有許多在錢大昕的影響下從事《說文》學的研究，繼承和發揚了錢大昕的許多《說文》學理念，比較著名的有朱駿聲、孫星衍、鈕樹玉、毛際盛等人。可見，錢大昕對當時《說文》學研究的推動功不可沒。

段玉裁的《汲古閣說文訂》，是乾嘉年間對毛本首次進行全面校勘的著作。段玉裁看到當時流行的汲古閣本《說文》訛謬很多而世人不知，便搜集各種宋本《說文》、徐鍇《說文解字繫傳》舊抄善本、李燾《說文解字五音韻譜》宋明兩本及《集韻》《類篇》等字書，校勘世上流行最廣的汲古閣五次剜改本《說文》，成《汲古閣說文訂》一卷，以求還原大徐本的原貌。正

〔註26〕方達，《惠氏讀說文記》研究〔D〕，華東師範大學碩士學位論文，2013。
〔註27〕戴震，戴震文集〔M〕，北京：中華書局，1980：139。

文中除了各版本相互對照這一基本內容之外，對不同版本間所產生的歧異情況，段玉裁時常加以評斷。《說文訂》成書之後，袁廷檮五硯樓在嘉慶二年（1797年）就刻版刊行了，該書的出現既讓人們看到了當時通行的汲古閣剜改本存在的瑕疵，又為讀者呈現出了諸多宋本的面貌，在當時產生了很大影响。嚴可均在嘉慶三年（1798年）看到此書，便對《說文訂》進行了校勘訂正，成《說文訂訂》一卷。《訂訂》對《說文訂》中的一些明顯訛誤以及段氏誤斷之誤給予糾正，對一些有疑義的地方也列出了自己的意見，對《說文訂》是一個重要的補充。

與錢坫同時期的其他學者如桂馥、段玉裁、嚴可均、鈕樹玉等，都對《說文》有專門的研究，只是其主要的研究成果，在錢坫生前還未展現出來。

總的看來，當時的學者先後相繼，左右提攜，在《說文》的研究中，或對《說文》進行基礎性的校勘，或闡發許書的條例，或用經典文獻疏證許義，或辨正古今文字形體，或利用《說文》系統研究詞義，或以《說文》的聲符系統來研究古音等等，對《說文》的研究全面而深入，取得了很大的成就。

（二）《斠詮》的成書時間

受當時學術風尚的影響，錢坫也對《說文》頗有研究。他的《說文解字斠詮》是順應當時《說文》研究發展趨勢而出現的一部重要《說文》學著作。不過在他的生平資料中，幾乎沒有關於這部著作的介紹，其撰寫時間也不能確定。

錢坫曾在乾隆四十六年（1781）為孫星衍所輯的《倉頡篇》作跋，跋中云「漢獨汝南許君頗識指歸，其書具在，惜為唐後諸人所亂，且以不可知之字廁諸本文，謬盭曷能勝道！余久欲刪削徐鉉新附及添入等字，以還許君之舊」〔註28〕，道出了他想對《說文》進行整理的願望。

對於具體的成書時間，陳鴻森推測大概在乾隆四十八年（1783），但缺乏證據。現在根據對《斠詮》中材料的掌握，對具體的成書時間作進一步探討。

1. 《說文解字繫傳》的引用與《斠詮》的成書

《斠詮》在校勘《說文》的過程中，大量引用《說文解字繫傳》（以下簡

〔註28〕陳鴻森，錢坫遺文小集〔J〕，《中國典籍與文化論叢》第12輯，2009：269。

稱《繫傳》）進行校勘。據統計，在《斠詮》中錢坫共出校勘意見 1319 條，《繫傳》共計被引 793 次，比引用次數第二多的《玉篇》179 次多出了四倍多。校勘《說文》，《繫傳》是錢坫最為倚重的參考資料。可以說，沒有《繫傳》，不能成《斠詮》。

除了引用次數多之外，從《斠詮》中的對《繫傳》的稱說來看，錢坫還參考了多個版本的《繫傳》。如：

（1）《說文》：「郖，河東聞喜鄉，从邑匡聲。」

《斠詮》：寫本《繫傳》上有「中郖」二字，宋人諱「匡」，故寫訛如是。今刻本徑刪之，更非宋抄之舊矣。

（2）《說文》：「位，列中庭之左右謂之位。从人立。」

《斠詮》：寫本《繫傳》「從人立」下空一格，刻本竟作「立聲」，未始不是，然於古人闕疑之義則失之矣。

（3）《說文》：「訄，迫也。从言九聲。讀若求。」

《斠詮》：今《繫傳》本亦作「讀若求」，余所見鈔寫本作「讀又若丘」四字，蓋俗人妄改之。

（4）《說文》：「智，目無明也。从目夗聲。」

《斠詮》：《繫傳》下有「讀若宛委」四字，舊鈔本只作「讀若委」。

（5）《說文》：「浞，濡也。从水足聲。」

《斠詮》：《繫傳》一本作「水濡兒也」，一本「水」作「小」。

以上五例中的《繫傳》「寫本」「宋抄」「鈔寫本」「舊抄本」「刻本」「一本……一本……」等表述，說明錢坫既參考了當時的《繫傳》刻本，也參考了當時的宋抄本《繫傳》及其他可能的一些抄本。

進一步來說，以抄本而言，當時有述古堂所藏影抄宋本、翁方綱校抄本、顧廣圻校抄本等，另外編纂《四庫全書》時也有各地所進數抄本，錢坫是否接觸到這些抄本，現在還不好判斷。但就刻本來說，在乾隆年間，只有四十七年（1782）汪啟淑刻本、五十九年（1794）石門馬俊良刻《龍威秘書》本。馬俊良本依汪本重刻，又有一些不同之處。

據考察，《斠詮》中僅有兩處明確提到「刻本」《繫傳》和一處「今《繫傳》」，即「郖」「位」與「訄」字下。「郖」「訄」二字下，《斠詮》所說情形與汪本、馬本同；但在「位」字下，《斠詮》云「刻本竟作『立聲』」，汪本空一

格,馬本作「立聲」。這樣大致可以看出,書中刻本《繫傳》的最大外延是馬俊良《龍威秘書》本。

由此看來,書中所稱的「《繫傳》……」,實際上是取了各本《繫傳》的共同之處,在各本《繫傳》中,應以馬俊良本外延最大,即「《繫傳》……」=「刻本《繫傳》……」=「今《繫傳》……」=馬俊良本,其他版本《繫傳》則以「寫本」「鈔寫本」「舊抄本」等文字區別開。馬俊良本作為《繫傳》系統的材料,全面參與了校勘。

如上所說,錢坫使用了《繫傳》的幾個版本進行校勘,行文表述如上幾例所示,應是以馬俊良本為底本然後參用其他幾個版本進行對校的結果。因此我們推論,《斠詮》的整體成書,時間應不早於乾隆五十九年(1794)馬俊良龍威秘書本《繫傳》的刊刻時間。

2. 錢坫與同時學者的學術交流

《斠詮》在書中還時常引用當時學者的研究成果。如曾稱引惠士奇 3 處、惠棟 9 處、江聲 7 處、袁廷檮 5 處、李奇 4 處、錢大昕 4 處、孫星衍 3 處、鈕樹玉 1 處等。在這些稱引中,對鈕樹玉、袁廷檮等人的稱引值得注意。

A. 鈕樹玉

鈕樹玉(1760~1827),字匪石,清代江蘇吳縣人,曾就學於紫陽書院,出錢大昕門下,對《說文》卓有建樹,有《說文解字校錄》《說文新附考》《說文段注訂》等書。

書中稱引鈕樹玉說,明確提到的有 1 處:

《說文》:「箴,綴衣箴也。从竹咸聲。」

《斠詮》:《左傳》「以箴陳事」,杜預注「箴,救也」。鈕布衣玉汝以為即「箴」字。《國語》「厚戒箴國以待之」,韋昭注「箴,救也」。其訓同字,以草書傳訛,說是也。附錄之以見惟善讀書者能得間焉。

鈕樹玉《說文新附考》「箴,疑古作箴」條下云〔註29〕:

《玉篇》「箴,救展切,解也,備也。」引《左氏傳》曰「寡君願以箴事」,「箴,救也」。按左文十七年傳「以箴陳事」,《正義》引賈、服皆云「箴,救也。」據《晉語》「陽畢曰:厚戒箴國以待之」,韋注「箴猶救也」。是「箴」義與「箴」同。《方言》「箴、救、戒,備也。」又云「備、該,咸也。」「箴」

〔註29〕(清)鈕樹玉,說文新附考〔M〕,《續修四庫全書》第 213 冊,上海:上海古籍出版社,2002:25。

從「咸」，或聲兼義，更與「葴」合，又形聲亦相類，故疑古作「箴」。

可見，錢坫此處正本鈕樹玉說。鈕樹玉的《說文新附考》一書寫成於嘉慶元年（1796），書前有嘉慶三年（1798）錢大昕所作序，而此書直到嘉慶六年才刊刻印行。即使錢坫看到的是鈕氏稿本，也應在嘉慶元年（1796）之後了。

除此之外，在臺灣國家圖書館藏有一部吉金樂石齋本《斠詮》，上有顧廣圻、鈕樹玉的批校和題記。其中鈕樹玉題記云：「錢君曾借予《校錄》稿本，今觀其書，有采予說而首尾或不具盡，急於刊刻也。鈕樹玉記。」據鈕樹玉題識，全書為鈕氏所標明者有 15 處，如：

（1）「逡」字下：「此亦采予說，樹玉。」

《說文》：「逡，復也。从辵夋聲。」

《斠詮》：「復」當作「復」，字形相近而誤。

《校錄》：《玉篇》訓「逡巡也，退也，卻也」，無「復」訓，疑「復」當是「復」，「復」即「退」字。《釋言》「逡，退也。」

按：錢坫此說，正本鈕樹玉《校錄》。

（2）「樕」字下：「此改營為營，亦本予說而誤。樹玉。」

《說文》：「樕，樊也。从爻从林。《詩》曰『營營青蠅，止於樕』。」

《斠詮》：今作「樊」。《漢書》《論衡》皆作「止於藩」。

《校錄》：《詩》曰『營營青蠅』，「營」下引《詩》「營營青蠅」，不應又作「營」。

按：毛氏汲古閣本作「營營青蠅」，錢坫據鈕樹玉說徑改「營」作「營」。

從鈕樹玉標出諸例來看，錢坫確有接受其觀點校改《說文》的地方。以此看來，鈕樹玉的《說文解字校錄》於嘉慶十年（1805）完稿，錢坫即借閱鈕氏稿本，並參用鈕氏觀點來豐富《斠詮》本書。

其實，錢坫借鑒鈕書處，似不止此。錢坫在凡例中稱[註30]：

一斠毛晨刊本之誤。如木部「閑」字、手部「摰」字、攴部「敿」字、黍部「黐」字，皆宋本所無，晨不知何據而妄增。又示部「福，佑也」，「佑」改為「祜」；欠部「歊」與《玉篇》合而改為「歔」；宀部「宕，汝南項有宕鄉」，而改為「有項宕鄉」；邑部「郝，右扶風盩屋鄉」，而改為「鄠鄉盩屋縣」。皆與宋本舛誤，致使詞義不順，如此者不一而足。

〔註30〕（清）錢坫，說文解字斠註〔M〕，《續修四庫全書》第 211 冊，上海：上海古籍出版社，2002：442。

按：這一條是以宋本校勘毛氏汲古閣本的錯誤。

一斠宋本徐鉉官本之誤。如艸部「藍」字兩見，據《周禮》則一為染青之「藍」，一為瓜菹之「藍」。辵部「迸，行皃」、「迸，前頓也」，據《廣韻》《類篇》則「行皃」應作「迸」，乃「急行」之字；「前頓」應作「迸」，乃「拾級」之字。又巾部「帆，領端也」，鉉因寫者誤「帆」為「帕」，即以「帕」字為「領端」而別附「帆」於部末，考《玉篇》《廣韻》俱無「帕」字可知。言部「謚，行之跡也」，鉉因寫者誤「謚」為「謚」，乃以「謚」為「行之跡」而別以「謚」為「笑皃」，考戴侗《六書故》曰「唐本無『謚』字只有『謚』」，《釋名》「謚，加也」，「益」有加義，故「謚」從之，又《廣韻》曰「謚，《說文》作『謚』」，亦其明證。

按：這一條主要是以《玉篇》《廣韻》《類篇》等字書材料，結合文字的音義關係考證大徐本的錯誤。

一斠徐鍇《繫傳》本之誤。如言部「詟，從也，从言肉」，唐本如是，《玉篇》同而鍇以意改作「徒歌切」，以「從也」為誤。女部「媚，楳目相視也」，即《雜記》「視容楳楳」之「楳」，鍇不解其義，妄去「楳目」二字，其兄鉉每依用之，凡鍇所加所刪之字，鉉皆據以改定官本，斯為大誤。

按：這一條主要是結合古本《說文》資料及《說文》與文獻的互證關係，來糾正小徐本的錯誤。

一斠唐以前本之誤。如巾部「幔」從古文「婚」字為聲，即《莊子》「郢人」字，寫者誤從「嫛」，顏師古注《漢書》因從「嫛」，竟以為「乃高切」。欠部「改」字從「戊己」之「己」，《玉篇》以為「呼來切」，即《楚詞》之「哈」字，陸德明作《釋文》竟以為「哂」，訛舛相承而正字正音反晦。始因誤寫，後遂因循不改，千載相仍，皆為所誤，此不得不辨者也。

按，這一條主要依據文字的形音義關係及文獻用字互相求，糾正古本《說文》的錯誤。

《說文》在歷史上經過李陽冰、徐鉉徐鍇兄弟整理校定，至清代又有毛氏汲古閣校刊，形成了不同的版本層次。僅以時代先後而論，即有南唐小徐《繫傳》本、北宋大徐校定本、清初毛氏汲古閣仿宋本。《說文》在流傳過程中，一方面會自然產生一些文字訛誤，另一方面也會受整理者主觀態度或學識的影響而產生一些錯誤。時代較晚的《說文》文本，就包含了前代的文字訛誤，對文本釋讀造成阻礙。錢坫懂得《說文》的這些版本層次，因而就通過

離析這些版本層次，分別指出其錯誤的方式，逐漸還原《說文解字》的本來面貌。

值得注意的是，錢坫的這種理念，恰與鈕樹玉《說文解字校錄》序所說相近。鈕書序云〔註31〕：

> 竊以毛氏之失，宋本及《五音韻譜》《集韻》《類篇》足以正之；大徐之失，《繫傳》《韻會舉要》足以正之；至少溫之失，可以糾正者，唯《玉篇》為最古，因取《玉篇》為主，旁及諸書所引，悉錄其異，互相參考。

如上所說，鈕樹玉將大徐本《說文》分為李陽冰、徐鉉、毛本三個時代層次，並指出針對每個版本版本層次可以使用的校勘材料，鈕氏最為重視《玉篇》，是因為《玉篇》能對時代層次最早的唐以前本有校勘價值。錢坫雖以時間先後排列大小徐，混列不同版本系統，但其校勘理念，與鈕氏頗近。在這一點上，錢坫可能也受到了鈕樹玉《校錄》的影響。

B. 袁廷檮

袁廷檮（1762～1809），字又愷，又字綏階，清代江蘇吳縣人，是當時著名藏書家，與周錫瓚、黃丕烈、顧之逵並稱「藏書四友」。曾與段玉裁一起搜集《說文》不同版本，共成《汲古閣說文訂》（下文簡稱《說文訂》），為學界所重。

《斠詮》書中引袁廷檮說有 5 處，如：

（1）《說文》：「湳，西河美稷保東北水。从水南聲。」

《斠詮》：《繫傳》作「東水」，無「北」字。《五音韻譜》云「西河，水名」。袁廷壽曰「此毛本後改也，其初刻印本與《韻譜》同。」

（2）《說文》：「玽，石之次玉者。从玉句聲。讀若苟。」

《斠詮》：《繫傳》「次」作「似」。袁廷壽曰「今徐鍇本亦作『似』，毛氏後改也，初印本作『次』」。

按：此處毛氏剜改本作「石之似玉者」，錢坫以為誤，逕改。

（3）《說文》：「躋，登也。从足齊聲。《商書》曰『予顛躋』。」

《斠詮》：袁廷壽因毛初印本、宋本俱如之。今加「告」字者，非也。

〔註31〕（清）鈕樹玉，說文解字校錄〔M〕，《續修四庫全書》第 212 冊，上海：上海古籍出版社，2002：1。

上述例子中袁廷檮所說的「毛氏後改」「初印本」等表述都是《汲古閣說文訂》的用語，可見錢坫所引袁廷檮的這些說法都出自《說文訂》。《說文訂》是段玉裁與袁廷檮、周錫瓚在嘉慶二年（1797）所作，所以，《斠詮》中所引袁氏說法應在嘉慶二年（1797）後著錄。

另外值得注意的一點是，袁廷檮的名字在文獻中一般作「袁廷檮」，但據劉鵬研究〔註32〕，袁廷檮大約在嘉慶九年（1804）後，開始使用「袁廷壽」一名，在文獻中開始出現。巧合的是，錢坫《斠詮》中引袁氏說的幾處，均作「袁廷壽」，似也可說明，至少在這些地方，錢坫的修訂是比較晚的。此外，卷三末尾題「吳縣袁廷壽綏階校字」，也能說明袁廷檮參與了《斠詮》的後期文稿校對工作。

通過對上述《斠詮》引用材料的考察，我們認為，錢坫的《斠詮》應撰於其棄官歸鄉後的暮年時期，主要在嘉慶年間。他在晚年，匯集各種《說文》資料和研究成果，對《說文》進行勘正和詮釋，雖然其身體偏廢，不便行動，但他還是以堅韌的毅力完成了《斠詮》的撰述。

從其急於刊刻的情形來看，錢坫也是想了卻一生的夙願，將積澱一生的《說文》研究心得刊刻成書，以瞑目於九泉之下。

（三）《斠詮》的主要內容

錢坫在幼年時即通讀《說文》，及長又隨錢大昕精研小學，對《說文》一書頗有心得。他在孫星衍輯《倉頡篇》跋中說「漢獨汝南許君頗識指歸，其書具在，惜為唐後諸人所亂，且以不可知之字廁諸本文，謬盭曷能勝道！余久欲刪削徐鉉新附及添入之字，以還許君之舊。」可見，他很早就有校勘《說文》、還原許書的想法。他在《說文》學方面的著作《說文解字斠詮》，正是在這方面做出的努力。

《斠詮》一書，顧名思義，包括對《說文》的校勘和詮釋兩大部分。校勘部分是對當時《說文》資料的校對整理，是研究《說文》的基礎步驟；詮釋部分則充分體現了錢坫研究《說文》的方法和思想，是個人研讀《說文》的經驗所得。正如胡樸安在《中國文字學史》中評論說「《說文斠詮》一書，斠者斠其誤，詮者詮其義也，是書與嚴可均《校議》、鈕樹玉《校錄》性質相同而範

〔註32〕劉鵬，清藏書家袁廷檮生平發覆——一個蘇州家族的興衰〔J〕，天一閣文叢，第十二輯，2015。

圍加廣，非僅《說文解字》之校勘者。」〔註33〕

1. 本書的凡例

錢坫在書前撰寫的凡例如下：

一斠毛扆刊本之誤。有宋本所無，扆不知何據而妄增者；有與宋本舛誤，致使詞義不順者。

一斠宋本徐鉉官本之誤。有一字兩見而實為二字者；有兩字相似而前後互易者；有因寫者之誤而別為之解者。

一斠徐鍇《繫傳》本之誤。有以意改作者；有不解其義而妄去其字者；有鍇所增加者。

一斠唐以前本之誤。有譌舛相承而正字正音反晦者。有始因誤寫後遂因循不改，千載相仍，皆為所誤者。

一詮許君之字只應作此解，不應以傍解仍用而使正義反晦。

一詮許君之讀如此而後人誤讀，遂使誤讀通行而本音反晦。

一詮經傳只一字而許君有數字。

一詮經傳則數字而許君只一字。

前四條是校勘之例，校勘當時《說文》各版本之誤；後四條是詮釋之例，詮釋《說文》原本的形音義。簡單的八條凡例，交代了他在本書中作的主要工作和他創作本書的學術旨趣。對於凡例的具體解析，詳見下文專論。

2.《斠詮》的結構編排

A. 全書結構

《斠詮》全書包含書前一篇《說文解字原序》和十四卷正文。與毛氏汲古閣本《說文》和《宋本》說文相比，書前沒有《說文解字》標目，書後沒有五百四十部總目、許沖上《說文》表以及徐鉉奉敕校定的牒文。錢坫認為許書原只應有十四篇正文和序一篇，其他內容都是後人所加，所以都未收錄。

《斠詮》分成十四卷，也是仿照許慎原本《說文》十四篇而立。本來從李陽冰、徐鉉等人開始，就嫌於每篇卷帙繁重，將每篇細分為兩卷，便於展覽。但是錢坫將每篇又重新合為一卷，以求合乎許書原貌。

B. 編排體例

《斠詮》在正文中將徐鉉所加每卷前的字數統計、新修十九文、注解、

〔註33〕胡樸安，中國文字學史〔M〕，上海：上海書店，1984：402。

反切、新附字等內容盡皆刪去，意在去除後人篡改痕跡，還復許氏原文。

《斠詮》收錄了《說文》除徐鉉所加的全部字頭，即使很多字頭下面沒有斠詮說解，也錄在書中，保持與《說文》一致的面貌。每個字頭獨占一行，首書篆文，其次雙行小字說解。其篆文與毛本不盡一致，是錢坫自己手書篆文上版，裡面包含了他自己的筆法和對字形的理解。

《斠詮》中每個字下分《說文》正文和斠詮兩部分內容。正文與斠詮之間以空格隔開。對正篆的斠詮跟在正篆的說解後面，對各重文的斠詮跟在各重文說解後面，各部分斠詮的內容是獨立的。

《斠詮》中每部字後面的「文××，重××」，是經過錢坫校改後的結果，也與毛本不盡一致。

（四）《斠詮》的版本流傳與底本選擇

錢坫死於嘉慶十一年（1806）十一月，而《斠詮》是在他死後第二年即嘉慶十二年（1807）年才刻成，可見此書在他生前未刻完，死後不久才刻成出版。鈕樹玉說他「急於刊刻」，大概是錢坫感到大限將至，急於刊成此書。

嘉慶十二年（1807）吉金樂石齋本《斠詮》封面右上題「嘉慶丁卯年鐫」，中間篆書「說文解字斠詮」，左下書「吉金樂石齋藏板」。《斠詮》一書是錢坫自刻，因此自署「吉金樂石齋藏板」。書前有《說文解字原序》一篇，錢坫手訂凡例八條。全書分十四卷，每卷首題「說文解字斠詮，卷第×（雙行小字），錢坫學」。書內半頁七行，雙行小字行二十一字。每個正篆頂格占一行，大書滿格，說解內容雙行小字，斠詮內容與正文有空格隔開，對重文有斠詮的也分別列在各重文說解下。在卷三末有「吳縣袁廷壽綏塏校字」、卷五末有「男希僑少博斠字」、卷八末有「茂苑黃容大耐園斠字」等人的校對記錄。

吉金樂石齋本是《斠詮》最初的錢坫自刻本，後來陸續又有幾個刻本出現，但總的來看，《斠詮》的版本流傳關係比較簡單。其現存版本如下所列：

1. 《說文解字詁林》所收嘉慶原版宣紙初印本
2. 清嘉慶十二年（1807）錢氏吉金樂石齋刻本
3. 清嘉慶十六年（1811）秦嘉謨琳瑯仙館刻本
4. 清光緒九年（1883）淮南書局重刻本

《詁林》收錄的宣紙初印本是錢坫刊印時最初的校樣本，與錢坫稿本最接近，訛寫的地方最少。嘉慶十六年（1811）的琳瑯仙館刻本和光緒九年（1883）的淮南書局刻本都是據吉金樂石齋本重刻，而且在重刻過程中又出

現一些訛誤，相比來說，質量不如吉金樂石齋原刻本。

但是現在流傳的吉金樂石齋本，如日本早稻田大學藏吉金樂石齋本、《中華漢語工具書書庫》影印吉金樂石齋本、《續修四庫全書》影印吉金樂石齋本等，經過我們核對，也都存在一些錯誤。如「趨」「嗙」二字下：

吉金樂石齋本：

趨，走皃。从走叡聲。讀若紲。

《斠詮》：本从「叡」。考《玉篇》《廣韻》俱作「趨」，从「叡」是也。徑改之。

嗙，謌聲嗙喻也。从口旁聲。司馬相如說，淮南宋蔡舞嗙喻也。

《斠詮》：當是《凡將篇》文。坫按本書無「喻」字。疑《上林賦》之「干遮」即此「嗙喻」也。其字「嗙」誤為「干」、「嗙」瑛為「喻」耳。

初印本：

趨，走皃。从走叡聲。讀若紲。

《斠詮》：本从「叡」。考《玉篇》《廣韻》俱作「趨」，从「叡」是也。徑改之。

嗙，謌聲嗙喻也。从口旁聲。司馬相如說，淮南宋蔡舞嗙喻也。

《斠詮》：當是《凡將篇》文。坫按本書無「喻」字。疑《上林賦》之「巴俞」即此「嗙喻」也。其字「巴」誤為「嗙」，「俞」為「喻」耳。

按：「趨」字下，吉金樂石齋本均作「趨」，而初印本作「趨」，錢坫在斠詮中說「徑改之」，則字頭和聲符不應仍从毛本，初印本不誤。「嗙」字下，「《上林賦》之『干遮』」云云不可讀，初印本文从字順，不誤。

從上面兩例可以看出，現在流傳的吉金樂石齋本有些錯誤，在《斠詮》初印本中都沒有，可見，《斠詮》初印本最為精善。但可惜的是，《斠詮》初印本被《詁林》分割到每個字下面，沒有完整的面貌，我們只好以現在流傳的吉金樂石齋本為底本，然後以初印本校正它的錯誤。

（五）《斠詮》凡例釋論

清人著述，經常在書前約舉凡例或例言，作為全書內容的總括或書前的交代。如席世昌在《席氏讀說文記》例言中列「疏證、補漏、糾誤、異義」四例，錢大昭《說文統釋》自序中所稱「疏證以佐古義、音切以復古音、考異以復古本、辨俗以正偽字、通義以明互借、從母以明孳乳、別體以廣異義、正譌

以訂刊誤、崇古以知古字、補字以免漏略」〔註34〕十例，鈕樹玉《說文解字校錄》序中所言有關「引經異同、重出之字、筆畫變異、新附字、《說文》舊音、所引材料版本介紹」等七例，等等，都在書前以列舉條目、約舉例言的方式交代作書的目的和所要做的工作。

錢坫也有在書前列舉凡例的習慣，除了在《斠詮》書前手訂八例，他還在所著《論語後錄》自敘中云「考異本、校謬栞、鉤佚說、補剩義、補舊注、采通論、存眾說」〔註35〕等七例，《新斠漢書地理志》自敘中云：「約舉大綱，蓋有八焉：一曰考故城、二曰考水道、三曰考山經、四曰尊時制、五曰正字音、六曰改誤刊、七曰破謬悠、八曰闕疑闕」〔註36〕。他的這種做法，無疑也是要對所作的工作做一個總括的說明。

清代人這種書前列舉例言的做法，與現代著作中的凡例或例言有所不同。通過上幾例可以看出，清人所謂的凡例或例言很多都是對本書內容的總括介紹，並不是對本書著述原則或綱領的展示；而今天所說的凡例通常是對本書的編寫原則和組織形式進行介紹，其所列條例具有綱舉目張、條理清晰、貫徹全書的性質。顯然，清人所謂的凡例或例言與今天的概念術語相比，不在一個層面上，我們不能用現在的眼光去衡量古人。

所以，錢坫書前手訂的凡例，並不是對本書著錄原則的說明，也不是體例性的介紹，只是對他在《斠詮》中做了哪些工作的一個簡單列舉介紹。那麼對這些條目進行一番解析，我們就能大致了解錢坫作《斠詮》所作的主要工作和所要達到的目標，也能更好地理解書中具體的斠詮內容。

錢坫在凡例中全面地闡述了他校勘和詮釋《說文》的主要內容。其所「斠」，主要是斠當時毛本、宋本、《繫傳》本及唐以前本之誤，恢復許氏原本舊貌；其所「詮」，主要是詮許書所載本字、本音、本義。從錢坫所斠、所詮，可以看到他一意尊許的心態。

1. 校勘《說文》

錢坫校勘《說文》，其目標是還復許書原本。他說「漢獨汝南許君頗識指

〔註34〕錢大昭，《說文統釋》序〔M〕，《四庫未收書輯刊》第捌輯第3冊，北京：北京出版社，2000：282。

〔註35〕錢坫，論語後錄〔M〕，《續修四庫全書》第154冊，上海：上海古籍出版社，2002：233。

〔註36〕錢坫，徐松，新斠注地理志〔M〕，《四庫未收書輯刊》第六輯第10冊，北京：北京出版社，2000：120。

歸，其書具在，惜為唐後諸人所亂，且以不可知之字廁諸本文，謬舛曷能勝道！余久欲刪削徐鉉新附及添入之字，以還許君之舊。」〔註 37〕從此可見他的志向所在。

　　錢坫研究《說文》數十年，鑒於當時《說文》中存在的諸多舛誤，他很早就有勘正《說文》、「還許君之舊」的願望。他晚年作《斠詮》校勘《說文》，即是要實現這個長久以來的理想。

　　從他的校勘思路來看，錢坫試圖通過對各時代《說文》傳本的校勘，實現恢復許慎原本的願望。他在凡例中所列校勘四種傳本之誤，從時間順序上看，即是體現出一種由近及古、逐步糾正各本訛誤還原到許慎原本的校勘目標。

　　從《斠詮》的編排組成上看，錢坫只保留了許慎《說文解字》原序和十四篇正文。為了恢復許慎原本，刪掉徐鉉所增的書前標目和書後的牒文等內容無可厚非，但連許沖的上《說文》表和五百四十部總目都沒有保留，這顯然有錢坫斧鑿的痕跡。在當時，段玉裁、嚴可均、鈕樹玉等人均認為《說文》原本包括十四篇正文和綴於書後的一篇敘目，合而為十五篇，與錢坫的主要分歧在於許沖上表和總目的有無。錢坫不收許沖上表和部首總目，當是認為其並非許慎所書。從這一點來看，錢坫比段、嚴、鈕諸人恢復許慎原本的觀念更極端。他所要還原的，是真真正正的許慎「原本」，是經許慎手訂，連許沖上表都不能廁諸其中的稿本。他認為許慎原本的面貌如《斠詮》一般，書前有序，然後是十四篇正文。錢坫的這種做法，與當時學者的觀點不侔，顧廣圻曾批評說「許君元書十五卷，不容改作十四卷，而取第十五卷之一序割棄以下升冠於端，……今姑退序入後」〔註 38〕對於《說文》篇目的理解，段玉裁闡釋說：「《史記》《漢書》《法言》《太玄》敘皆殿於末，古著書之例如此。許書十四篇既成，乃述其著書之意，而為五百四十部總目，記其文字都數，作韻語以終之，略仿太史公自序云。」〔註 39〕可見，錢坫的篇目安排不一定符合許慎原本。不過，在我們看來，雖然錢坫的看法值得商榷，但他的這種做法，體現出的是一種極端復許的心態。

　　在對具體條目的校勘中，他經常有「非許君文」「非許君原文」這樣的表

〔註 37〕陳鴻森，錢坫遺文小集〔J〕，中國典籍與文化論叢，2009：第 12 輯，269。
〔註 38〕見臺灣國家圖書館藏《斠詮》卷二終顧廣圻題識。
〔註 39〕段玉裁，說文解字注〔M〕，上海：上海古籍出版社，1988：753。

述，其言下之意即是許慎原文當作某，所作校改即是意欲恢復許氏原文。如：

（1）枰，平也。从木从平，平亦聲。

《斠詮》：前誤「枰」為「枰」，於此處添入「枰」字，既次敘非倫而訓解又俗，其非許君之原文矣。

（2）匋，瓦器也。从缶包省聲。古者昆吾作匋。《史篇》讀與缶同。

《斠詮》：自「古者昆吾」以下《繫傳》作徐鍇說，非許君原文。

（3）鄢，晉邑也。从邑必聲。

《斠詮》：本有「《春秋傳》曰晉楚戰于鄢」九字，據《繫傳》乃徐鍇所引，非許君原文，故刪之。

從以上方面可以看出，錢坫在校勘《說文》過程中，體現出一種濃厚的尊許、復許的觀念。

他在《斠詮》中開列四條校勘凡例云「斠毛扆刊本之誤」「斠宋本徐鉉官本之誤」「斠徐鍇《繫傳》本之誤」「斠唐以前本之誤」，他就是想通過對當時所存的各版本《說文》的校勘，來還原許書原貌。

A. 對毛扆剜改本錯誤的校正

錢坫在書中用大徐宋本、小徐本、古代字書、文獻引《說文》等材料對作為底本的毛本進行校改，在書中經常用「本作……」「本誤作……」「本有……」「本下……」「本脫……」「毛本……」等用語，來指出毛本的錯誤。如：

（1）牿，牛馬牢也。从牛告聲。《周書》曰：「今惟牿牛馬」。

《斠詮》：本作「淫舍牿牛馬」。宋本及《五音韻譜》無「淫舍」二字，乃後人所加，徑去之。

按：所引經文，毛本衍增「淫舍」二字，錢坫據時代較早的大徐宋本及小徐本系統的《五音韻譜》刪正。

（2）叡，亂也。从爻工交皿。一曰窒叡。讀若禳。

《斠詮》：「窒叡」毛本作「窑」。考《繫傳》《玉篇》《六書故》《韻會》並作「窒」，寫誤耳。徑改之。

按：毛本「窑」字為「窒」訛寫而成，錢坫據小徐本系統的《繫傳》《韻會》及字書材料改正。

（3）悃，愊也。从心困聲。

《斠詮》：毛本從「困」作「悃」，誤也。宋本從「困」，徑改之。

按：毛本誤將聲符「困」訛寫為「困」，錢坫據大徐宋本改正。

B. 對大徐本的指誤

錢坫一般用《繫傳》及字書材料對徐鉉的錯誤進行校正，在書中常用「徐本……」「徐鉉……」等用語，指出徐鉉的錯誤。如：

（1）䕡，艸也。从艸䵾聲。

《斠詮》：本有「䵾籀文囿」四字，合《繫傳》乃徐鉉沾入，非原文也。徑刪之。

按：今大徐本有此四字，《繫傳》作「臣鍇曰：『䵾，古囿字也』」，這本是徐鍇的注釋，徐鉉誤以為許慎原文，孱入正文。錢坫據《繫傳》刪。

（2）敗，毀也。从攴貝，敗、賊皆从貝。會意。

《斠詮》：《繫傳》作「賊、敗皆從貝」，無「會意」二字，是也。「賊」從「則」，不得謂為從「貝」。凡是書中有言「會意」等處者，大抵皆徐鍇說而徐鉉妄改為許氏本文甚多，讀是書深者知之。

按：大徐本正文中的「會意」二字，在《繫傳》中是徐鍇的說解語，錢坫認為是徐鉉誤將徐鍇的話看作許慎的原文，因而加進了正文說解中。

（3）苦，薑餘也。从艸杏聲。蓨，苦或从洐同。

《斠詮》：徐本作「荇」，考《爾雅》釋文引本書作「蓨」，《五經文字》《類篇》並同，是譌也。徑改之。

按：大徐本或體作「荇」，錢坫據文獻引《說文》及字書材料認為當作「蓨」，大徐本誤。

在書中錢坫除了直斥徐鉉之誤，還常常用「宋本、毛本」並列的方式指出《說文》中的錯誤，這一般也是在說大徐本的錯誤。如：

（1）璿，美玉也。从玉睿聲。《春秋傳》曰：「璿弁玉纓」。𪔀，籀文璿。

《斠詮》：宋本、毛本並作「叡」，《玉篇》《類篇》作「𪔀」是也。刻誤且與叔部同，徑改之。

按：宋本與毛本同屬大徐本系統，此條當是徐鉉已誤作「叡」，錢坫據字書材料中所存的籀文字形改正。

（2）蘫，瓜菹也。从艸濫聲。

《斠詮》：毛本、宋本並譌作「藍」，從《玉篇》《類篇》改正。

按：此條與上條犯了同樣的錯誤，大徐本在艸部中出現兩個「藍」字，必有一誤，錢坫據字書材料改正。

C. 對《繫傳》本的辨析與校改

錢坫在書中既用《繫傳》校改毛本，也對《繫傳》本系統有所辨正。他引用的《繫傳》材料，有宋抄本《繫傳》、清刻本《繫傳》等不同的版本，他對徐鍇的說法、不同版本《繫傳》間的異同都進行了辨析與校改，還用《古今韻會舉要》對《繫傳》的流傳之誤進行改正。如：

（1）趨，僵也。从走音聲。讀若匐。

《斠詮》：《繫傳》作「讀若匍」，非。

按：《四部叢刊》本、祁本兩個宋本《繫傳》均無「讀若匐」三字，可見《繫傳》本無此三字。汪本《繫傳》始據大徐本增，而又誤寫作「讀若匍」，馬本又承之。錢坫在這裡是指出馬本《繫傳》的承襲之誤。

（2）郇，河東聞喜鄉。从邑匡聲。

《斠詮》：寫本《繫傳》上有「中邜」二字，宋人諱「匡」，故寫譌如是。今刻本徑刪之，更非宋抄之舊矣。

按：錢坫所見《繫傳》版本非一，有宋抄本、有清刻本，他對不同版本間的異同時有參校，此條便是兩個版本有歧異，他略微作了辨析。他所說的「寫本」是宋抄本，「今刻本」是馬本。

（3）眢，目無明也。从目宛聲。

《斠詮》：《繫傳》下有「讀若宛委」四字，舊鈔本只作「讀若委」，《左傳》「眢井」用此。

按：此條也是辨析馬本與宋抄本的不同之處。

（4）選，遣也。从辵巺，巺，遣之，巺亦聲。一曰選擇也。

《斠詮》：《韻會》「選擇也」句，以為徐鍇語。今《繫傳》亦有之，後人以鉉本轉加入也。

按：今本《繫傳》與大徐本都有「選擇也」一句，錢坫根據《韻會舉要》認為這句話本是徐鍇的注解，徐鉉誤增入正文，後人又據大徐本篡改了《繫傳》。

D. 唐以前《說文》傳寫之誤的辨正

《說文》在唐代以前，就因輾轉傳抄，出現了一些訛誤。有很多錯誤出

現的時代很早，以致唐代的陸德明、顏師古等人就已經不能分辨。錢坫認為這類錯誤「始因誤寫，後遂因循不改，千載相仍，皆為所誤」，必須加以辨正。如：

幭，埻地，以巾撋之。从巾㝻聲。讀若水溫䵽也。一曰䈽也。

《斠詮》：今本作「幭」，依許君讀，當從古文「婚」字，不應從「㝻」也。輕改之。「㝻」與「㝻」音異。此云「埻地」者，土部曰「塗地曰埻，古者天子以丹漆塗地謂之丹埻」是也。云「以巾撋之者」，車部有「轓」字讀如「閔」，「轓」之讀為「閔」，猶「幭」之釋為「撋」也。揚雄文「獿人亡則匠石輟斤而不斲」，此「獿人」亦應作「幭」，俗士不知，擅改古書，如顏籀輩之無知妄作，使後世讀書者展轉多誤，余不得不辨。

按：錢坫所譏諷的「無知妄作」，指的是顏師古《漢書》注「獿人」為「乃高反」，陸德明《莊子》釋文作「慢」。其實這兩字皆是「幭」字之誤，而陸、顏二人不能識讀，則在唐以前此字即已訛舛不能辨認。錢坫根據讀音改正聲符，糾正了流傳千年的訛誤。

2. 詮釋《說文》

如果說錢坫校勘《說文》是從文本字句上還原許書，那麼對《說文》的詮釋則是從文本內涵上闡發許書，還原許書的本意。

錢坫在凡例中所列的詮釋條目，是從疏證本義、還原本音、確定本字三個角度對許書進行闡發的。在《說文》中，對一個字的完整說解具有形、音、義三部分，錢坫對《說文》說解內容的詮釋，也相應分為這三部分。

A. 疏證《說文》本義

《說文》中有許多字在文獻中的常用義不是本義，而是假借義或引申義，因為假借義或引申義通行，該字的本義反而不為人所知。錢坫對這種某些字本義不用而他義通行的現象，主張探求它們的本義，這就是「詮許君之字只應作此解，不應以傍解仍用而使正義反晦」。錢坫通過多種方式證明許慎的本義，如：

（1）雖，似蜥蜴而大。从虫唯聲。

《斠詮》：《方言》「守宮，齊謂之螔螏」，注「似析易」。即此也。後世以為語助字而本義晦矣。

按：「雖」在文獻中常用作連詞，本義不顯，錢坫在此指出「雖」即《方

言》之「守宮」，為許慎說解提供佐證。

（2）臑，臂羊矢也。从肉需聲。讀若襦。

《斠詮》：《補史記》「取前足臑骨」，徐廣以為臑臂，是也。近日吳江人沈彤據《字林》謂「臂羊矢」當作「羊豕臂」，以「矢」字為誤。坫考《素問》，羊矢，脈穴之名，近臂臑，是「矢」字未嘗誤也。彤之說不經。

按：「臑」字本義，後人難曉，錢坫據徐廣說及《素問》所記，證明許義，糾正時人之誤。

（3）敗，毀也。从攴貝，敗、賊皆从貝會意。敱，籒文敗从賏。

《斠詮》：《呂氏春秋》「能全天之所生勿敗之」，《淮南子》「若唇之與齒，剛柔相摩而勿相敗」，注皆云「毀也」，是本義。

按：此條錢坫引《呂氏春秋》及《淮南子》之語，是為了證明許慎所收的釋義是有根據的，雖然「敗」在文獻中常表示失敗、腐朽義，但在文獻中仍有使用過本義的文獻例證。

B. 還原《說文》聲讀

許慎的時代還沒有反切注音，只有譬況、讀若的注音習慣，許慎在《說文》中也只用聲符和讀若為漢字標音。後來一方面在傳抄中出現了錯誤，一方面後人對某字的讀法與許慎不同，錢坫認為後世的讀法錯誤，應當恢復許慎本來的讀法。

這就是凡例說的「詮許君之讀如此，而後人誤讀，遂使誤讀通行而本音反晦」。如：

（1）豩，二豕也。豳从此。闕。

《斠詮》：此字《玉篇》音「火類切」，《廣韻》有「燹」，「許位切」，云「火也，《字統》音『銑』」，知今讀由《字統》起也。此古今讀異。

按：《說文》未說明「豩」字的讀音，錢坫認為《玉篇》《廣韻》所注音切當是相傳古音（「火類切」與「許位切」音同），現在的讀音始源於《字統》的注音，「豩」字古音當依《玉篇》《廣韻》的音切讀。

（2）贙，分別也。从虤對爭貝。讀若迴。

《斠詮》：《繫傳》作「回」，此字相傳「胡畎切」，無「迴」音，當有誤。

按：錢坫認為「贙」字相傳一直讀「胡畎切」，沒有讀「迴」的文獻記錄，許慎也當讀此音，大小徐本皆音「回（迴）」，可能有訛誤。

（3）穭，穗也。从禾會聲。

《斠詮》：《繫傳》有「讀若裹」三字，《玉篇》「穭，公臥切」，與《繫傳》讀同。

按：錢坫認為《繫傳》《玉篇》記錄了一個相同的讀音，應當不是偶然的，《說文》當有此讀音，今本漏脫。

錢坫在詮釋《說文》聲讀時也並非都是糾正後人誤讀，有時也引經籍舊音或近代方音證明《說文》字音。如：

（1）逗，止也。从辵豆聲。

《斠詮》：《史記》「逗橈當斬」，如淳曰「軍法行，逗留畏懦者要斬」，蘇林音「豆」。

按：錢坫在這裡引蘇林的注音，沒有別的用意，就是為了詮釋「逗」字的讀音。

（2）詽，詽詽多語也。从言幵聲。樂浪有詽邯縣。

《斠詮》：《地理志》同，孟康音「男」，俗「諵」字即此。

按：錢坫引孟康音，也主要是給「詽」字注音，他認為這就是許慎所標的讀音。

C. 求《說文》本字

《說文》是收錄本字本義的字書，字形與意義一一對應。但在實際的文獻用字中，一個字可能同時記錄多個詞義，反過來，一個詞義也可能會被多個字同時記錄。這種情況與《說文》中形義統一的情況不一致。錢坫在凡例中說「詮經傳只一字而許君有數字；詮經傳則數字而許君只一字」，就是以《說文》為標準來解決文獻中字詞不統一的情況，為閱讀古代文獻排除障礙。解決的辦法，就是溝通《說文》中字與文獻用字之間的關係，為文獻中的詞義一一找出《說文》中的本字。

（1）文獻只一字，《說文》有數字

這種情形一般有兩種情況，一是《說文》的某些字分別記錄幾個意義較為具體的詞，在文獻的實際使用中，這幾個具體的詞義被概括成一個比較抽象的詞，只用一個字來記錄；二是文獻中的某字通過假借的方式兼併了《說文》中兩個字的記詞職能，也會形成這種對應關係。如：

①神，天神引出萬物者也。从示申聲。

《斠詮》：《禮運》「別于鬼神」，注「神者，引物而出。」此神祇字，鬼神當用魖。

按：神祇、鬼神義都與神靈有關，在文獻中只用「神」字表示，但在《說文》中許慎區分二者，都有各自的本字，錢坫根據《說文》釋義將它們分開。

②吹，嘘也。从口从欠。

《斠詮》：此吹嘘字，與鼓「籥」字異。

按：吹嘘與吹奏樂器都與用嘴吹氣有關，在文獻中一般通用「吹」字表示，但在《說文》中許慎根據字形的不同將其分成吹嘘與吹奏樂器兩個較具體的詞義，分為「吹」與「籥」兩個字。

③章，樂竟為一章。从音从十。十，數之終也。

《斠詮》：《樂記》「大章，章之也」。此與「文章」字異。「文章」應為「彣彰」也。

按：「章」的本義是演奏結束，本與表示文采的「彰」無關，是截然不同的兩個字。但在文獻中，因為二字讀音相同，「章」字被借用來表示「彰」的詞義，兼併了「彰」的記詞職能。這樣看來，文獻中的「章」表示的兩個詞義等於《說文》中「章」和「彰」兩個字所記錄的詞義，從形式上也構成了文獻一字對應《說文》數字的關係。

（2）文獻有數字，《說文》只一字

有時候《說文》中的一個詞，在文獻中有不止一個字來記錄，這些字與《說文》本字之間，一般是通假關係。錢坫在書中也指出他們之間的對應關係。如：

①杳，望遠合也。从日匕，匕，合也。讀若窈窕之窈。

《斠詮》：《素問》「窈窈冥冥，孰知其遠」，《楚詞》「眴兮杳杳」，《甘泉賦》「杳旭卉兮」，皆此字。

按：錢坫指出《素問》的「窈」、《楚詞》的「杳」、《甘泉賦》的「杳」字所表示的幽遠義，其實在《說文》中只有一個本字，就是「杳」。

②茜，茅蒐也。从艸西聲。

《斠詮》：經「輤」「蒨」皆當用此字，或通「綪」。

按：錢坫指出文獻中的「輤」「蒨」等字，其本字是《說文》中的「茜」

字。

③甹，定息也。从血甹省聲。讀若亭。

《斠詮》：《倉頡篇》「亭，定也」。《釋名》「停，定也。」皆此字。

按：錢坫指出《倉頡篇》的「亭」、《釋名》的「停」，其本字都是《說文》的「甹」字。

④稭，禾稾去其皮，祭天以為席。从禾皆聲。

《斠詮》：《禹貢》「三百納稭服」，此字也；《禮器》「藁鞂之設」，亦此字也。

按：錢坫指出《禹貢》的「稭」、《禮器》的「鞂」，其本字都是《說文》的「稭」字。

錢坫對《說文》收字與文獻用字對應關係的考察，一方面是用文獻中實際使用過的字詞疏證《說文》中的本字本義，為《說文》的收字說解提供了文獻依據，提升了《說文》的學術價值；另一方面對《說文》與古代文獻字詞關係的溝通，可以發現《說文》與古代文獻間緊密相連的關係，更好地利用《說文》去闡釋、疏通文獻詞義，加深對文獻的理解。

經過上文對凡例內容的闡釋分析，可以發現，錢坫校勘《說文》各本之誤，是為了恢復《說文》原本的內容，詮釋《說文》是為了揭示許慎的說解與經典文獻之間的關係。錢坫的凡例既是對本書內容的簡要概括，也是我們研究《斠詮》的鑰匙和綱領，對它進行深入分析與理解，對我們研究《斠詮》有重要的指導意義。

總的來看，錢坫對《說文》的校勘與詮釋，是錢坫在一種尊崇許書的心態驅動下，對《說文》作恢復原本的校勘，對《說文》的形音義詮釋到許慎心中的本真狀態。研究《說文》，恢復它的本來面目，理解、闡述作者的原意，是進一步研究的基礎，但挾有主觀褒揚的心態去做這些工作，難免會強古人以就我，對《說文》矯枉過正，這是我們今天研究《說文》應該避免的。

二、《詩音表》

錢坫在音韻學研究方面的成果主要體現在《詩音表》中。《詩音表》以聲母表的形式，對《詩經》中的連綿詞、文句中位置相對應的字之間的聲母關係進行考察的著作。

錢坫認為《詩經》是「言情詠志」的作品，與人類的語言有天然的關聯，

是三代之雅樂的代表。《詩經》中的語言以其為歌詠，故聲音和諧，在聲母配合上有一定規律。錢坫以分析漢語發音的各種概念為理論基礎分析《詩經》語言，以音聲和諧為準則，糾正後世淆亂的讀音，恢復《詩經》雅音，達到正音的目的。

錢坫提出一套分析聲母的概念。最重要的是雙聲，「雙聲者何？兒聲也，凡古人之以兩字相續者，非有所本，古人皆以意造，或以其形，或以其事，或以其聲，皆肖之耳。故兒者，意也，取其意之近似也；又曰然，然之言『如』也，亦近似之辭也。凡古人言然、如、若，皆兒聲。」在錢坫看來，「雙聲」就是連綿詞和象聲詞所表現出的兩字聲母相同相近的現象。「雙聲」是錢坫設置的基本概念，表中各類聲母相諧，都是以「雙聲」為前提的。他還闡述了其他的一些概念：如表示發音方法的「出、送、收三聲」，「聲之始發為出，從為送，終為收。五聲各有出、各有送、各有收，則有三類，是為三聲。」表示發音部位的「本類聲」，「本類聲，宮、商、角、徵、羽各自為其類也。」表示喉音的「通聲」，「通聲者何？侯音也。侯何以謂通聲？侯者生聲之母，諸聲為子，母以統子也。何以通之？與出、送、收皆協，故通之。」

在此基礎上，他對《詩經》中的詞彙從同聲母（雙聲）、同發音方法（出、送、收三聲）、特殊聲母（喉音與來母）與其他聲母、同發音部位（本類聲）等五個方面的相通關係進行考察，描述了《詩經》語言反映出的聲母系統及富有特色的聲母關係。

《詩音表》的十一表中，第一表「雙聲」為《詩經》中所見前後兩字聲母相同的字組；第二至第四表為從發音方法的角度考察不同發音部位聲母之間的相通關係，所收字組前後兩字發音方法相同，但發音部位不同，共分出聲、送聲、收聲三表；第五至第七表為喉音聲母影、曉、喻三母與出、送、收三聲聲母之間有相通關係；第八表為「影喻同聲」，是喉音內部影、喻兩聲母的相通關係；第九表為「本類通聲」，是同發音部位聲母之間的相通關係；第十、十一表是來母與其他聲母的相通關係。通過這些表格，錢坫按照發音方法、發音部位安排聲母相配，描寫出了《詩經》字組在聲母上的相諧情況，對後來的上古聲母研究啟發很大，是很有價值的探索。

《詩音表》有乾隆四十二年（1777）篆秋草堂初刻本，後嘉慶七年（1802）錢坫又將其收入《錢氏四種》中，是為擁萬堂刻本。民國二十年（1931）渭南嚴式誨將其收入《音韻學叢書》，是為音韻學叢書本。2002年《續修四庫全書》

据嚴刻本影印。

三、《爾雅古義》與《爾雅釋地四篇注》

（一）《爾雅古義》

清代惠棟曾著《九經古義》而無《爾雅》，錢坫因撰《爾雅古義》二卷，為之補足。錢坫撰《爾雅古義》，每用《說文解字》闡釋《爾雅》，而在《說文解字斠詮》中，錢坫也屢引《爾雅》文驗證《說文》，是錢坫視《說文》《爾雅》二書相為表裡，具有參互驗證的作用。

《爾雅古義》是乾隆四十二年（1777）錢坫於西安寓中所作，生前未刊刻。今世所存年代較早的有嚴舜工傳硯齋抄本，此本曾為章鋌所藏，其在書後題記云：「道光廿五年得於故書肆，小學之照乘也，尤堪寶貴。」2002 年《續修四庫全書》也曾據此本影印。另外，此書還有《續清經解》本，光緒年間王先謙纂《續清經解》，遍搜世少流傳的稿本、抄本，錢坫《爾雅古義》僅存抄本，也在纂錄當中。

（二）《爾雅釋地四篇注》

《爾雅釋地四篇注》對《爾雅》中的《釋地》《釋丘》《釋山》《釋水》四篇與山川地理沿革有關的內容進行注釋，是一部輿地學著作。這部著作是錢坫做客畢沅幕府時所作，當時與孫星衍、洪亮吉一起治輿地之學，以開暇所得撰著而成。

本書撰作的起因，據孫星衍在本書後序中介紹：「星衍既與錢君同客陝西撫院，時又同為地理之學，其讀一書，有所知，必相告，亦多如其意所欲出。一日，錢君讀張守節所稱《晉地道記》『飛狐岋』之說，告星衍曰：『予始知《爾雅》釋山之皆山名，『小山岋大山峘』之即飛狐岋與恒山也。於是注《釋地》以下四篇。」是錢坫偶然悟得《爾雅》釋山名之義，因而推廣到《釋地》《釋丘》《釋水》三篇，闡發新義，注而成書。

錢坫此書頗為精到，孫星衍稱「注解質核，有賈逵、高誘之風，漢以下無以擬也」。周中孚《鄭堂讀書記》亦云「十蘭精地理之學，其注質而核，有漢人遺意。同時邵二雲有《正義》一書，群推精博，莫之與京。然自《釋地》以下至九河，終當以十蘭是注為獨到也。」

《爾雅釋地四篇注》初刻於乾隆四十六年（1781），後錢坫又收入《錢氏四種》重刻。2002 年《續修四庫全書》據初刻本影印。另外，王先謙也將其

收入《續清經解》中。

四、《異語》

《異語》是輯佚先秦兩漢方言俗語的著作。錢坫在敘中說「夫學小辨者足以觀政，識古言者可與觀今，倘以古所云，合之近俗，若同若否，達者知之矣。」抱著古為今用的想法，錢坫仿照《爾雅》體例，搜集魏晉以前的古代文獻中記載的方言俗語，補充楊雄《方言》所未備，集成十九卷。

《異語》有羅振玉《玉簡齋叢書》本，他在書後題識云：「《異語》十九卷，錢獻之先生稿本，弁首之文為手書，餘皆寫官所錄，譌別頗多。乙卯長夏手自寫定，付諸手民，校誤尚有未盡者，以俟諸異日。」是此本抄錄之誤頗多，經羅氏校訂，然後付梓。羅氏此本曾被上海書店版《叢書集成續編》收入。

五、《十經文字通正書》

《十經文字通正書》，初名《九經通借字考》，後加《論語》，定名為《十經文字通正書》。他在敘中解題云：「十經者何？一《周易》，二《尚書》，三《詩》，四《周易》，五《儀禮》，六《禮記》，七《春秋左氏傳》，八《公羊傳》，九《穀梁傳》，十《論語》也。考十經中文字之通假，故曰『通正書』也。」〔註40〕本書的編纂依照《說文解字》的結構，以五百四十部依次編排，分為十四卷。全書共收 2173 個字頭，字頭為《說文》正字，字頭下面是諸經中與之對應的通假字。統而言之，本書是以《說文》為標準，溝通複雜的經典文獻用字關係的著作。

錢坫在書中介紹了自己的假借觀：「粵若卟古，倉頡作字，依類辨物，形聲相益，由是有處事、象形、會意、龤聲、轉注、假借六書之例。蓋五者以定字，假借以救其窮，假借者，通正之義也。」「五者以定字」，是說前五書是造字之法，所有漢字均是由這五種方法所造；相對的假借是用字之法，是在漢字使用過程中不用正字而臨時借用別字的變通之法。前五書所造的字形均是正字，通過假借關係聯繫起來的字都是借字，假借的兩端，是正字與借字，所以錢坫說「假借者，通正之義也」。

〔註40〕錢坫，十經文字通正書〔M〕，《四庫未收書輯刊》第四輯第 9 冊，北京：北京出版社，2000：89。

　　錢坫還總結了假借產生的途徑：「通正之緣，因聲、因字兩例總之。何謂聲？則語言是。何謂字？則偏旁是。語言則臣為辰、鼻為畀，是曰聲同；禪為道、宗為臧，是曰聲轉。偏旁則工為功，功亦為工；正為征，征亦為正，是曰互通。父為甫，又為專；方為旁，又為謗，是曰類通。」〔註41〕假借的途徑，同時也是探究假借關係的方法，錢坫從聲音和形體偏旁入手，總結文獻中的假借關係，有一定參考價值。

　　錢坫聲借的觀點與錢大昕類似，錢大昕在《潛研堂文集》卷十五中說：〔註42〕

　　叶韻實由古今異音而作，而吾謂言叶韻不如言古音。蓋叶韻者以今韻為宗，而強古人以合之，不知古人自有正音也。古人因文字而定聲音，因聲音而得詁訓，其理一以貫之。漢魏以降，方俗遞變，而聲音與文字漸不相應，賴有三百篇及群經傳記、諸子、騷賦具在，學者讀其文，可以得其最初之音，此顧氏講求古音，其識高出毛奇齡輩萬倍，而大有功於藝林者也。但古人亦有一字而異讀者。文字偏旁相諧，謂之正音；語言清濁相近，謂之轉音。音之正有定，而音之轉無方。正音可以分別部居，轉音則只就一字相近，假借互用，而不通於它字。其以聲轉者，如「難」與「那」相近，故「儺」從「難」而入歌韻；「難」又與「泥」相近，故「𧎟」從「難」而入齊韻；非謂歌、齊兩部之字盡可合於寒、桓也。「宗」與「尊」相近，故《春秋傳》「伯宗」或作「伯尊」；「臨」與「隆」相近，故《雲漢》詩以「臨」與「躬」韻；「䡅」與「固」相近，故《瞻卬》詩以「䡅」與「後」韻，非謂魂、侵、侯之字盡可合於東、鍾也。其以義轉者，如「躬」之義為身，即讀「躬」如「身」，《詩》「無遏爾躬」，與「天」為韻；《易·震》「不于其躬，于其鄰」，「躬」與「鄰」韻，非謂真、先之字盡可合於東、鍾也。

　　本書是為總結、溝通文獻中複雜的用字關係而作，其目的在於釐清文獻用字關係，為暢讀經典服務。但是，書中體現了錢坫深厚的小學素養：首先，他以《說文》為正字標準，將文獻中複雜的通假用字現象參之《說文》，是建立在《說文》本字本義的理論認識基礎之上的，也實有以簡馭繁之功效；其

〔註41〕錢坫，十經文字通正書〔M〕，《四庫未收書輯刊》第四輯第9冊，北京：北京出版社，2000：89。

〔註42〕錢大昕，潛研堂文集〔M〕，《嘉定錢大昕先生全集》第9冊，南京：江蘇古籍出版社，1997：227。

次，他用六書中的假借來闡釋複雜的文獻用字關係，是探討用字現象產生的原因；再次，他對通假關係中聲同、聲轉、互通、類通規律的總結，是對具體漢字關係的理論描述。從以上問題來看，錢坫對文獻用字現象已經有比較自覺的理論探討，這體現出他在聲韻、文字方面的深厚學養。

總之，錢坫創作此書，是通過《說文》所載本字本義，對複雜的文獻文本進行溝通，來實現通經致用的目的。

《十經文字通正書》是在清代特別是乾嘉年間經學興盛的背景下，當時的學者紛紛以《說文》為演習經學的工具，免不了將《說文》與經典文獻進行對照，比較其間的用字異同。我們也可以將段玉裁《說文解字》注的內容大致分成幾類，一是校勘，二是說明本義，三是說明文獻中使用的引申義假借義，這個第三部分也是將《說文》與文獻進行對照，比較其用字差異，梳理其意義變化。

段玉裁說他做的工作是以經考字，以字考經，其實就是拿《說文》所載本字本義來梳理文獻用字用義，段注對文獻字形的辨別，對文獻詞義的梳理，與錢坫的《十經文字通正書》主觀意圖相同，只是其學術理念有所不同。段氏有相當自覺的形音義結合、字與詞區分清楚等理念。錢坫則側重疏通文獻用字、文獻詞義，是以文獻為依歸，段氏對文字訓詁本身著意更多，對小學理論探討深刻，這是錢坫所不及的。

《十經文字通正書》有嘉慶二年（1797）文章大吉樓刻本，2000年《四庫未收書輯刊》曾據以影印。

六、《十六長樂堂古器款識考》與《浣花拜石軒鏡銘集錄》

錢坫在西安畢沅幕府時，當時畢沅修《關中金石記》，王昶編纂《金石萃編》，錢坫均是骨幹纂修人員，這兩部著名的金石學著作也凝聚了錢坫大量心血。

除了幫別人纂修，錢坫也將自己歷年積攢的一些金石器物著錄成書，先後成《十六長樂堂古器款識考》《浣花拜石軒鏡銘集錄》二書。

《十六長樂堂古器款識考》共四卷，是錢坫將家藏的鐘鼎彝器、簋爵尊匜及一些考釋文字編錄而成。《浣花拜石軒鏡銘集錄》共四卷，精選家藏唐以前古鏡二十五件，繪圖並解說，編錄成書。

這兩部書有鮮明的編纂原則和旨趣，錢坫在《十六長樂堂古器款識考》

自敘中云:「念諸器物中,有足證文字之原流者,有足辨經史之譌舛者,皆有裨於學識,因裒其稍異,見所臧弆者,剖為一編。至於泉刀小品,有可發明史書者載入,否則不載。」從此可見,錢坫治金石學,最終的落腳點還是研究小學和考經訂史。類似的觀念,在他的另一部金石學著作中也有所表露,《浣花拜石軒鏡銘集錄》自敘云:「余所置前人舊物,每重其文字,故但有花紋無銘識者概不著錄。」這顯白無疑的表述,更可說明他治金石是為了研究小學。

　　《十六長樂堂古器款識考》有嘉慶元年(1796)錢坫自刻本,2002 年《續修四庫全書》據以影印。

　　《浣花拜石軒鏡銘集錄》有嘉慶二年(1797)錢坫自刻本,在民國間又被陳乃乾收入《百一廬金石叢書》中。

第三節　錢坫的經史考證著作

　　錢坫自幼熟讀經史,他在考訂經史方面的著作,也豐富可觀。

　　錢坫經史方面的著作具有明顯的階段性,其經學著作主要撰於早年,如《論語後錄》《車制考》《春秋解例》等;中年以後精力主要集中在史學方面,如《新斠注漢書地理志》《史記補注》等,這反映了錢坫在不同時期學術興趣的轉移變化。

　　他在《上王述菴先生書》中談到「夫讀經先求文字,繼求詁訓,文字詁訓正,則制度始詳;讀史先考地理,繼考世次,地理世次定,則事跡乃實。不此之講,而不言無補矣。」這也大致是治經史的一些經驗之談。

　　經史類著作傳世的有:

　　《論語後錄》寫成於乾隆四十年(1775),乾隆四十九年(1784)刻於漢陰官舍。至嘉慶七年(1802)收入《錢氏四種》。2002 年《續修四庫全書》據漢陰官舍本影印。

　　《車制考》有乾隆四十二年(1777)篆秋草堂刻本,至嘉慶七年(1802)收入《錢氏四種》。2002 年《續修四庫全書》據篆秋草堂本影印。另外王先謙纂《續清經解》也曾將其收錄其中。

　　《新斠注漢書地理志》有嘉慶二年(1797)岑陽官舍刻本,同治十三年(1874)會稽章氏據恩進齋藏初刻本校刊,並與徐松《集釋》匯刻。2000 年《四庫未收書輯刊》曾據同治本影印。

　　以上介紹的三類著作，都是刻印存世的，對我們研究錢坫有很大價值。但上述著作僅是錢坫一生著述的一部分，還有很多如《內則注》《春秋解例》《爾雅釋義》《異音》《史記補注》《漢書十表注》《十六國地理志》《昭陵石略》《十蘭駢體文》《金鳳玉笙詩》等都未及刊刻，就已經亡佚。另據包世臣《錢獻之傳》云：「君嘗自為《墓銘》及《行述》」，也已散落無聞。這些資料對我們了解錢坫的生平事跡、學術成就非常重要，可惜都已無從得見。相比之下，現在經陳鴻森輯錄的錢坫遺文、年譜，和存世的幾部著作，對研究錢坫的學術成就來說，就更顯得彌足珍貴。

第三章　錢坫對《說文》的校勘整理

第一節　錢坫校勘《說文》的底本、材料

一、校勘底本

　　《說文解字》在宋代經徐鉉校定之後，遂有刻本刊行。後來由於《說文》的改編本——《說文解字五音韻譜》的流行，使得大徐本《說文》傳世漸少。經過元明兩代，大徐本《說文》已經湮沒無聞，甚至很多學者誤認為《五音韻譜》即是許慎原本，連明末清初的博聞學者顧炎武都有見不到大徐本的感慨，可見大徐本的罕見。明末清初的藏書家毛晉為了還復大徐本《說文》的原貌，購得宋刻本《說文》翻刻刊行，這就是清初著名的毛氏汲古閣本《說文解字》。

　　毛本《說文》是清代最早出現的翻刻大徐本《說文》，毛本的刊印，除了用毛扆自刻之版數次印行外，在稍後的時間裡，朱筠也曾於乾隆三十八年（1773）在安徽翻刻毛本行世。毛本的屢次印行，促進了《說文》在當時的普及和流行，讀書人相對比較容易得到。當時絕大多數的學者研習《說文》，都是以它為基礎進行的，可以說，它為清初學者的學術研究提供了珍貴的《說文》文本資料，對當時《說文》學的普及和盛興起了極大的推動作用。

　　在當時毛本雖然流行和常見，但毛本屢經剗改，已經與作為底本的宋本有了很大差異，失去了大徐本的原貌，產生了很多謬誤，這是最為當時學者詬病的。如段玉裁說「今坊肆所行，即第五次校改本也，學者得一始一終亥

之書以為拱璧，豈知其繆盭多端哉！」〔註1〕因作《汲古閣說文訂》以校正毛本剜改之誤。當時嚴可均、鈕樹玉、錢坫等人均有類似認識，在各人著作中均有所致力，力圖廓清毛本屢被剜改的謬誤。

　　錢坫在《斠詮》中列在第一位的工作就是要「斠毛辰刊本之誤」（亦即校第五次剜改本之誤，下文「毛本」，如無特殊說明，均指剜改本），在文中也確實做了大量糾正毛本錯誤的工作。但是，錢坫與段玉裁的校勘目的有所不同，段玉裁校勘毛本是要專門揭露、改正毛本的失誤，為當時學者呈現真宋本的面貌；錢坫雖然也校勘毛本，但不專門以指摘毛本為務，而是要通過對毛本的校正，漸次恢復《說文》的原貌，校勘毛本是他恢復《說文》原本計劃的第一步。

　　校勘毛本是錢坫《說文》校勘計劃的基礎。但他的目標是要恢復《說文》原貌，為什麼要從訛謬較多的毛本出發呢？其時錢坫已有宋本，以宋本為起點，利用文獻徵引材料校正宋本進而實現恢復《說文》原本的目的不是更便捷嗎？我們認為，他從校勘毛本出發，是出於糾正時弊的考慮。糾正時弊，就是要指出當時通行毛本中的錯誤，讓人們認識到通行本的內容不盡可信、並非宋本原貌，打破毛本《說文》標榜「說文真本」的噱頭。「不破不立」，他的《說文》校勘構想是只有戳破毛本的權威面紗、糾正人們的認識偏見，才能充分利用各代的《說文》資料，對《說文》在歷代流傳過程中產生的訛誤一一是正，盡量還原一個接近原本的《說文》。錢坫的做法與顧炎武由當時平水韻上溯至《廣韻》，又由《廣韻》上溯至三百篇的「齊一變至於魯，魯一變至於道」的古音研究方法暗合，也都是從最實際的問題——改變人們的認識觀念出發的。這是他校勘《說文》過程中最基礎、最有必要的一步。

　　因此，錢坫校改《說文》，試圖恢復《說文》原貌，從校改毛本出發，是比較務實的。在校勘底本的選擇上，以毛本為底本就是很自然的了。

　　《斠詮》中的《說文》本文部分，雖然經過錢坫的很多改動，但還是保留著很多毛本的痕跡，有很多與毛本一致的地方。如：

　　（1）毛本：帝，辛、言、示、辰、龍、童、音、章皆从古文丄。

　　《斠詮》：帝，辛、言、示、辰、龍、童、音、章皆从古文丄。

　　按：《說文訂》云「初印本、兩宋本、葉本、趙本、《五音韻譜》皆無『言』

〔註1〕 段玉裁，汲古閣說文訂〔M〕，《續修四庫全書》第 204 冊，上海：上海古籍出版社，2002：329。

字，此今（毛本）依小徐於『辛』下『示』上剜補『言』字」。《斠詮》與毛本同。

（2）毛本：蕏，似秋蕐。

《斠詮》：蕏，似秋蕐。

按：《說文訂》云「宋本、葉本作『以』，趙抄本及他本以皆作『似』而毛本因之，非是」。《斠詮》與毛本同。

（3）毛本：茲，从艸絲省聲。

《斠詮》：茲，从艸絲省聲。

按：《說文訂》云「初印本、宋本、葉趙本、《五音韻譜》皆從「茲」。今則剜改『茲』字為『絲』字，從小徐《繫傳》。」《斠詮》與毛本同。

（4）毛本：麗，《易》曰：「百穀艸木麗於土。」

《斠詮》：麗，《易》曰：「百穀艸木麗於土。」

按：《說文訂》云「初印本『地』字，則宋本、葉趙本、《五音韻譜》《集韻》《類篇》皆同，今剜改『地』字作『土』字，從小徐以合《周易》也」。《斠詮》與毛本同。

《斠詮》中的《說文》本文是以毛本為底本進行抄錄的，這些未經錢坫校勘改動的材料，無意中暴露了其來自毛本的信息。

錢坫對毛本的校勘既有未出校勘意見的直接改動，也有大量在《斠詮》中明確指出來的，《斠詮》中大量的「本作某」現象，就是針對毛本的。錢坫在《斠詮》中用「本作某」來標示毛本如何，然後根據其他資料對毛本作出校改，如：

（1）牿，《周書》曰：「今惟牿牛馬。」

《斠詮》：本作「淫舍牿牛馬」。宋本及《五音韻譜》無「淫舍」二字，乃後人所加，逕去之。

按：各本《說文》無「淫舍」二字，僅毛本有，故《斠詮》針對毛本提出校改意見。

（2）邁，不行也。

《斠詮》：本作「馬不行」，宋本無，逕去之。

按：各本《說文》均作「不行也」，僅毛本作「馬不行也」。

（3）躋，《商書》曰：「予顛躋。」

《斠詮》：袁廷壽因毛初印本、宋本俱如之。今加「告」字者，非也。

按：毛本有「告」，其他各本無「告」字。

（4）卑，從𠂇甲。

《斠詮》：本作「甲聲」。依宋本改。

按：各本《說文》無「聲」字，僅毛本有「聲」。

（5）臭，犬視皃，從犬目。

《斠詮》：本下缺一字，《繫傳》作「聲」。

按：各本《說文》無缺字，僅毛本缺。

以上幾例都是特意對毛本的失誤進行改正，可見錢坫對毛本的訛誤非常在意，有錯必糾。

值得注意的是，錢坫以毛本為校勘的底本，並不僅僅是一個毛本，而是匯集了毛本的幾個版本共同參照。這通過以下校語能反映出來。

（1）侃，剛直也。從伍，伍，古文信。從川，取其不舍晝夜。《論語》
曰：「子路侃侃如也。」

《斠詮》：各本俱作「子路」，近刻有作「子貢」者，乃俗人改之，應存舊本為是。

按，各大徐本《說文》均作「子路」，僅《繫傳》作「子貢」。當時毛本在坊間經多次翻刻，在五次剜改本基礎上又有校改，如嚴可均曾在《說文訂訂》「泉」字條下說「鬼部內「泉」下云『籒文，從彖首、從尾省聲』，廿年前舊印毛本尚無損缺，今但存『籒文』二字，餘皆空白，此又在五次校改以後者」。據查現在所見流行毛本，均與嚴氏所見「舊印毛本」同，可知所言不虛。又孫星衍在《重刊宋本說文序》中說「近有刻小字宋本者，改其大字，又依毛本校定，無復舊觀」，可見在當時多有刊刻大徐本《說文》者，但多受學識所限，刊刻質量堪憂，多為當時學者非議。錢坫所見「近刻」作「子貢」者，當亦是一種後續被不斷竄改的毛本，質量越來越低劣。

（2）嬀，虞舜居嬀汭，因以為姓。從女為聲。

《斠詮》：本亦作「因以為氏」。

按，本條是說錢坫參校的毛本中有作「因以為氏」的。

（3）彖，豕走也。從彑，從豕省。

《斠詮》：《繫傳》無此字。本作「豕走挩也。」即「遯」字，義同。《漢

書》「遂逃」即「遯逃」。

按，此條現存大徐本系統及小徐本系統《說文》均無作「豕走掟也」者，唯《慧琳音義》《廣雅書證》同「一本」。《慧琳音義》在清代尚未得見，學者不會憑此校改。錢坫所稱「一本」者，在清代學者的稱述中，唯王念孫《廣雅書證》引《說文》作「豕走掟也」。又只有《玉篇》作「豕走悅也」，其所見《說文》或是據《玉篇》校改。

（4）齻，齒堅也。从齒至聲。

《斠詮》：《易》「不咥人」，馬融曰「咥，齧也」。「咥」與「齻」同。一本作「齧堅聲」。

按，此條與上條同，現存大小徐本系統及清人所稱述，均無作「齧堅聲」者，只見於錢坫此處及王念孫《廣雅疏證》所稱引。綜合上條所述，我們猜測，錢坫及王念孫所見應不是舊本《說文》，很有可能是翻刻毛氏的後續版本。

從上面的分析來看，錢坫書中提到的「近刻」「本亦作」「一本作」等用語，說明了錢坫所參考的毛本並不是一個，是綜合了幾個不同版次的毛本進行校勘。

我們在上文對錢坫當時《說文》版本流傳情況、他的《說文》校勘計劃、《斠詮》本文與毛本的一致程度、《斠詮》中對不同毛本有針對性的指誤等問題進行了介紹和論述，統觀各方面，我們認為錢坫是以毛本為底本來進行校勘的。他在毛本的基礎上，利用宋本、《繫傳》、古代字書和文獻徵引等材料校改《說文》，還原《說文》的本來面目。

二、校勘材料

（一）宋本《說文》

錢坫在書前的凡例中提出要「斠宋本徐鉉官本之誤」，而且在書中也提及宋本《說文》38 次，可見，他既把宋本《說文》作為校正的對象之一，也當作校勘毛本的重要參考資料。

在錢坫的時代，宋本《說文》已不像明末清初那樣難得一見。一些藏書家珍藏的幾部宋本《說文》，也陸續為當時學者所知，可惜都只限於私交好友之間的小範圍傳閱，並不是所有人都見得到。在當時出現的幾個宋本，有王昶藏宋小字本（下文簡稱王本）、周錫瓚所藏三宋本（即《汲古閣說文訂》

中的宋刊本、葉萬影抄宋本、趙均抄宋大字本）、額勒布藏宋本（即今國圖所藏汪中藏本，下文簡稱汪本）、鮑惜分家藏宋本（即今藤花榭本，下文簡稱鮑本）、翁方綱所見宋麻沙本等。

在這些宋本中，錢坫是依據了哪家藏本呢？他在書中沒有說明。我們只好根據他在凡例中舉的例子和《斠詮》正文中提到宋本的地方，通過與各宋本對照的方式，來探討一下這個宋本的真面目。在上述宋本中，因翁方綱對所見麻沙本沒有詳細介紹，也沒見到其他的相關文獻記載或收藏信息，還有，葉抄宋本與趙抄宋本均係抄本，一般不看作真正的宋本，所以我們就拿其他幾個宋本與《斠詮》中的宋本信息進行對照，看哪一家藏本能與之相合。其中的周錫瓚藏宋刊本，據周祖謨研究，就是孫星衍平津館叢書本的底本，因此我們對周藏宋刊本的考察，主要是用平津館叢書原刻本《說文解字》（下文簡稱孫本），同時也參考《汲古閣說文訂》（下文簡稱《說文訂》）中的相關內容。這樣，用來對照的汪、王、鮑、孫四個宋本，我們均能看到後人影印的原書，可以直接參照。

先從書前的《說文解字》原序開始看。經過我們考察，也是經過他校勘過的。

毛　本	《說文解字校錄》	《斠詮》前《說文解字原序》
「以迉」	「迉」，「當作訖」	「迉」，王本、鮑本、孫本同
「考老」	「考」，「宋本作『考』」	「考」，王本、鮑本、孫本同
「籀著」	「著」，「宋本及《繫傳》作『箸』」	「籀箸」，王本、鮑本、孫本同
「異晦」，鮑本同	「晦」，未出校勘。	「異晦」，王本、孫本同
「異軌」，鮑本、孫本同	「軌」，「宋本及《繫傳》作『軓』」	「異軌」，王本同
「程藐」	「程藐」，「宋本『邈』作『之』」	「程之」，王本、鮑本、孫本同
「經誼」，王本同	「誼」，「《繫傳》『誼』作『誼』，當是『誼』字，連『經』字為句，《說文》無『誼』，宋本作『館』，訛。」	「經館」，鮑本同，孫本作「誼」。
「鄙夫」	「鄙」，「宋本作『啚』」	「啚夫」，王本、鮑本、孫本同
「於其」	「於其」，「宋本及《五音韻譜》《繫傳》並作『其於』」	「其於」，王本、鮑本、孫本同

將錢坫整理過的《說文》原序與毛本、王本、鮑本、孫本等版本及鈕樹

玉《說文解字校錄》比較，我們發現，從用字、字形結構、文字筆畫三個層面來看，錢坫都與毛本不同，而是主要依據王昶藏本。另外，其中的「經**譗**」條，鈕樹玉《校錄》云「《繫傳》『誼』作『誼』，當是『誼』字，連『經』字為句，《說文》無『誼』，宋本作『**譗**』，訛」。錢坫可能看到了鈕樹玉的說法而保持了宋本的面貌。另外，鈕樹玉在「**迻**」「**季**」「籀箸」「異**軓**」等處均指出與毛本不同，與錢坫有很強的一致性，恐怕不是偶然的。

在《斠詮》的凡例中，錢坫舉出宋本「藍」與「薀」、「迹」與「跦」、「帄」與「帕」、「謚」與「謚」四組字相混的例子，但這在諸宋本中都如此，這對我們確定具體的版本沒有幫助。

再來看《斠詮》正文，錢坫在書中先後有 38 處提到宋本。我們拿上述宋本跟這些地方一一對照之後發現，汪本、鮑本、孫本這三個本子與錢坫所看到的宋本有異有同，而王本與這 38 處一一盡合，我們可以得出結論，錢坫所參用的宋本，即是青浦王昶所藏宋小字本。下面我們通過具體分析來論證這一結論。

四宋本與《斠詮》宋本完全一致的地方我們就略而不談了，下面只就它們之間的異同處列舉說明。

（1）璘，玉英華羅列秩秩。从玉桒聲。《逸論語》曰：「玉粲之瑟兮，其璘猛也。」

《斠詮》：宋本作「袟袟」。

按：汪本、鮑本、孫本作「秩秩」，王本作「袟袟」。

（2）飤，設飪也。从卂从食才聲。讀若載。

《斠詮》：宋本「飪」作「食」。

按：「飪」汪本、鮑本、孫本同，王本作「食」。

（3）耇，老人行才相逮。从老省，易省，行象。讀若樹。

《斠詮》：宋本「逮」作「遠」。

《說文訂》：「逮」宋本、葉本作「遠」，譌字也，又一宋本不誤。

按：汪本、鮑本、孫本作「逮」，王本作「遠」。

（4）喬，高而曲也。从夭从高省。《詩》曰：「南有喬木。」

《斠詮》：此引《詩》，《繫傳》以為徐鍇也。宋本作「从高聲」。

《說文訂》：兩宋本一有「聲」字，一無，餘本皆無。

按：汪本、鮑本、孫本作「从高省《詩》曰『南有喬木』」，王本作「从高省《詩》曰『南有喬木』聲」，《斠詮》說宋本作「从高聲」，應係筆誤，諸宋本無作「从高聲」者。

（5）福，祐也。从示畐聲。

《斠詮》：毛扆本作「祜也」，誤。此從宋本改正。

按：「祐」各本同，鮑本作「祜也」。

（6）㚸，引也。从又昌聲。昌，古文申。

《斠詮》：宋本「引」作「神」。

按：汪本、孫本作「引」，王本、鮑本作「神」。

（7）橦，帳極也。从木童聲。

《斠詮》：宋本作「帳柱也」。

按：汪本、孫本作「極」，王本、鮑本作「柱」。

（8）抌，深擊也。从手冘聲。讀若告言不正曰抌。

《斠詮》：宋本無「告」字，只云「言不正」。

《說文訂》：宋本無「告」字。

按：汪本、孫本有「告」字，鮑本、王本無「告」字。

上述的幾個例子中，1～4 例都是《斠詮》與王本一致而與其他三本不同；6～8 例是《斠詮》與王本、鮑本一致而與其他兩本不同；而第 5 例又進一步證明了《斠詮》宋本與鮑本之間的差異。通過這幾例的對比，再加上其他 30 例的相合，我們認為《斠詮》依據王氏宋本參校的結論是可以成立的。

此外，通過梳理錢坫的交遊事跡，我們發現，在嘉慶七年（1802）重陽前夕，王昶邀請錢坫、張敦仁、陳廷慶、朱文藻等人談讌於蘭泉書室，拿出所藏漢銅雁足鐙及宋槧《說文》《禮書》《樂書》供眾人觀賞。可見，錢坫知道王昶藏有宋本《說文》。錢坫早年遊學京師時，即結識了王昶，他們之間時常聚會論學、詩歌酬唱，後來錢坫往來京師，王昶都會召集友人為錢坫舉行集會迎來送往，可見其交情匪淺；之後錢坫遠赴關中，在陝西巡撫畢沅幕下做客、為官，當時王昶任陝西按察使，也時常往來，共同搜集研討金石文字，並曾協助王昶編纂《金石萃編》。根據王昶與錢坫的交情，雖然其視宋槧《說文》為私藏寶物，還是很可能會借給錢坫的。

另外，其叔錢大昭在《說文統釋》凡例中說要「考異以復古本」，其中一

個重要的參考文獻即是「青浦王司寇所藏宋槧本」,既然錢大昭能拿到,錢坫也極有可能會拿到王昶藏本。

綜合以上的論證和線索,我們認為,《斠詮》中所說的宋本,就是青浦王昶所藏宋小字本。

(二)《說文解字繫傳》

徐鍇的《說文解字繫傳》作於南唐時,但刊刻不久即受戰亂影響出現殘缺。入宋以後又經張次立更改原文,頗失本真,幸得當時學者輾轉抄錄,才得以保存。《繫傳》在元明兩代又沒有刊印的記錄,其流行程度遠不及大徐本。

清代小學盛興,人們很重視對小學文獻的整理、普及。《繫傳》作為一部重要的《說文》學著作,引起了當時學者的很大興趣。由於《繫傳》流傳稀少,學者們做了一番搜集、抄錄、刊刻的工作。下面我們簡述一下錢坫時代《繫傳》的版本流傳情況,以此來考察《斠詮》中所引《繫傳》的相關內容。

宋刻本殘卷:黃丕烈在《百宋一廛賦注》中說他藏有《繫傳》殘本十一卷,這是清代最早著錄存有《繫傳》宋刊本的記錄,之後又輾轉歸汪士鐘「藝芸書舍」、瞿氏「鐵琴銅劍樓」,後來被張元濟收入《四部叢刊》中,與述古堂本合印。

述古堂影抄宋本:述古堂是清代早期藏書家錢曾的藏書樓,藏有影抄宋本《繫傳》。與錢坫同時的,是他的兒子錢楚殷。黃丕烈也曾從錢楚殷處抄寫此本。後來此本輾轉多手,歸於清末民初四大藏書家之一的張石銘。民國間上海涵芬樓曾影印出版。

《四庫全書》本:乾隆年間詔開四庫館,編纂《四庫全書》。《繫傳》也在編纂之列,各地進呈抄本數種,四庫館臣擇優以紀昀家藏本為底本進行繕寫著錄,是為四庫本。

汪啟淑刻本:汪氏在書後跋中介紹刊刻《繫傳》始末云「徐鍇通釋《繫傳》凡四十卷,考據尤盡精核,然在宋時已多殘闕,較《韻譜》之顯於學官者,大不侔矣。慕想有年,幸逢聖朝文治光昭,館開四庫,淑得與諸賢士大夫遊獲,見《繫傳》稿本,愛而欲廣其傳,因合舊鈔數本校錄付梓,其相沿傳寫既久,無善本可稽者,不敢以臆改也。」從汪跋可以看出,在當時僅有抄本《繫傳》流傳,有見於此,他才於乾隆四十七年(1782)以四庫館所集

之眾抄本匯校一番，然後付梓，以廣其傳。汪刻本是元、明、清三代第一個《繫傳》刻本，但是書中訛漏甚多，當時學者的評價不高。

《龍威秘書》本：汪刻本之後，石門馬俊良亦於乾隆五十九年（1794）刻《繫傳》，收入《龍威秘書》中。其所據底本即汪刻本，又有所校正。因沿襲了汪刻本的脫漏、訛誤，未加勘正，也不免為學者所訾。

《說文繫傳考異》：乾隆三十四年（1769）朱文藻在汪憲家坐館，得朱文游影抄宋本，與郁陛宣抄本相校，又參證他書，撰成《考異》二十八卷、附錄二卷。嘉慶十一年（1806）朱氏又在王昶家見到汪刻本《繫傳》，與之前所撰《考異》兩相對照，撰成最後定本。《考異》一書是清代最早對《繫傳》進行校勘的著作，既保存了幾個不同版本《繫傳》的面貌，對《繫傳》校勘研究也有開啟之功。

翁方綱手校抄本：翁方綱曾在其《復初齋文集》中提到「昔年吾里朱竹君齋有舊寫本，又見韓城王惺園亦有寫本，因借二家本合校寫之。桂未谷為之參互校勘，實多缺失，不能補成完書也。」翁氏校抄本今藏臺灣國家圖書館。

顧廣圻校抄本：顧廣圻藏有影抄宋本，於嘉慶八年（1803）又以汲古閣所藏舊抄本、黃丕烈藏宋刊殘本、《古今韻會舉要》、大徐本《說文》等書參校。此本即是祁寯藻所刻《繫傳》的底本之一。

除了上述版本，在當時還有一些私藏抄本，由於文獻不足，未能收錄。

以上是對錢坫時代《繫傳》版本流行情況的介紹，我們可以看到當時主要靠抄本流行，流傳甚希。誠如當時段玉裁在《汲古閣說文訂》序中感慨的「《繫傳》四十卷，僅有傳抄本，至難得」。汪、馬二本出現以後緩解了《繫傳》希見的情況，但又被人詬病。總的來說，是一種善本難求的局面。

由於當時的刻本與抄本也有不同，我們就根據現有的《繫傳》版本、研究資料進行對比，探討一下《斠詮》中《繫傳》的版本問題。我們採用的對比材料，與上述版本的對應關係如下：

1. 宋刻殘本＋述古堂影宋抄本：《四部叢刊》合二本影印本（以下簡稱《叢刊》本）

2. 《四庫全書》本：《文淵閣四庫全書》本（以下簡稱四庫本）

3. 《說文繫傳考異》：《文淵閣四庫全書》本（以下簡稱《考異》）

4. 汪啟淑刻本：乾隆四十七年（1782）汪啟淑刻本（以下簡稱汪本）

5.《龍威秘書》本：乾隆五十九年（1794）馬俊良《龍威秘書》刻本（以下簡稱馬本）

6. 翁方綱手校抄本：臺灣國圖藏翁本（以下簡稱翁本）

7. 顧廣圻手校抄本：中華書局影印祁寯藻刻本（以下簡稱祁本）

8.《說文繫傳校錄》：《續修四庫全書》影印咸豐七年（1857）王彥侗刻本（下文簡稱《校錄》，此書雖年代較晚，但書中所引資料可資比較）

1.《斠詮》中的刻本《繫傳》

通過上文對《繫傳》版本情況的梳理，我們知道，在當時的刻本中，只有汪啟淑刻本和《龍威秘書》本。《斠詮》中僅有兩處明確提到刻本《繫傳》，即「邱」「位」二字下。「邱」字下《斠詮》所說情形與汪本、馬本同；但在「位」字下，《斠詮》云「刻本竟作『立聲』」，汪本空一格，馬本作「立聲」。這樣大致可以看出，錢坫是依據了馬俊良《龍威秘書》本《繫傳》。

2.《斠詮》中的抄本《繫傳》

《斠詮》中關於抄寫本《繫傳》的說法有 7 處。具體的稱謂，有「寫本《繫傳》」、「舊抄本」、「抄寫本」等幾種。由於各版本內容差異較明顯，為清晰地體現各版本差異，我們將這 7 例逐一列出比對結果。

（1）訄，迫也。從言九聲。讀若求。

《斠詮》：今《繫傳》本亦作「讀若求」，余所見鈔寫本作「讀又若丘」四字，蓋俗人妄改之。

按：《叢刊》本、四庫本、祁本作「讀又若丘」，汪本、馬本作「讀又若求」。

（2）邱，河東聞喜鄉。從邑匡聲。

《斠詮》：寫本《繫傳》上有「中邱」二字，宋人諱「匡」，故寫譌如是。今刻本徑刪之，更非宋抄之舊矣。

按：汪本、馬本、祁本無此二字。四庫本、《叢刊》本有「仲邱」二字，與《斠詮》所說近似。

（3）位，列中庭之左右謂之位。從人立。

《斠詮》：寫本《繫傳》「從人立」下空一格，刻本竟作「立聲」，未始不是，然于古人闕疑之義則失之矣。

按：四庫本、馬本作「立聲」，汪本、《叢刊》本「立」下空一格，《校錄》

云朱筠藏抄本也空一格，祁本無空格。

（4）睯，目無明也。从目宛聲。

《斠詮》：《繫傳》下有「讀若宛委」四字，舊鈔本只作「讀若委」，《左傳》「睯井」用此。

按：汪本、馬本、四庫本、《考異》、祁本作「讀若宛委」，《叢刊》本作「讀若委」，《校錄》云朱筠藏抄本無「讀若宛委」四字。

（5）壚，剛土也。从土盧聲。

《斠詮》：寫本《繫傳》作「黑剛土也」。

按：汪本、馬本、《叢刊》本、祁本均無「黑」字。唯有《韻會舉要》有「黑」字。

（6）疁，燒穜也。《漢律》曰：「疁田茠艸。」从田翏聲。

《斠詮》：寫本《繫傳》作「燒田也」。

按：汪本、馬本、四庫本、《叢刊》本作「燒種也」。祁本作「燒穜也」。

（7）且，薦也。从几，足有二橫，一其下地也。

《斠詮》：𠨒，寫本《繫傳》有「𠨒」，云「古文以為且，又以為几字」十一字，此刪之，非也。今依增寫。

按：汪本、馬本、《叢刊》本、四庫本、祁本均有以上十一字。

從比對的結果來看，《叢刊》本即述古堂抄本最接近《斠詮》所引，但仍有 5、6 兩例不同，我們查閱了大量資料，發現只有《韻會舉要》所引《繫傳》符合第 5 例，所有相關文獻中沒有發現與第 6 例相同的情形，不知道錢坫所據何本。鑒於有兩例仍與述古堂影宋抄本不同，我們推測錢坫所據宋抄本可能屬於或接近述古堂本系統而稍有不同，但因現存文獻不足，無法得出確證。

3. 對《斠詮》所引「《繫傳》作某」的認識

以上關於刻本《繫傳》和抄本《繫傳》的論述是我們根據《斠詮》校語作出的推斷，這只是對《斠詮》所引《繫傳》版本的一些局部認識。為了從整體上考察其所引《繫傳》的所有版本類型，我們又將《斠詮》中「《繫傳》作某」部分的所有內容與我們搜集的各版本資料作了比對，發現《斠詮》中提到的「《繫傳》作某」主要是依據了馬本，與馬本一致的地方達到 95%，但也有個別不一致的地方。

《斠詮》與馬本一致的地方，如以下幾例：

（1）嘂，高聲也。一曰大呼也。从吅丩聲。《春秋公羊傳》曰：「魯昭公
　　　叫然而哭。」

《斠詮》：《繫傳》下有「叫然，忽發聲也，此昭公出奔齊也」十三字。

按：汪本、馬本此十三字緊跟在「叫然而哭」後，四庫本、《叢刊》本、
祁本作「臣鍇按：《周禮》『雞人掌夜譿旦嘂百官。』叫然，忽發聲也。此昭公
出奔齊也。」

（2）趌，僵也。从走音聲。讀若匐。

《斠詮》：《繫傳》作「讀若匍」，非。

按：汪本、馬本有「讀若匍」三字，四庫本、《叢刊》本、翁本、祁本無
此三字。

（3）屋，居也。从尸，尸所主也。一曰尸象屋形，从至，至，所至止。

《斠詮》：《繫傳》「至所至止」亦作「至所主」，似誤。

按：汪本、馬本作「至所主」，《叢刊》本、祁本作「至所止」，四庫本作
「所止」。

（4）黗，黃濁黑，从黑屯聲。

《斠詮》：《繫傳》作「黃濁黲」。

按：汪本、馬本作「黃濁黲」，四庫本、《叢刊》本、祁本均作「黑」。

以上諸例中都是《斠詮》與各本不同，而與馬本、汪本相同，這可以證
實錢坫確實曾主要參用馬本。

我們在比對過程中也發現了一些與馬本不一致的現象，但這種不一致的
情況比較複雜，下面我們舉例說明，如：

（1）剠，裂也。从刀从彔，彔，刻割也，彔亦聲。

《斠詮》：《繫傳》作「克割」。

按：汪本、馬本、祁本、《考異》《校錄》作「刻割」，《叢刊》本、四庫本
作「剋割」，與《斠詮》近似。

（2）蕙，令人忘憂艸也。蘐，或从煖。

《斠詮》：《繫傳》無「蘐」字。

按：汪本、馬本、祁本、《叢刊》本、四庫本均有「蘐」字。《韻會舉要》
無此字。

（3）蓩，卷耳也。从艸務聲。

《斠詮》：《繫傳》本無此字。《廣韻》則有「蓩」無「藝」。疑原為一文，後人妄加之耳。

按：汪本、馬本、祁本、四庫本、《叢刊》本均有此兩字。《韻會舉要》無「藝」。

（4）正，是也。从止，一以止。

《斠詮》：《繫傳》作「從止從一」，無「以止」云云。後人因錯說而誤入者也。

按：汪本、馬本、《考異》、祁本、四庫本、《叢刊》本皆作「從一從止」，《韻會舉要》同。

（5）博，大通也。从十从尃，尃，布也。

《斠詮》：《繫傳》下有「尃亦聲」三字。

按：汪本、馬本、《考異》、祁本、四庫本、《叢刊》本只有「亦聲」二字，《韻會舉要》同。

（6）弇，蓋也。从廾从合。㝵，古文弇。

《斠詮》：《繫傳》作「合聲」。

按：汪本、馬本、《考異》、祁本、四庫本、《叢刊》本均作「從合廾聲」，《韻會舉要》同。

（7）浞，濡也。从水足聲。

《斠詮》：《繫傳》一本作「水濡皃也」，一本「水」作「小」。

按：汪本、馬本、祁本、四庫本、《叢刊》本均作「小」，《韻會舉要》同。

從上面的例子來看，《斠詮》所言「《繫傳》作某」中的一些情形，不僅與馬本不同，也與其他版本的《繫傳》多有不同，尤其是4～7例，與現有《繫傳》資料都不相同，這說明《斠詮》的「《繫傳》作某」不等於馬本《繫傳》，不能將二者等同起來。如果參照1～3例，我們推斷，「《繫傳》作某」除了依據馬本《繫傳》，可能還選用了部分抄本《繫傳》和《韻會舉要》的內容，也參照了目前不為我們所知的某個版本的《繫傳》。概言之，《斠詮》所引的「《繫傳》作某」內容不是依據某一個單一版本，而是糅合了幾個版本的綜合稱謂。

經過對《斠詮》所引《繫傳》內容的分析，我們認為錢坫在用《繫傳》校

勘《說文》的時候，參用了至少包括馬本《繫傳》、述古堂本系統抄本《繫傳》在內的幾個不同版本進行了比對。錢坫在校勘《說文》的時候，同樣對不同版本的《繫傳》進行了比較、優選，盡力將他認為正確的觀點寫進《斠詮》中。雖然表面上只有寥寥數語，但這是他作了大量對比工作之後的最終成果展示。

（三）唐本、蜀本

錢坫在《斠詮》中，為校正二徐《說文》，多次引用唐本、蜀本《說文》。自宋代以後，在《說文》類的著作中，只有元代戴侗所著的《六書故》多次提到唐本、蜀本這兩個概念。雖然後來又出現了《說文》唐寫本木部殘卷，但那已是清朝末年，錢坫自然無緣得見。在漫長的幾百年中，錢坫只可能從《六書故》中了解唐本、蜀本《說文》的一些蛛絲馬跡。而且，經過我們對《斠詮》與《六書故》的對照，更加印證了這一點。

據党懷興統計，《六書故》中引用唐本《說文》63 次、蜀本《說文》22 次，而錢坫在《斠詮》中也引用《六書故》所言唐本 42 處、蜀本 11 處，引用率均超過半數，可見錢坫還是很重視這兩個版本的價值的。錢坫在《斠詮》中徵引唐本、蜀本《說文》，或節引戴侗的觀點，或直接引用《六書故》中所言二本情況的原話，如以下幾例即是明證。

（1）謚，行之迹也。从言益聲。

《斠詮》：本此作「謚」，云「行之迹也，从言兮皿闕」。戴侗曰「唐本無此字，只有『謚』，云『行之迹也』」。

《六書故》：唐本無「謚」，但有「謚，行之迹也。」

（2）疒，倚也，人有疾病，象倚箸之形。凡疒之屬皆从疒。

《斠詮》：唐本有爿部，《五經文字》本之，與此為二。

《六書故》：唐本《說文》有爿部，張參《五經文字》亦有之。

（3）豐，豆之豐滿者也。从豆象形。

《斠詮》：唐本「从豆从山𡴀聲」，蜀本「丯聲，山，取其高大。」

《六書故》：唐本曰「从豆从山𡴀聲」，蜀本曰「丯聲，山，取其高大。」

（4）幺，小也。象子初生之形。

《斠詮》：蜀本云「余也，重厶為幺，象冒昧也，亦象子初生之形，以養正也。」林罕引同。

《六書故》：蜀本曰「陰也，重厶為幺，幺象回昧也。亦象子初成之形，以養正也。」林罕引《說文》與蜀本同。

（5）絲，微也。从二幺。凡絲之屬皆从絲。

《斠詮》：蜀本云「隱微意也，从重幺者，微之至也。」

《六書故》：蜀本曰「隱微意也，从重幺者，微之至也。」

（四）古代字書材料

《說文》是我國歷史上第一部真正意義上的字書，它建立了以簡馭繁的部首形制，對上古漢字進行了規範整理和優選，收載了大量古音古義，稱得上是對上古漢字漢語進行系統整理和總結的傑作。

在《說文》的影響下，魏晉南北朝時期出現了《字林》《古今文字》《玉篇》等字書，它們在收字、說解、形制方面大體都本於《說文》，而又廣事搜羅《說文》未載之形義，基本可以看作是《說文》的補苴或續編而稍作改進。所以前人認為這幾部字書對研究《說文》具有非常重要的參考價值，細而言之，對校勘《說文》也極有意義。可惜這幾部早期的字書先後亡佚，傳世的《玉篇》也先後經唐代孫強、宋代陳彭年等人增字、重修，已非原本。因此，在清代，學者們在利用這些字書研究《說文》的時候，只能利用文獻中殘存的《字林》資料，而又對唯一傳世的《玉篇》這本後世「修改本」更加珍視。

到了唐代，人們出於對社會用字進行規範的需要，編寫了一些字樣學方面的著作，比如唐玄度的《九經字樣》和張參的《五經文字》。由於《說文》在歷史上的權威性，這些著作均以《說文》為正字標準來溝通社會通行用字，因此，在這些著作中也保存了不少《說文》的形體內容。

唐五代時戰亂頻仍，大量典籍毀於兵燹，古代文獻的流傳幾乎出現斷層。宋朝建國之後，大興文教，注重對古代文獻的整理，主持編纂了多部大型的文獻著作，體現在小學方面，就是匯集當世學者編纂了多部字書。對《說文解字》的整理首當其衝，朝廷詔命徐鉉等人匯集眾本校定《說文》，使《說文》的版本定於一尊，能夠廣布流傳。其後官方又主持重修了《玉篇》《廣韻》等前代字書，編纂了《集韻》《類篇》等集大成的字書。政府或重修、或新纂的這些字書，都是為了樹立當世典範，因此其所收字形與義訓，多參照《說文》以為標準，書中保存了很多《說文》資料。

因此，在歷代字書的傳承過程中，《說文》的古字、古音、古義一直被包含在裡面，若隱若現。這是我國古代字書傳承發展過程中的一個特色，具體到我們的研究來說，也是籍以校勘《說文》的豐富資料。

清代研究《說文》的學者們很早就發現古代字書與《說文》的這種傳承關係，並開始自覺地利用字書中的材料來校勘《說文》。與錢坫同時的鈕樹玉，堪稱利用古代字書校正《說文》的代表，他在《說文解字校錄》中介紹了歷代字書在校勘《說文》時能夠起到的不同作用：「竊以毛氏之失，宋本及《五音韻譜》《集韻》《類篇》足以正之；大徐之失，《繫傳》《韻會舉要》足以正之；至少溫之失，可以糾正者唯《玉篇》為最古。」〔註2〕這基本上是當時學者的共識。

錢坫在《斠詮》中也廣泛利用古今字書材料對《說文》進行校勘，有《字林》《五經文字》《九經字樣》《玉篇》《廣韻》《禮部韻略》《類篇》《集韻》《古今韻會舉要》《汗簡》等等。

在這些字書材料中，錢坫比較重視對《玉篇》的利用，這一點，與鈕樹玉的觀念很相似。在《斠詮》中，校勘類材料共計1319條，《玉篇》被引179次，《玉篇》的引用率佔到13%。其他字書材料，《廣韻》被引83次、《類篇》被引10次、《集韻》被引2次，《玉篇》的被引次數遠高於前幾種字書。在所有校勘類材料中，《玉篇》的引用次數僅次於《繫傳》的793次。從這些統計數據上看，錢坫對《玉篇》的利用還是比較多的，遠比宋代以後的其他同類字書材料要多，僅次於作為《說文》重要版本的小徐《繫傳》。這也說明了錢坫對《玉篇》的態度，是不同於其他字書材料的。

在字書材料中，《說文》大致以兩種形態存在於字書中。一種顯性的，是字書援引《說文》，這種材料為《說文》校勘提供直接的異文材料，可直接用於校勘《說文》；另一種是隱性的，字書傳承了《說文》的文字或訓釋，但已經融會在字書的內容體系中，這種材料只可認為是字書內容的一部分，很難指認其出自《說文》。但從列字的順序、文字形音義等方面細心紬繹，往往能與《說文》聯繫起來，對《說文》能起到重要的補充與糾正作用。所以，字書材料在校勘《說文》中的價值不可小覷。

〔註2〕 鈕樹玉，說文解字校錄〔M〕，《續修四庫全書》第212冊，上海：上海古籍出版社，2002：243。

（五）經典文獻引《說文》

在清代，能見到最早的《說文》版本是宋初徐鉉的校定本和徐鍇的《繫傳》。唐以前本亡佚不存，只零星見於各類文獻的徵引材料中。所以，文獻引《說文》因其反映了古本《說文》的面貌，在校勘方面具有重要的參考價值。

錢坫利用當時能見到的文獻材料對《說文》進行了大量校勘。據統計，在《斠詮》中常引的文獻有陸德明《經典釋文》98 次、玄應《一切經音義》26 次、李善《文選》注 21 次、五經正義 12 次、《太平御覽》7 次、《藝文類聚》7 次、《後漢書》注 5 次、《史記索隱》5 次、《漢書》注 3 次、《初學記》2 次、《楚辭》注 2 次、《爾雅》注 2 次等。

在這些文獻材料中，陸德明《經典釋文》和玄應《一切經音義》引用率較高，這與它們的著作性質有關。它們都是音義類著作，是專門為文獻注音釋義的，在作注釋時作者常引權威的《說文》為證，因而保存了很多古本《說文》的資料。

（六）當時學者觀點

錢坫校勘《說文》，除了利用當時的各種文獻資料，還借鑒了當時許多學者的研究成果。這說明錢坫撰寫《斠詮》，不是閉門造車，而是廣泛吸收有價值的優秀成果萃聚而成的。

錢坫在書中曾稱引的學者有惠士奇（「惠詹事士奇」1 處、「半農先生」2 處）惠棟（「惠徵君」9 處）、江聲（「江處士聲」5 處、「江孝廉」1 處、「江君聲」1 處）、袁廷檮 6 處、錢大昕（「詹事君」3 處、「家詹事」1 處）、孫星衍（「孫君星衍」3 處）、莊述祖（「莊大令述祖」1 處）、錢塘（「家兄塘」1 處）、段玉裁（「段大令玉裁」1 處）、鈕樹玉（「鈕布衣玉汝」1 處）、沈彤（1 處）等。另外，在臺灣國圖藏本《斠詮》中，鈕樹玉在題識中指出了 15 處錢坫承用他觀點的地方，這說明除了錢坫字面上明確指出的他人觀點，還有一些暗自承用別人觀點的地方。

從這些學者的身份來看，如惠士奇、惠棟、江聲、錢大昕等都是吳派的著名學者，錢坫晚年身體不便，大多接觸到的是當地的學術資源，也可看出錢坫身處其中，受吳派學術的影響很深。其他如孫星衍、莊述祖、袁廷檮、鈕樹玉等，都是錢坫的好友，朋友之間相互切磋學問，間有可取處，即為我所

用。可見，錢坫所處的學術氛圍和交友圈子，對他的《說文》研究有重要的影響。

1. 錢坫對《惠氏讀說文記》的參考借鑒

清代前中期，江蘇吳縣惠氏四世傳經，家學深厚。惠棟秉承家學，成為乾嘉學術的大師。在惠棟的治學方法中，對小學尤其是《說文》的重視，是其取得巨大學術成就的重要因素。惠棟生前批校《說文》甚勤，他的批校意見又經學者相互傳抄，今天署名惠棟批校的《說文》傳本有十餘種，對當時《說文》研究的普及和深入起了很大推動作用。據錢慧真〔註3〕研究，惠棟的父親惠士奇也從事過《說文》批校，在傳世的署名惠棟批校的版本中，其中有不少為其父惠士奇所作。從此看來，惠士奇、惠棟父子長期從事《說文》研究，殆非虛言。惠棟去世後，其弟子江聲對惠士奇、惠棟父子批校《說文》的文本進行整理，又有適當參補，編成《惠氏讀說文記》一書，至嘉慶十七年（1812年）由張海鵬收錄進《借月山房彙鈔》，正式刊刻面世。

錢坫在《斠詮》中引述了不少惠士奇、惠棟父子及江聲的觀點，明確提及的有惠士奇（「惠詹事士奇」1 處、「半農先生」2 處）、惠棟（「惠徵君」9 處）、江聲（「江處士聲」5 處、「江孝廉」1 處、「江君聲」1 處）、沈彤（1 處）等。

A. 稱引惠士奇觀點

（1）饗，鄉人飲酒也。从食从鄉，鄉亦聲。

《斠詮》：惠詹事士奇曰：「鄉人飲酒謂之饗，然則鄉飲酒即古之饗禮，先儒謂饗禮已亡，非也。」

《惠氏讀說文記》：鄉人飲酒謂之饗，然則鄉飲酒即古之饗禮，先儒謂饗禮已亡，非也。

（2）灓，漏流也，从水䜌聲。

《斠詮》：半農先生曰：「《戰國策》『王季歷葬于楚山之尾，灓水齧其墓』，墓為漏流所漬，故曰齧。」

《惠氏讀說文記》：《戰國策》「王季歷葬于楚山之尾，灓水齧其墓」，墓為漏流所漬，故曰齧。《春秋後語》改為「灤水」，注云「宜都縣有灤水，即烏

〔註3〕錢慧真，《惠氏讀說文記》係惠士奇、惠棟父子所作〔J〕，圖書館理論與實踐，2011，（02）。

水也」。季歷葬鄠南，安得有蠻水齧其墓乎？妄甚。《水經注》「岐水，一名大
欒水」。

（3）洍，飲也。从水弭聲。

《斠詮》：《繫傳》作「飲歃也」，半農先生曰：「《周官》「王崩大肆以秬鬯涊，
洍，非飲也，或後人亂之。」

《惠氏讀說文記》：《周官》「王崩大肆以秬鬯涊」，杜讀為「泯」，非飲
也，此注似誤，或後人亂之。

按：惠士奇，字天牧，一字仲孺，晚年自號半農人，人稱「紅豆先生」。
據錢慧真〔註4〕介紹所見復旦大學圖書館藏惠士奇、惠棟、胡士震、胡仲澐
校汲古閣本《說文》，書中有胡重跋云「《說文解字》二惠氏校本，余假之金
孝廉馥泉孝枬，馥泉假之汪孝廉筆山如淵，乃紅豆齋主人遺墨也。……沈茂
才書琳世枚從余問奇字，乃以五色筆錄于簡端。……半農語別以黃，松崖語
別以綠。」另外，此書校語中稱「半農曰」「定宇曰」以示區別。錢慧真又
查浙江圖書館藏有江騮錄惠士奇、惠棟校朱筠椒華吟舫本《說文》，其中惠
士奇校語409條，惠棟校語892條；國家圖書館藏明萬曆二十六年（1598
年）陳大科刻《說文解字》（實為南宋李燾著《說文解字五音韻譜》）江聲錄
惠士奇、惠棟校本，其中惠士奇校語413條，惠棟校語910條。從這些文
獻來看，惠士奇父子校《說文》的成果在未成書以前條目係屬何人還是很清
晰的。但到了我們今天所見張海鵬刻《借月山房彙鈔》本《惠氏讀說文記》
中，已無法分辨哪些是惠士奇校語，哪些是惠棟校語，應是後來傳抄者去掉
了二人名字，校語因此混淆。在《斠詮》中，錢坫引用了惠士奇的一些觀點，
內容與今本《惠氏讀說文記》完全一致，但尚稱「惠詹事士奇」「半農先生」，
可見錢坫見到的惠氏父子所校《說文》的本子，還在《惠氏讀說文記》成書
以前。

B. 稱引惠棟觀點

（1）用，可施行也。从卜从中。衛宏說。

《斠詮》：故元和徵君惠棟曰：「《易》『潛龍勿用』，『勿用』者，占詞卜
中，便可用。」坫謂古用犧牲，亦卜中也。故牛卜日曰牲。《左傳》「用隱太子

〔註4〕錢慧真，《惠氏讀說文記》係惠士奇、惠棟父子所作〔J〕，圖書館理論與實踐，
　　　2011，（02）。

于社」。《論語》「雖欲勿用」。凡言犧牲皆曰用，以此。

　　《惠氏讀說文記》：《易》「潛龍勿用」，「勿用」者，占詞卜中，便可用。

　　（2）殘，賊也。从歺戔聲。

　　《斠詮》：此「殘賊」字。惠徵君以為非古字，疑後人沾入。

　　《惠氏讀說文記》：戈部有「戔」字，訓為賊，此字別無異解，明後人增入，古「殘」字皆作「戔」。

　　（3）貯，積也。从貝宁聲。

　　《斠詮》：《字林》「貯，塵也。」惠徵君曰：「以『貯』為積，俗訓也。」疑後人改之，《字林》是。

　　《惠氏讀說文記》：「貯」訓積，俗誼也。《字林》云「貯，塵也」。「塵」訓久義甚古，以「積」易「塵」始於宋人，宁部曰：「宁，辨積物也」，即「貯」，古省「貝」。

　　（4）七，陽之正也。从一，微陰从中衺出也。

　　《斠詮》：惠徵君棟曰：「陽立於七，『微陰』字誤，當作『微陽』。」

　　《惠氏讀說文記》：陽立於七，「微陰」，似當作「微陽」。

　　（5）醬，鹽也，从肉从酉，酒以和醬也，爿聲。

　　《斠詮》：惠徵君曰：「古本《說文》云『醢也』，今作『鹽』，為不讀《周禮》人改之。今之醬，實鹽，以醢為酢，以醬為鹽，俗學流傳久矣。」

　　《惠氏讀說文記》：古本《說文》「醬，醢也」，為不讀《周禮》人所改，今之醬，實鹽也，以醬為鹽，以醢為酢，俗學流傳久矣。

　　C. 稱引江聲觀點

　　江聲，字叔澐，號艮庭，原籍安徽休寧，後遷居江蘇吳縣。35 歲時拜惠棟為師，嘉慶元年（1796 年）舉孝廉方正。平生亦治《說文》，書寫慣用小篆，不用行楷，小學方面著有《六書說》，編著《惠氏讀說文記》及《說文解字考證》〔註 5〕等。

　　錢坫在《斠詮》中多次稱舉江聲觀點，如：

　　（1）瞑，翕目也。从目冥，冥亦聲。

　　《斠詮》：《左傳》「謚之曰靈，不瞑；曰成，乃瞑。」又「苟偃乃瞑受含」。

─────────────────

〔註 5〕陳鴻森，江聲遺文小集〔J〕，中國經學，第四輯，2009，（01）。

江處士聲以為古「眠」字，當作「宀」，不應作「瞑」，是也。

（2）宀，冥合也。从宀丏聲。讀若《周書》「若藥弗眄眩」。

《斠詮》：江處士聲云此古「眠」字。

（3）犕，《易》曰「犕牛乘馬」。从牛葡聲。

《斠詮》：今《易》作「服牛」。《後漢書》「董卓謂皇甫嵩曰：『義真犕未乎？』」是以「犕」為「服」。江處士聲作《尚書集注》入「服」皆作「犕」，今西北人裝馬猶曰犕馬。

（4）連，員連也。从辵从車聲。

《斠詮》：江孝廉曰當作「負連」，又云「負輦」。《易》「往蹇來連」，虞翻曰連輦也。江說或是。

（5）詩，志也。从言寺聲。

《斠詮》：春秋說題詞「詩之言志也」。《呂氏春秋》「若告我曠夏盡如詩」。本書無「志」字，見此注。江君聲曰：「當是脫漏，不能少此字也。」

（6）鬯，以秬釀鬱艸，芬芳攸服以降神也。從凵，凵，器也。中象米，匕所以扱之。《易》曰：「不喪匕鬯。」

《斠詮》：江處士聲曰：「古『條暢』字作此，借用『暢』者非也。」

《惠氏讀說文記》：聲案，「鬯」即「條鬯」字，俗別作「暢」，非是。

（7）絓，繭滓絓頭也。一曰以囊絮練也。从糸圭聲。

《斠詮》：《釋名》：「煮繭曰莫，莫，幕也。貧者著衣，可以幕絡絮也。又謂之絓，絓，挂也。挂于枝耑振舉也。或謂之牽離，煮熟爛牽引使離散如綿然也。」江處士聲曰：「此所云『繭滓絓頭』，似即『煮繭曰莫』也。此所云『以囊絮練』，似即『以幕絮絡』也。」《太平御覽》引本有『一曰牽離』四字，是劉熙之說皆與許君相合。

以上《斠詮》所引江聲諸說，只有「鬯」字條出自《惠氏讀說文記》，「犕」字條出自其所著《尚書集注音疏》，其餘各條，未見於江聲傳世著述。但細讀江聲所述觀點，確為針對《說文》文本而發，不似在其他著作中隨意提及之語。

從張海鵬所刻《惠氏讀說文記》來看，書中惠士奇父子的校語不署名字，其他有江聲、諸錦、李賡芸、錢坫等人案語。以各人年紀及謝世時間推測，諸錦（1686～1769）與惠棟（1697～1758）年紀相若，江聲（1721～1799）在

1755 年左右始師事惠棟，此二人的案語很可能是較早存在的，而錢坫（1744～1806）與李賡芸（1754～1817）均為後學，其案語也就很可能晚出。在張海鵬刊刻《惠氏讀說文記》時，其所用底本除惠士奇父子校語，江聲所參補案語，還有諸錦、錢坫、李賡芸案語。可見此本歷經多手，張海鵬在刊刻時，遂將這些案語一併刻入。

但是張海鵬所刻《惠氏讀說文記》，間有訛誤處，如「涐」字條：

涐，水出蜀汶江徼外，東南入江。从水我聲。

《惠氏讀說文記》：錢少詹事師嘗以此「涐」字證《地理志》「溂」字之譌。李賡芸案，《水經注》「濛水東南流，與涐水合出徼外，逕汶江道。」呂忱曰：「涐水出蜀，許慎以為涐水也，從水我聲，」以此驗之，師古之音誤也。《六書故》「涐」「溂」兩收，斯為誤矣。

在這條中，徑云「錢少詹事師」，顯然不是惠士奇父子校語。江聲為惠棟弟子，此條也不是江聲案語。李賡芸為錢大昕弟子，下文又有李賡芸案語，這條很有可能是李賡芸所說。

在書中又有所謂「成案」一語，不知為誰。

從《惠氏說文記》混淆惠氏父子校語、校語錯亂、署名不清等種種情況來看，江聲所編著《惠氏讀說文記》在刊刻之前就有不少混淆不清之處，所以，我們推測錢坫所引江聲校語可能本為江聲參補的內容，在今本中漏脫了。不過也有可能著錄於其所著《說文解字考證》一書，但此書既未成書，今日又亡佚不見，無從考核了。

書中又有錢坫案語，「思」字條云：

思，容也。从心囟聲。

《斠詮》：《書》「思曰睿」，《五行志》作「容」。

《惠氏讀說文記》：「容」當作「睿」，《尚書》曰：「思曰睿。」錢坫案：「思曰睿」，《漢書・五行志》直作「容」。

李祖望刻《小學類編》收錄江聲《六書說》，書後有錢坫記云：「轉注之說，古無定解，得此足以破其的。錢坫記。」錢坫題記後又有顧廣圻題識云：「先師是說甚有功於小學，手篆勒石，未久失去，今依拓本重墨於板。唯後之講求六書者傳焉。嘉慶旃蒙大淵獻（注：此為嘉慶二十年）壯月弟子顧廣圻謹識。」據顧廣圻所說，江聲刻成石碑後不久即失落無蹤，則其拓本也應不多。錢坫在顧廣圻所見拓本後撰有題記，是錢坫生前親見這種為數不多的

拓本。再聯繫上文錢坫引用多條不見於現有著述的江聲觀點,在《惠氏讀說文記》中加案語,我們猜測錢坫與江聲曾有學術上的交流。

在《斠詮》與《惠氏讀說文記》中,除了有顯性的稱名標記可以證明《斠詮》在寫作過程中對《惠氏讀說文記》的參照,其他還有些暗中的借鑒。如:

(1)臑,臂羊矢也。从肉需聲。讀若襦。

《斠詮》:《補史記》「取前足臑骨」,徐廣以為「臑臂」是也。近日吳江人沈彤據《字林》謂「臂羊矢」當作「羊豕臂」,以「矢」字為誤。坫考《素問》,「羊矢」,脈穴之名。近臂臑,是「矢」字未嘗誤也。彤之說不經。

《惠氏讀說文記》:沈彤曰:「臑,羊豕臂也。《釋文》引《字林》作『臂羊豕』,誤倒其文耳。《說文》『豕』作『矢』,聲之誤也。」「臑」《字林》「人於反」。

按,沈彤(1688～1752),字冠雲,號果堂,江蘇吳江人,自少力學,篤志群經。是錢坫所謂「近日吳江人」即此人。在《惠氏讀說文記》中惠棟稱引沈說,錢坫應是從《惠氏讀說文記》中轉引沈說,亦考辨其誤。

(2)櫐,眾盛也。从木壘聲。《逸周書》曰:「櫐疑沮事。」

《斠詮》:本作「疑沮事闕」,《玉篇》引作「櫐疑沮事」,依改之。今《周書》誤作「聚」。

《惠氏說文記》:棟案,「櫐疑沮事」見《周書‧文酌》篇,極有七事之一。今《周書》「櫐」誤「聚」,宋刻亦然,宋人不識字,賴《說文》校正。今宋本《說文》亦闕此字,唯《玉篇》載之,先君坫入「櫐」字,從《玉篇》增也。

按,據惠棟所說,發現《逸周書》「聚」字之誤,《說文》所引補入「櫐」字,為惠士奇所發明,錢坫的說法應來自於此。另外段玉裁《說文解字注》此字下也補「櫐」字,討論「聚」字之誤,當也是沿襲了《惠氏讀說文記》的觀點。

(3)橦,帳極也。从木童聲。

《斠詮》:宋本作「帳柱也」,今作「幢」。

《惠氏說文記》:聲案,巾部「幢」字是新附者,此「橦」字注訓「帳極」,又《儀禮》鄭注云「杠,橦也」。竊意「幢」字當作「橦」。

按,在《惠氏讀說文記》中江聲「竊」以為,說明是他自己的猜測,錢坫直言「今作幢」,應是沿襲江聲之說。

（4）誺，《詩》曰「不誺不來」。从來矣聲。

《斠詮》：《爾雅》文。云「不誺」者，不來也。

《惠氏說文記》：《詩》無是語，《爾雅》有之。《說文》以《詩》云「不誺」者，不來也。

按，《惠氏讀說文記》認為此條訓釋當分兩部分，「《詩》曰不誺」四字是被訓釋的部分，「不來」為解釋「不誺」的訓釋語。這種看法為錢坫所繼承，故云「不誺者，不來也」。

又有注解近乎雷同的例子，如

（1）㯷，梲也。从木音聲。

《斠詮》：《公羊傳》「踊于㯷而窺客」。

《惠氏讀說文記》：《公羊·成二年》「踊于㯷而窺客」。

（2）青，東方色也。木生火。从生丹，丹青之信言必然。

《斠詮》：漢時多有此語。

《惠氏讀說文記》：漢時多為此語。

（3）椷，木也。从木叕聲。益州有椷縣。

《斠詮》：《地理志》「益州母椷縣」，此脫一字也。

《惠氏讀說文記》：據兩《漢志》作「毌椷縣」。

以上的例子說明錢坫對《惠氏說文記》多有借鑒，當然在借鑒中也有辨正，如「臑」字條。

2. 錢坫對《說文答問》的借鑒

錢大昕《潛研堂文集》卷十一中有《說文答問》，對《說文》與經典文獻的互証關係和《說文》訓釋的疑難問題進行了解讀，其中用了很大篇幅溝通《說文》收字與文獻用字的對應關係。錢坫在《斠詮》中詮釋《說文》時有多處沿襲了錢大昕的觀點，即本《說文答問》之說。如：

（1）訇，駭言聲。从言勻省聲。漢中西城有訇鄉。又讀若元。

《斠詮》：詹事君曰此即「詢于四岳」之「詢」也。

（2）屟，徛也。从尸奠聲。

《斠詮》：此「殿後」之「殿」。《廣雅》《玉篇》又「重也」，則以此為「鄭重」之「鄭」。詹事君以為「天地定位」之「定」。

　　按，錢坫上述觀點本於《潛研堂文集》卷十一《說文答問》「訇即詢于四岳之詢」「屢即天地定位之定（《周禮》『奠繫世』亦從此）」二條。

　　（3）纔，帛雀頭色。一曰微黑色如紺。纔，淺也。讀若讒。从糸毚聲。

　　《斠詮》：《考工記》注：「鄭司農以《論語》『君子不以紺緅色（按，「色」鄭玄注作「飾」，錢坫誤）。」緅者，言如爵頭色。家詹事云此即「紺緅」字也。

　　按，《潛研堂文集》卷九《論語答問》云：「《考工記・鍾氏》：『三入為纁，五入為緅』，注謂：『染纁者三入而成，又再染以黑，則為緅。緅，今《禮》俗文作爵，言如爵頭色也。』先鄭司農以《論語》『君子不以紺緅飾』證『五入為緅』之文，則先鄭所受《論語》本作『緅』，與孔本異也。」卷十一《說文答問》云：「『纔』即『紺緅』之『緅』。」錢坫此處論說，即本錢大昕二處所論。

　　（4）沑，水吏也。又溫也。从水丑聲。

　　《斠詮》：《五音韻譜》作「水利也」，《海賦》「葩華踧沑」用此字。詹事君曰：「應作『水文也』」。

　　按，《潛研堂文集》卷十一《說文答問》云：「問：『《說文》訓『沑』為『水吏』，何也？』曰：『水吏』不見于經典，當是『水文』之訛。《廣韻》：『踧沑，水文聚。』于《易》物相雜為文，凡從丑之字，『粈』『飪』皆為雜飯，則『沑』為『水文』審矣。木華《海賦》『葩華踧沑』，李善注：『踧沑，蹙聚也。』『踧沑』即『踧沑』。」錢坫此說即本此。

3. 稱引段玉裁觀點

　　在《斠詮》「枰」字條下，錢坫引段玉裁說云：「枰，木出橐山。從木乎聲。」

　　《斠詮》：《山海經》文，今作「構」。《上林賦》有「楩櫨」，《漢書》作「枰」，古聲「枰」「楩」「構」聲相轉，可通用。此不當從「乎」，疑相承傳寫者誤。段大令玉裁據經以為是「樗」字。余謂經言「樗」處多，不必轉屬橐山，屬橐山者惟「構」耳，故知其非也。

　　段玉裁的說法見於《說文解字讀》及《說文解字注》。

　　《說文解字讀》：「枰，木也。出橐山。从木乎聲。玉裁按，《山海經・中山經》『橐山，其木多樗，多構木』。蓋許所見本作『枰』，郭所注本作『樗』

也。《廣韻》十一模曰『黃枰，木可染』，十姥曰『枰，木名，可染繒』。」

　　《說文解字注》：《說文》「枰，枰木。出橐山。从木乎聲。」注云：「《中山經》曰：『傅山西五十里曰橐山，其木多樗，多楮木。』按『樗』者『枰』之誤。許所引《山海經》『樀』字今作『柘』，『洽』字今作『涔』，『刕』字今作『飍』，其不同如此。」

　　從上可以看出，段玉裁在《說文解字讀》中認為「枰」「樗」二字是異文關係，到了《說文解字注》中明確指出「樗」字為「枰」之誤字。似乎錢坫見過一部分段玉裁所作《說文解字注》。據經本植〔註6〕研究，段玉裁在嘉慶二年（1797年）所作《汲古閣說文訂》中「枇」「橦」字下均有「說詳拙著」的表述。「枇」字為木部第277字，「橦」字為第281字，此處的「枰」字為第80字，可見段玉裁在此時就已經完成本條注釋，在之後的幾年裡，錢坫有可能看到過這部分條目而引用。

4. 稱引袁廷檮觀點

　　袁廷檮（1762～1809），字又愷，又字綏階，清代江蘇吳縣人，是當時著名藏書家，與周錫瓚、黃丕烈、顧之逵並稱「藏書四友」。曾與段玉裁一起搜集《說文》不同版本，共成《汲古閣說文訂》，其書為學界所重。

　　在《斠詮》中，錢坫徵引袁廷檮觀點5處，卷三末尾又有「吳縣袁廷壽綏階校字」，說明錢坫在撰寫過程中與袁廷檮有過交流，袁廷檮對《斠詮》的成書過程也頗為熟悉。

　　在書中援引袁廷檮觀點的「玉」「呴」「躋」「郝」「服」等五字，也都見於袁廷檮與段玉裁所作《說文訂》，但從《斠詮》稱述內容來看，似並非直接參照《說文訂》原文。如：

　　（1）玉，石之美有五德：潤澤以溫，仁之方也；䚡理自外可以知中，義之方也；其聲舒揚，專以遠聞，智之方也；不撓而折，勇之方也；銳廉而不忮，絜之方也。象三玉之連，丨其貫也。

　　《斠詮》：《聘義》作「廉而不劌」，《說苑》作「折而不撓，廉而不劌」。「遠聞」《繫傳》作「聞遠」。「忮」宋本作「技」，《類篇》作「枝」。《禮部韻略》引「專」作「摶」。吳袁文學廷壽曰：「毛初印本亦作『摶』，後改。」

〔註6〕經本植，段玉裁《汲古閣說文訂》與《說文解字注》——兼及段氏校改《說文》文字的緣由〔J〕，四川大學學報，1985，（3）。

《說文訂》：「玉，其聲舒揚，專以遠聞」，訂云：「初印本如此，趙本、《五音韻譜》《集韻》皆同，宋本、葉本作『專』，譌字耳。『專』者，專壹之意，謂其堅，故遠聞。《聘義》所謂『清越以長』，《管子・水地篇》說玉云『其音清摶徹遠，純而不殺』，『摶』古書多用為「專壹」字，與《說文》正合。今依小徐剜改『專』字作『專』字，『專』者布也，與上文『舒揚』不為複乎？」

按，錢坫引用袁廷檮觀點，是為校正毛扆五次剜改本《說文》中「專以遠聞」的「專」字之誤。錢坫先說《禮部韻略》所引「專」作「專」，又引袁廷檮說毛初印本「亦作『專』」，顯然只是記述袁廷檮說法，並不能說明錢坫直接參考《說文訂》。

（2）珣，石之次玉者。从玉旬聲。讀若苟。

《斠詮》：《繫傳》「次」作「似」。袁廷壽曰：「今徐鍇本亦作『似』，毛氏後改也，初印本作『次』。」

《說文訂》：「珣，石之次玉者」，訂云：「初印本如此，宋本、葉本、趙本、《五音韻譜》《集韻》《類篇》皆同。今剜改『次』字為『似』字，本小徐。」

按，毛扆剜改本「次」作「似」，錢坫徑改為「次」。《斠詮》當是直引袁廷檮語，針對毛扆剜改本，說明《繫傳》情況及毛氏前後剜改。如是錢坫僅是轉述袁廷檮觀點，以第一人稱敘述，則在這條校語中不當已說《繫傳》云云，又在轉述袁廷檮觀點時再次提及《繫傳》，出現前後重複的語病。

（3）躋，登也。从足齊聲。《商書》曰：「予顛躋」。

《斠詮》：袁廷壽因毛初印本、宋本俱如之，今加「告」字者，非也。

《說文訂》：「躋，《商書》曰予顛躋」，《訂》云：「初印本如此，宋本，葉、趙本，《韻譜》《集韻》《類篇》皆同。今剜補『告』字於『予』字之上以同《尚書》。」

按，此條是錢坫轉述袁廷檮的話，前後文意相連貫。袁氏看到毛刻初印本與宋本均無「告」字，因而判定剜改本所加「告」字為非。

（4）郝，右扶風鄠鄉盩厔縣。从邑赤聲。

《斠詮》：此誤也。《玉篇》只云「右扶風盩厔鄉」。袁廷壽曰：「宋本作『右扶風鄠盩厔鄉』」，然則亦誤矣。

《說文訂》：「郝，右扶風鄠盩厔鄉」，《訂》云：「初印本如此，宋本、

葉本、趙本、《五音韻譜》《類篇》《集韻》皆同，謂右扶風之鄠縣、螯座縣皆有郝鄉也。今乃依小徐剟改之云『右扶風鄠鄉螯座縣』，此何解乎？考《玉篇》云『右扶風螯座鄉』無『鄠』字，小徐本當云『右扶風鄠鄉』，螯座亦有郝鄉。」

（5）服，用也。一曰車右騎所以舟旋。从舟艮聲。

《斠詮》：《繫傳》作「車右騑」，袁廷壽曰：「宋本同，所謂服事之。」

《說文訂》：「服，一曰車右騑所以舟旋」，《訂》云：「宋本（葉本闕）、《集韻》《類篇》皆作『騑』，趙本、《五音韻譜》皆作『騎』。按『騎』字非是，毛本從之，誤也。馬部曰：『騎，跨馬也』，駕車之馬安得有跨之者乎？馬部又曰：『騑，驂旁馬也』，鄭注《檀弓》曰『騑馬曰驂』，箋《詩》曰：『驂，兩騑也』。然則『騑』非服明矣。許說何解乎？曰：『此見古者驂亦稱服，統言不別也』。」

（6）湳，西河美稷保東北水。从水南聲。

《斠詮》：《繫傳》作「東水」，無「北」字。《五音韻譜》云「西河水名」。袁廷壽曰：「此毛本後改也，其初刻印本與《韻譜》同。」

《說文訂》：「湳，西河美稷保東北水」，《訂》云：「毛本如此，宋本、宋刊《五音韻譜》《集韻》《類篇》同。葉本無『北』字，作『西河美稷保東水也』，趙抄及明刻《五音韻譜》作『西河水名』。鈕樹玉曰『保』字必誤，《文選》潘岳《關中詩》李善注引《說文》云『湳，水出西河美稷縣』，『縣』字為長。」

《斠詮》的成書晚於《說文訂》，袁廷壽又是本書校對者之一，依照常理，錢坫是有機會參閱《說文訂》的，如與《斠詮》同年撰成的嚴可均《說文校議》，其中對毛扆初印本的稱引，就大多來自《說文訂》。但是從上述錢坫所引袁廷壽觀點來看，都是稱述宋本《說文》及毛扆初印本如何，所述情形又較簡略，不能斷定錢坫直接參照了《汲古閣說文訂》，倒更像是對袁廷壽口述這些字情況的記錄。

第二節　錢坫校勘《說文》的主要內容

錢坫利用前代各種《說文》材料對毛本進行校勘，在校勘過程中也對各本《說文》之間的異同、訛誤進行辨析考證，這些校勘、辨正的結果就呈現在

《斠詮》的《說文》本文與校語中，成為錢坫校勘《說文》的最終成果。

這些成果不僅對我們學習和研究《說文》有重要的參考價值，也是我們探討錢坫校勘方法論和《說文》學思想的基礎性材料。為了能夠充分利用其成果，便於研究探討，我們需要對《斠詮》中的《說文》本文和校語進行細緻的梳理和歸納。

一、字頭校改

（一）校改《說文》正篆

錢坫在《斠詮》的《說文》本文中，將每部之後的徐鉉新附字和新增入的十九文一一刪掉，因為這些字都是徐鉉後增的，在錢坫看來這些都是些「不可知之字」，不能廁諸許氏本文，而且它們大多都能在《說文》中找到本字，所以不必增。

除了新附字和增入正文的十九文，錢坫根據各種材料，對《說文》正篆在流傳過程中誤增、誤刪、錯訛的現象，也有所指正。具體而言，有以下幾種情況。

1. 刪去後人誤增的正篆

《說文》第十五下後敘云本書正篆有「九千三百五十三文」，但今傳大徐本卻有 9431 個〔註7〕，則今本多出來的正篆，都是後人誤增。錢坫在校勘《說文》時，根據不同篆文的形體、說解異同的提示，參照古代字書中相應的收字內容，對一些後人誤增入《說文》的字，進行了校正。具體來說，有以下三種類型：

A. 《說文》有兩正篆，其一為訛寫誤增者當刪

《說文》在傳寫過程中，一些字出現了書寫變異，在本字的基礎上衍生出一些別的寫法，後人不辨，認為《說文》不當漏收，就又將這些衍生出的字收入《說文》，造成了實際上重複收字的情況。從釋義上看，它們或記錄看似相近其實一樣的詞義，或增一新義將兩字區別開。這些新增篆文都是些訛變而成的形體，應當刪掉。錢坫發現了這種類型的誤增篆文，在校勘中作了許多勘正。如：

（1）菥，艸多兒。从艸狋聲。江夏平春有菥亭。

〔註7〕據陳昌治重刻孫星衍平津館叢書本，毛本應與此數相差甚微。

《斠詮》：《郡國志》江夏有平春侯國。徐本又有「菰」字，在左文從艸「菁」字下，其訓與此同。細檢《玉篇》《廣韻》並無之，蓋即此字之寫譌也，今刪之而附識于此。

按：此字與「菰」小篆寫法相近，訓釋相同，當是形近而誤，且「菰」字綴於部末、後世字書不載，更能證明其為後增。其他各家如段玉裁《說文注》、桂馥《義證》、嚴可均《校議》、鈕樹玉《校錄》、朱駿聲《通訓定聲》、王筠《句讀》等均同此說，錢坫刪篆，殆無疑義。

（2）莉，艸大也。从艸到聲。

《斠詮》：徐本此字作「蔱」，云「艸大也，从艸致聲。」考陸德明及《廣韻》引本書並作「莉」，《詩》「卓彼甫田」，韓詩作「莉」。《爾雅》「莉，大也」，誤艸從竹，此字應為「莉」，寫者于「到」字「刀」旁加一筆遂成「蔱」字，鉉等不知，因而不改故也。既誤「莉」為「蔱」，又別沾「莉」于部末，妄加「艸木到」之文，其謬誣與巾部之「帕」「幀」字例正同。今徑改之，並刪部末之字。庶知者有所據焉。

按：此例與「莽」誤為「菰」略同，錢坫所校正也與段、桂、嚴、鈕、朱、王等諸家相合，在校語中又詳細分析其致誤之由，有條有理，結論可信。

（3）幀，領喘也。从巾耴聲。

《斠詮》：舊本作「帕」，相倫切，亦云「領喘也」。考《玉篇》《廣韻》俱無之，當是傳寫者誤「耴」為「旬」，後人因而莫改所致也。又附于「幀」部末者，當是見諸書皆以「領喘」為「幀」，必不能少此一字，故又附之也。可見後人無知者之妄矣，今刪改之。

按：此例錢坫根據相同的訓釋及後世字書所載，認為聲符「耴」與「旬」是傳寫之誤，本只作「耴」，段玉裁也有相同的看法。鈕樹玉在《斠詮》批語和《段氏說文注訂》中指出錢、段二人均本於他，則錢、段二人觀點相同非出於偶然。

（4）鞎，履也。从韋叚聲。

《斠詮》：《急就章》「履舃鞜裒緘緞」，訓「緞」乎加切，即此字。

鞎，履後帖也。从韋叚聲。緞，鞎或从系。

《斠詮》：《廣雅》「鞎，履跟後帖」，無「鞎」字，此疑後人譌入。此從「系」之「緞」當即《急就》文之「緞」也。

按：錢坫綜核二字，根據《急就篇》和《廣雅》所收，議當刪「鍛」篆。《說文》中「叚」「段」形近，其所從之字，在傳抄中互有混訛，如石部「碬」字即訛為「碫」，這類現象後人不辨，因而或誤分為二形，或妄改正篆，使《說文》的錯誤漸多。

（5）枰，木出橐山。从木乎聲。

《斠詮》：《山海經》文，今作「榯」。《上林賦》有「楈枒」，《漢書》作「枰」，古聲「枰」「楈」「榯」聲相轉，可通用。此不當从「乎」，疑相承傳寫者誤。段大令玉裁據經以為是「樗」字，余謂經言「樗」處多，不必轉屬橐山，屬橐山者惟「榯」耳，故知其非也。

枰，平也。从木从平，平亦聲。

《斠詮》：前誤「枰」為「枰」，於此處添入「枰」字，既次敘非倫，而訓解又俗，其非許君之原文矣。

按：錢坫認為「枰」與「枰」相亂而誤增「枰」，說法不確。《山海經·中山經》云「橐山其木多樗、多榯木」，錢坫以為「榯」即「枰」，段玉裁、桂馥等人則以為「樗」是《說文》的「枰」，如桂馥說「『枰』或作『檴』，又誤為『樗』」，其說甚當，錢坫未看出「樗」為訛字，又以聲轉為說，不夠確當。在「枰」字下又依據排字順序和訓釋判定「枰」為誤增，流於主觀。

B. 出自後世字書者當刪

《說文》是第一部正式的字書，但受許慎編纂意圖的限制，它的收字原則並不是求多求全，當時的許多字甚至是通行字都未收錄。《說文》問世之後，隨著社會的發展又出現了許多新造字，《說文》逐漸不能滿足人們的實際需求。因此，人們就在《說文》的基礎上擴大收字範圍，編纂成收字量更多的字書，《字林》《古今文字》《玉篇》就是這樣的著作。

這些字書大多已經亡佚，它們收錄了哪些字，現在已無法得知。所幸在《廣韻》中，指明了一些它們收的字。當初隋代陸法言作《切韻》，參考古今字書，兼收古今方國之音，是一部集大成的音韻學著作。但它收字不全面、訓釋過於簡明，後來的學者紛紛在《切韻》的基礎上增字、增注，以廣其用，其中有一個很重要的特點就是為所收的字訓標明出處和依據。《廣韻》作為這一系列韻書的定本，保存了很多字訓的來源出處，其中的許多字，即是來源於這些字書。錢坫依據《廣韻》所指出的字訓來源，對《說文》進行了校勘。

　　錢坫在全書中共有 19 次用《廣韻》所引字書材料校勘《說文》正篆，認為凡是《廣韻》稱出自後世字書的，都是後人誤增入《說文》的，應當刪掉。如：

　　（1）茋，艸也。从艸是聲。

　　《斠詮》：《玉篇》以為即「芪母」字，《廣韻》云字出《字林》，此恐後人以《字林》譌入者也。

　　按：錢坫根據《玉篇》「茋，是支切，茋母草，即知母也」、「芪，巨支切，芪母也」的訓釋，認為「茋」即是「芪」字，又引《廣韻》所載，懷疑「茋」字本非《說文》所有，當是後人以《字林》後增入《說文》者。這一點王筠說的更清楚，《句讀》云：「《廣韻》『茋，是支切，茋母即知母草，出《字林》』，『其巨切』內出『芪』字，引《說文》『芪母也』，然則本是一字，《說文》作『芪』，《字林》作『茋』，『氏』『是』古通，後人取《字林》附《說文》，而不附同義之『芪』，遂於『草器』之中跳出『草名』之字。」王說是對錢說的承襲和發揚，使錢坫的結論更加明白可信。

　　（2）斄，微畫也。从文𣏟聲。

　　《斠詮》：《繫傳》無此字，《廣韻》以為出《字統》，疑後人所加。

　　按：《四部叢刊》本、祁寯藻刻本《繫傳》均有此字，其他各本無。《古今韻會舉要》也無此字。今本《玉篇》文部排字順序為「文、斐、辯、斄、煸、爛、敫、斌、斀、斁」，「斄」字位置與《說文》相同，但在《篆隸萬象名義》中「斄」字則列在「煸、爛、敫」三字之後，這說明今本《玉篇》的排字順序可能被調整過，「斄」字並非《說文》所有。錢坫根據《廣韻》所引懷疑此字後增，有一定道理。

　　（3）潩，水出河南密縣大隗山，南入潁。从水異聲。

　　《斠詮》：《廣韻》以為出《文字音義》，此字後人所加。

　　按：嚴可均《校議》云：「下文有『灢』篆，說解同，疑『潩』『灢』當為重文。《韻會》十三職引云：『潩或作灢』。」張舜徽《約注》云：「《六書故》云：『潩，《說文》作灢』，證以《廣韻》七志『潩』字下云出《文字音義》，可知許書原本但作『灢』，不作『潩』。『潩』實『灢』之或體，故《地理志》《水經》皆作『潩』也。」嚴、張二說，可補充錢說不足。

　　（4）㴩，水出北囂山，入邔澤。从水舍聲。

《斠詮》：《山海經》「北嚻之山，涔水出焉，東流注於邛澤」，即是水也。涔、邛並異，《廣韻》云「出《文字音義》」，此字後人所加。

按：錢坫認為《山海經》的「涔」即《說文》的「浛」，又參照《廣韻》所引，認為此字《說文》不收。張舜徽《約注》從錢坫說，更為解說云：「『涔』『浛』形近易譌，後人因譌體之『浛』為立此篆耳。」其說可從。

（5）齹，齒參差。从齒差聲。

《斠詮》：今《左傳》「鄭子齹」如此，此與下「齜」字當有疑誤。「子齹」似當從《傳》文，而「齜」或後人所加，移所引以輔成其說耳。本書既無「佐」字，安得有從「佐」之字耶？

齜，齒差跌皃。从齒佐聲。《春秋傳》曰：「鄭有子齜」。

《斠詮》：《廣韻》以為出《字統》，然則必非古有矣。

按：錢坫懷疑「齹」「齜」二字當有一誤，這是正確的。《經典釋文》「齹，《字林》才可、士知二反，《說文》作『齜』，云『齒差跌也，在河、千多二反』。」可見，陸德明見到的《說文》只有「齜」一個，並不是兩收。段玉裁據《釋文》刪「齹」、錢坫據《廣韻》刪「齜」都有可能，證據不足，不能遽定。

從對上面幾例的考證來看，可以認為《廣韻》所引字書材料是可信的，錢坫根據這類材料校勘《說文》，指出的許多錯誤，基本上是正確的。但是錢坫的校勘過程過於簡單，他在校勘中往往只根據《廣韻》的孤證材料，就下斷語，缺乏嚴密的論證，其可信度也值得懷疑。在這部分字中，有一些字，如上所列，經過後來王筠、張舜徽等人進一步補充證據，方能使人信服；而有一些字如「齜」「攌」「匪」等，因為只有《廣韻》所引的孤證，只能暫時存疑，有待於進一步考證。

錢坫刪掉的後增正篆，一般都是傳抄過程中字形發生了訛變，後人不察，以為是流傳漏脫，因而又重新增入《說文》。這些字大多處在部末或兩字相鄰，相對容易判斷，但也有少數插入部中字序中，較難發現。除了這些傳抄訛誤造成的誤增字，六朝隋唐時人們常將其他字書的字增入《說文》，錢坫根據現存《廣韻》等書所載將其刪去，也是正確的。

2. 改正字形訛誤的正篆

《說文》在傳抄過程中，很多正篆的字形發生了訛變，有的與別的字形混同了，有的聲與義不協，錢坫利用他的古聲紐研究成果，參考《玉篇》《廣

韻》等後世字書中的字形，對《說文》中部分傳抄訛誤的字形作了訂正。如：

（1）蘫，瓜菹也。从艸濫聲。

《斠詮》：毛本、宋本並譌作「藍」，從《玉篇》《類篇》改正。

按：《說文》同部中兩個正篆的字形必不相同，艸部前已有「藍，染青艸也。从艸、監聲」，此不當又作「藍」，錢坫據字書改正，是。

（2）趨，走皃。从走叡聲。讀若紲。

《斠詮》：本從「叡」。考《玉篇》《廣韻》俱作「趨」，從「叡」，是也。徑改之。但據徐說則宋以前已誤矣。

按：「叡」與「叡」字形相近而誤，玉部「璿」古文作「璿」，其誤與此同。「璿」讀「似沿切」，其籀文作「叡」，從玉叡聲，正與本篆「讀若紲」相合。加上小徐仍從「叡」聲，《玉篇》《廣韻》又都作「趨」，本篆當作「趨」無疑。

（3）梔，黃木可染者。从木卮聲。

《斠詮》：今「梔子」字也。《廣韻》《韻會》俱作「梔」，從「危」誤，徑改之。

按：「梔」「桅」二字字形相近，容易混淆。段注云：「小徐云：『《史記‧貨殖傳》』『千畝卮茜』，又《書記》多言『鮮支』，皆此，是鍇本固作『梔』字，證一；《玉篇》列字次弟與《說文》同，而『栟』『楔』『枌』『榙』四字之間字作『梔』，之移切，不作『桅』，『桅』字乃在下文孫強等增竄之處，證二；水部『染』下引『裴光遠曰从木，木者所以染，梔茜之屬也』，此用《史記》『梔茜』，而亦譌作『桅』，證三。」段說精當，錢坫據《廣韻》《古今韻會舉要》改《說文》，是正確的。

（4）碫，厲石也。从石段聲。《春秋傳》曰：「鄭公孫碫字子石」。

《斠詮》：本作「碫」，《玉篇》作「碫」，音「都亂切」，是也。今《左傳》亦不音段，又印碫字子石、公孫段字伯石，此亦譌，徑改之。

按：錢坫根據《玉篇》所載字形、字音及古人名字相應之理，改正本篆聲符之誤。在傳寫過程中，「叚」「段」二字形近易混。在本書中，此字毛本誤作「碫」，是誤「段」為「叚」，上文「鍛」訛為「鍜」，誤「叚」為「段」。

（5）騽，馬行徐而疾也。从馬與聲。

《斠詮》：此字本作「騽」，各本同。惟《玉篇》作「騽」，云「馬行徐而疾也，弋魚、弋庶二切」。其次在「篤」下「駛」上。《廣韻》平聲云「馬行

兒」、去聲「馬疾行兒」，義與《玉篇》同，是也。坫謂本書「趨，安行也」，「安行」即「徐行」。《論語》「與與如也」，皇侃疏「與與猶徐徐也」。「與」之為「徐」，與「鸒」之為「徐」，一也。此字當從「與」不從「學」，書者誤之耳。今徑改。又《玉篇》有「鸒」云「馬腹下聲也」，乃孫強加入，非顧君原文。

按：錢坫根據《玉篇》《廣韻》的字序、音義，糾正毛本「鸒」的字形，改從「學」為從「與」。錢坫認為從某得聲多有某義，從聲兼義的角度歸納從「與」之字多有「徐」義，進一步證明「鸒」當從「與」，不應從「學」省。

從上述例證可以看出，錢坫校改形體訛誤的正篆，基本上都是根據後代字書所收字形來核證《說文》。《說文》與後代的字書之間存在著很深的淵源關係，《說文》中的字形常常被後世的字書沿襲收錄，儘管後世的字書基本上都是筆畫結構的楷書字體，仍對考校《說文》字形有較大參考價值。錢坫依據後世收錄《說文》字形的《玉篇》《廣韻》《類篇》等字書，上下探求，糾正了很多訛誤的字形，可見這種方法是很有效的。

3. 指出後人誤刪的正篆

今世所傳大徐本《說文》與許慎原本正篆之間的差異，不僅是數量多少體現的那麼簡單。在實際情況中，既有後人誤增的篆文，也有因抄寫疏忽而脫漏的篆文，有增有脫，今本與許慎原本的差距，實際上要比表面上的數字統計更多一些。錢坫在校勘過程中，就發現了一些後人漏脫的篆文，應當補足。如：

（1）詵，致言也。从言从先，先亦聲。《詩》曰：「螽斯羽，詵詵兮。」

《斠詮》：陸德明曰：「《詩》『詵詵兮』，《說文》作『莘』。」今本書無之。此引《詩》義遠。又《廣雅》「詵，問也。」「問」即「致言」字。無「多」訓，疑後人所加。既加《詩》語于此，又于彼刪「莘」字耳。德明所見乃唐以前本，當是。

按：陸德明所見《說文》有「莘」字，錢坫據此認為唐以前本《說文》當有「莘」篆，今本誤刪「莘」字，其說有相當道理。

（2）詩，志也。从言寺聲。訨，古文詩省。

《斠詮》：本書無「志」字，或即此之變謁也，古文「言」旁似心。本書

無「志」字，見此注。江君聲曰「當是脫漏，不能少此字也。」

按：錢坫有見於本書無「志」字，便推測文獻中的「志」可能是古文「訨」的訛寫變異，其說新穎，可備一說。

（3）吳，姓也，亦郡也。一曰「吳，大言也」。从夨口。《詩》「不吳不敖」。𡗿，古文如此。

《斠詮》：《釋文》引云「字作『吴』，『吴』，大言也，何承天云『吳』字誤，當為『吴』，從口下大。」據之則本書應有「吴」字，與此為二。古《詩》自作「吴」，今詩借「吳」以當「吴」耳。此不可不知。「𡗿」，此《詩》不「吴」字也，以為「吳」字之古文者，乃後人改之，非許君原文也。

按：錢坫據《釋文》認為本書應有「吴」篆，義為「大言也」，古文「𡗿」也應移到「吴」字下，今《說文》誤將二條合為一條，是後人不察，傳寫之誤。可備一說。

（4）鼏，以木橫貫鼎耳而舉之。从鼎冂聲。《周禮》「廟門容大鼏七箇」。即《易》「玉鉉大吉」也。

《斠詮》：《繫傳》無《周禮》以下文。今《考工記》作「扃」，此應從「冂」為聲。「冂」，古「冋」字，音古熒切，不當作莫狄切也。《士冠禮》「設扃鼏」，注「今文『扃』為『鉉』，古文『鼏』為『密』」。《士昏禮》注「扃所以扛鼎，鼏覆之」。《公食大夫禮》注「扃，鼎扛所以舉之者也，凡鼎鼏蓋以茅為之，長則束本，短則編其中央，今文『扃』作『鉉』，古文『鼏』作『密』」。鄭義如此，明「扃」為「鉉」，一物也；「鼏」為「密」，又一物也。兩物兩異。鄭云「鼏」作「密」者，字正為「幎」，經多作「冪」，古與從一下烝之「冂」同用。《公食大夫禮》「簠有盍冪」，注「今文『冪』作『鼏』」。《禮運》「疏布鼏」，注「『鼏』或作『冪』」。《既夕》「冪用疏布」，注「今文『冪』作『密』」。彼「鼏」「冪」「密」三字互通，實與「扃」無涉，蓋「冪」即覆鼎冂覆也。許君于此訓但言鼎扛不及鼎覆，是不得以莫狄切之矣。疑古二字皆有，一從音扃之「冂」為鼎扛，一從音密之「冂」為鼎覆。俗士見其字形捉近而去其一耳，何以見之？虎部「虩」云「讀如鼏」，蚰部「蠠」從「鼏」聲又作蜜，皆音密，是兩字俱有之確証矣。然後世字書但存音密之「鼏」而無音扃之「鼏」，余故通論及之，而定此字為只當音扃，不當音密。讀是編者庶諒余苦心焉。

按：今本《說文》因「鼏」「鼏」二字寫法相似，今僅存「鼏」篆，而說解又錯亂。錢坫根據文獻注釋及二字音義之不同，發現了《說文》中本有的「鼏」篆，將二篆的形音義作了區分，釐清了相沿已久的錯誤。其他學者如桂馥、段玉裁、王念孫等人均同錢說，錢坫對此二字的考證足成定論。

（5）紈，素也。从糸丸聲。

《斠詮》：《玉篇》以此為「紈」，巨周切，云「引急也」，當是。「紈素」字當與「縹」「綠」等為類，不應在此處，疑傳本之誤。俗人多見「紈」字少見「紈」而刪一字耳，既與《玉篇》不合，又非許君之次，謬誤顯然矣。

按：《玉篇》「紈」「紈」二字兩收，且「紈」字所處位置與今本「紈」同，《玉篇》所存當是《說文》古本。則《說文》本有「紈」「紈」二篆，後人因其形近誤認為為一字，存「紈」刪「紈」，今本《說文》當有疑誤。

錢坫在校勘過程中，對一些文獻中出現過或文獻注釋引自《說文》的字進行了考證，指出了《說文》在流傳過程中的許多脫漏、錯訛，糾正了今本《說文》中的許多錯誤。受文獻材料數量的影響，錢坫對這類現象的考證程度也不一樣，有的論證充分，堪稱定論，有的則僅是他的主觀推斷，還有待於進一步研究。

以上是我們分別從刪衍、訂訛、補漏三個方面探討了錢坫對《說文》正篆的校改。錢坫在校勘正篆的時候既注重從《說文》內部的對比中發現篆文的錯誤，也善於利用《說文》與後世字書間的繼承關係來考察字形的存佚與訛變，還偶爾用文獻中引用的《說文》材料訂補篆文，可以說是對《說文》的正篆作了充分的研究。從錢坫的校改可以發現，《說文》正篆出現訛誤的主要原因是字形方面發生了許多書寫變異，有的因字形訛寫而誤分為二字，有的則因字形相近而混為一字甚至互相混淆，這些都是在流傳過程中輾轉傳抄造成的錯誤。另外，由於《說文》所收字與傳世文獻用字之間的關係缺乏溝通，人們有時會誤將文獻用字增入《說文》中，導致了《說文》內部字際關係的混亂，錢坫據文獻引《說文》和後世的字書材料指出了一些誤增的字，探討了這些字與《說文》中字的對應關係，對它們之間的字際關係進行了辨正。總的來說，錢坫研究方法得當，充分利用當時所見材料，精心研討，在校勘正篆方面取得了大量成果，雖然對一些字的意見還僅是推測之言，但也為我們提供了很好的研究思路，值得進一步研究。

（二）訂正《說文》重文

錢坫依據後世收錄《說文》字形的《玉篇》《廣韻》《類篇》等字書，對《說文》中的重文作了一部分校正。如：

（1）璿，美玉也。从玉睿聲。《春秋傳》曰：「璿弁玉縷」。叡，籀文璿。

《斠詮》：「叡」宋本、毛本並作「叡」，《玉篇》《類篇》作「叡」是也。刻誤且與叡部同，徑改之。

按：在大徐本系統中，「璿」的籀文作「叡」，與叡部訓「深明也」的「叡」字重複，且《繫傳》《玉篇》《類篇》均作「叡」，則是大徐本有誤，當據正。

（2）叚，借也。闕。叚，古文叚。叚，譚長說叚如此。

《斠詮》：「叚」《玉篇》作「叚」，此不應從「丰」，依《玉篇》為是。

按：「叚」與「段」字形相近易混，如「鍜」與「鍛」、「緞」與「緞」、「碬」與「碬」等。此條中的「叚」，其左邊作「丰」，也是此類錯誤。如桂馥《義證》云：「此文異於『段』者惟變『几』為『彐』，馥謂左偏不應從『丰』，當作『㠯』」。王筠《釋例》亦云：「『叚』之重文『叚』，當依《玉篇》作『叚』，但多一筆，其餘皆同也。『段』之從『丰』，『耑』省聲也。『叚』字乃不分『段』『叚』者所改。」所論皆與錢說同。

（3）杚，平也。从木气聲。

《斠詮》：《玉篇》以為即「槩」，當是「槩」字重文，寫者誤分之也。

按：《說文》「槩」「杚」相接，《篆隸萬象名義》「槩」「杚」也相接，均音「柯刻反」，《玉篇》「杚」下注云「同上（槩）」，則「杚」確當為「槩」之重文，錢說是。

（4）苦，菨餘也。从艸杏聲。荇，苦或从洐，同。

《斠詮》：徐本作「荇」，考《爾雅》釋文引本書作「荇」，《五經文字》《類篇》並同，是譌也。徑改之。

按：《爾雅》釋文云：「苦，音杏，本亦作『荇』，《詩》云『參差荇菜』，《說文》作『荇』」，是陸德明所見《說文》作「荇」「荇」，錢坫所改是。

二、說解校改

《說文》中一個字的基本說解包括釋義和分析形體兩部分。除此之外還

有一些「一曰」「讀若」、引經等來補充說明字的音義。所以說,《說文》的說解內容是很豐富的。錢坫對《說文》中這些不同的說解內容,作了大量校勘工作。

(一) 糾正釋義

《說文》在漫長的歷史中屢經傳抄,其釋義的表述有許多已不甚準確,或有訛脫,或經後人篡改,這對後人理解《說文》的釋義造成了很大的困難。錢坫在校勘中,針對釋義中的錯誤,在更改釋義、漏脫訓釋字、訓釋用字傳寫訛誤等方面,作了細緻的校正。

1. 後人更改釋義

經錢坫校勘,他發現《說文》中有些字的說解已經不是許慎原來的說解,是後人給篡改了。如:

(1) 瑤,石之美者。从玉䍃聲。《詩》曰「報之以瓊瑤。」

《斠詮》:《釋文》引作「美石」,本誤作「玉」,依改之。王逸《楚詞》注「石之次玉者」。

按:慧琳《一切經音義》卷九十八「瑤」字下引《說文》「石之美者也」,《太平御覽》第八百九十卷也引作「石之美者」。錢坫以《釋文》所引作「石」,參以《楚辭》注,證明毛本作「玉」誤,是正確的。

(2) 呬,東齊謂息為呬。从口四聲。《詩》曰:「犬夷呬矣。」

《斠詮》:「東齊」徐本作「東夷」,此用《方言》文,故依改。

按:《方言》:「呬,息也,東齊曰呬」,《爾雅·釋詁》郭璞注:「今東齊謂息為呬」,錢坫認為許慎襲用《方言》,則說解當依《方言》改。

(3) 脘,胃脯也。从肉完聲。讀若患。

《斠詮》:汲古閣本、宋本並作「胃府也,从肉完聲。讀若患。舊云脯。」許君之例,方以類聚,物以羣分,此上有「脩」「脯」,下有「胸」「臚」,不應以「胃府」之字廁其中,蓋大徐誤改也。《繫傳》文如是。且據《史記》「濁氏以胃脯致富」為証,可見其本尚佳,而考據亦當,小徐之勝大徐遠矣。逕依改之。

按:《廣雅·釋器》云「脘,脯也」,《史記》有「胃脯」之言,《繫傳》又正作「胃脯」,錢坫據此,並依許書列字通例校改釋義,結論當可信。

(4) 肴,啖也。从肉爻聲。

《斠詮》:「肴」訓「啖」,非古也,乃後人所改。《初學記》引作「雜肉也」,是。《特牲饋食禮》注「骨有肉曰肴」。

按:錢說甚當。沈濤《說文古本考》云:「《初學記》二十六服食部、《御覽》八百六十三飲食部皆引『肴,雜肉也』,蓋古本如此,殳部『殽』從『肴聲』,訓『相雜錯』,是『肴』有『雜』義,故曰『雜肉』。」且《特牲饋食禮》注云「骨有肉曰肴」,「骨有肉」,是「肉與骨連合而未離」,與骨肉相雜正合,可為《說文》佐證。

(5)壼,謹身有所承也。从己丞。讀若《詩》云「赤舄已已」。

《斠詮》:「謹」應作「敬」,避宋諱改之。「已已」今《詩》作「几几」。

按:桂馥《義證》云:「『謹身有所承也』者,《禮·昏義》釋文引《字林》作『警身有所承』,《六書故》引《字林》作『警身有所奉也』,《玉篇》『壼,敬身有所承也』,《集韻》『壼,敬也,身所承也』。」據桂馥所引,錢坫以避諱說「謹」應作「敬」,近是。

2. 傳寫漏脫訓釋字

《說文》的釋義內容有時在流傳中漏脫了幾個字,使釋義的表述不完整,造成了理解上的困難或偏差,錢坫在校勘中也發現了一些這類現象,並有所指正。如:

(1)苣,束葦燒之。从艸巨聲。

《斠詮》:《後漢書》皇甫嵩「束苣乘城」。本無「之」字,依《後漢書》注引加。

按:慧琳《一切經音義》卷七「苣」字下云「《說文》「束竹葦以燒之」,卷二十一「炬」字下云「《說文》曰炬,謂束薪而灼之,謂大燭也,苣即古之炬字」,《因明大疏抄》卷二十九引《說文》云「束葦燒也」,據此,此條釋義以有「之」字為當,文意表達更明晰。

(2)謷,不肖人言也。从言敖聲。一曰哭不止,悲聲謷謷。

《斠詮》:本只作「不肖人也」,《韻會》有「言」字,徑加之。《楚詞》「令尹兮謷謷」,注「不聽話言而妄語也」。《爾雅》「謷謷,傲也」,舍人注「眾口毀人之兒」。

按:張舜徽《約注》云:「徐鍇曰『不肖人其言煩苛也』。舜徽按:詳鍇語意則所據許書,『不肖人』下,尚有『言』字,今本誤奪矣。《韻會》所引

有「言」字，是也，宜據補正。」且錢坫所引《楚辭》注、《爾雅》注，都證明「謦」與說話有關，且又從「言」，是當有「言」字。

（3）睇，目小視也。从目弟聲。南楚謂眄曰睇。

《斠詮》：《繫傳》作「目小邪視」。《詩》正義引作「小邪視」。鄭本《易》「明夷睇于左股」，云「旁視曰睇」。《內則》「睇視」注「傾視也」。是有「邪」字為允，「不睇視」所謂「目容端」也。

按：除《繫傳》《詩》正義所引及文獻注釋外，還有《篆隸萬象名義》「睇，望，傾」（傾即傾視），《玉篇》「睇，傾視也」，《龍龕手鏡》「睇，邪視也」，也可證「睇」有「邪視」之義，此字釋義中應當有「邪」字，錢說允當。

（4）沁，水出上黨穀遠羊頭山，東南入河。从水心聲。

《斠詮》：本無「穀遠」二字，《繫傳》有，徑加之。《地理志》同。

按：考《說文》在介紹河流出處或流經地時，一般有郡、縣連稱的訓釋習慣，如「沮，水出漢中房陵」，「涂，水出益州牧靡南山」，「溺，溺水，自張掖刪丹西至酒泉合黎」等等，其中的「漢中房陵」「益州牧靡」「張掖刪丹」「酒泉合黎」，都是郡縣連稱，以此類推，本條下也當有「穀遠」縣名。徐鍇《繫傳》有，當是古本如此。

（5）秝，稀疏適秝。从二禾。讀若歷。

《斠詮》：本作「稀疏適也」，無「秝」字，以意加之。《遂師》注「磨者適歷」，《古詩》「眾星何歷歷」。

按：錢說雖當，但太過簡略。王筠《句讀》云：「《玉篇》『秝，稀疏秝秝然』。《廣韻》『秝，稀疏滴瀝』。《地官·遂人》『及窆抱磨』，注『磨者，適歷』，疏云，『謂之適歷者，分佈稀疏得所名為適歷也』，然則『適歷』為古人常語。『歷』借『秝』正。」王筠論證充分，正補錢說不足。

3. 訓釋用字傳寫訛誤

《說文》在傳寫過程中，除了說解內容有增脫，說解用字也常訛寫出錯，導致不能正常理解許慎說解。錢坫在校勘中發現了一些說解用字的訛寫錯誤，對這些訛寫的字形，進行了復形的工作，恢復了說解的本義。如：

（1）菜，茉梂實裏如裘者。从艸求聲。

《斠詮》：本「裏」作「裹」，「裘」作「表」。《釋文》引如是，依改之。

《玉篇》同。《爾雅》「荼樕，醜荼」，郭璞注「荼樕似荼萸而小」。

　　按：「裏」與「裹」、「裘」與「表」，因字形相近而誤。嚴可均《校議》云：「裏如裘，說荼之所以從求」，《說文》「裘」之古文作「求」，嚴氏蓋取此為說。

　　（2）逡，復也。从辵夋聲。

　　《斠詮》：「復」當作「復」，字形相近而誤。《爾雅》「逡，復也。」《國語》「有司已于事而竣」，郭璞作「逡」。《漢書》「有功者上，無功者下，則羣臣逡。」《史記》「逡逡有退讓，君子之風。」

　　按：除錢坫所引《爾雅》及文獻注釋等證據外，《玉篇》《廣韻》均作「逡，退也」，也可補證錢說。

　　（3）筡，析竹筤也。从竹余聲。讀若絮。

　　《斠詮》：本作「折竹」，誤也。《玉篇》作「析竹」，《方言》「析竹謂之筡」，逕改。

　　按：「折」「析」字形相近而誤，證以《玉篇》《方言》，錢坫所改甚是。

　　（4）篼，飤馬器也。从竹兜聲。

　　《斠詮》：本此「飤馬」與上「飤牛」皆誤作「飲」，今以意改。《方言》「飤馬橐自關而西或謂之裺篼，或謂之樓篼」。

　　按：「篆」字下沈濤《說文古本考》云「《御覽》七百六十器物部引作『飼牛筐也』，蓋古本作『飤』，《篇》《韻》亦皆作『飤』，『飼』即『飤』字之俗。筐非飲器，今本之誤顯然。《左傳》隱三年正義引作『飯牛筐也』，『飯』乃『飤』字形近而誤。又下文『篼，飤馬器也』，『飲』亦『飤』字之誤。」可證實錢坫的推斷。

　　（5）泄，水受九江博安洵陂，北入氐。从水世聲。

　　《斠詮》：本作「洵波」，當作「洵陂」，字之誤也，改之。《水經》亦云出博安。兩《漢志》無此縣名，應是「博鄉」，酈道元亦云。

　　按：《水經》「泄水，出博安縣，北過芍陂，西北入于淮。」酈道元注云：「博安縣，《地理志》之博鄉縣也」。《說文》之「洵波」當即《水經》之「芍陂」，字形相近而誤，錢坫改作「洵陂」，當更接近《說文》原本。

　　《說文》釋義中的錯誤，無論是經過了人為的篡改，還是轉寫時無意中產生的字形寫法上的變異，都客觀上造成了理解上的困難。錢坫的校改，在

一定程度上恢復了許慎本來的說解，使人們能更順暢地理解字義，更好地利用《說文》釋義來解讀經典文獻。

（二）糾正字音

在對說解內容的校勘中，錢坫比較重視對字音的判定與糾正，這一方面是受當時治學風氣的影響，另一方面是出於對有限的古聲紐研究材料的珍視。在清代，乾嘉學者主張以聲音通訓詁，講求因聲求義，而在上古又沒有韻書，《說文》中標音的聲符及「讀若」現象就顯得十分重要。因此，錢坫對字音的關注，既有其時代的印記，也有其個人研究動機的驅動。

具體來說，錢坫對字音的勘誤，主要從聲符和「讀若」兩個方面進行：

1. 糾正聲符

A. 指出對聲符的誤判

在《說文》中，有些字本有聲符，是形聲字，後人誤刪，結果變成了會意字；有些字本無聲符，是會意字，後人誤加「聲」字，就成了形聲字。對這類誤加、誤刪聲符的現象，錢坫比勘各類材料，利用其古聲紐研究的成果進行了校改。如：

（1）元，始也。从一从兀。

《斠詮》：戴侗《六書故》曰「一本《說文》作『兀聲』」。徐鍇《繫傳》曰「俗本有『聲』字，人妄加之。」此有「聲」字為是，鍇所據之本妄刪之耳。本書「兀」讀如「夐」、車部「軏」或作「輨」、髟部「髡」或作「鬃」，「元」「兀」互從為聲，又其明證。

按：錢坫依據《說文》異文及本書中「元」「兀」互作聲符的例子，指出「元」是形聲字，「兀」是聲符，是正確的。又「兀」讀如「夐」，本書「奐，从廾，夐省聲」，「瓊，或作琁」，是「夐」與「元」音近，「兀」可為「元」的聲符。

（2）卑，賤也。執事也。从厂甲。

《斠詮》：本作「甲聲」。依宋本改。

按：「卑」在上古為幫母支部字，「甲」為見母盍部字，聲韻相隔很遠，不當為聲符。且徐鍇注云「右重而左卑也，在甲之下，會意」，是徐鍇所見之本無「聲」字，錢坫據宋本改，當是。

（3）杏，果也。从木可省聲。

《斠詮》：此與「可」聲太遠，誤也，唐本云「從口」。

按：「杏」在上古為匣母陽部字，「可」為溪母歌部字，聲雖近但韻隔遠，不當從「可」省聲，錢坫以聲遠為誤，當是。《六書故》云「唐本曰從口，林罕曰從哽省聲」，則此字聲符自唐代即有異說，段玉裁謂當作「向省聲」，近是。

B. 改正錯誤的聲符

錢坫認為《說文》中很多形聲字的聲符都被後人誤改了，他在校勘中對這些誤改的聲符進行了糾正。如：

（1）唏，笑也。從口稀省聲。一曰哀痛不泣曰唏。

《斠詮》：《繫傳》「希聲」，凡「希聲」徐鉉並改為「稀省」，非是。

按：徐鍇「稀」字下注云「當言從禾、爻、巾，無『聲』字，後人加之。爻者，希疏之義，與爽同意；巾亦是其希象。至『莃』與『晞』皆從『稀』省，何以知之？《說文》巾部、爻部並無『希』字，以是知之。」是徐鍇所見本作「希聲」，但徐鍇以本書無「希」字為由，認為「稀」字不從「希」得聲。徐鉉承徐鍇之說，進一步將書中從「希」得聲的字盡數改為「稀省聲」，頗失舊本原貌。本書從「希」得聲的字有十幾個，當是許慎失收或傳寫脫漏，不當以私意一一擅改。錢坫說是。

（2）哫，謅哫，多言也。從口投省聲。

《斠詮》：《繫傳》、唐本並作「殳聲」，是。

按：「投」本從「殳聲」，「哫」字不當多此一舉，又從「投省聲」，且《繫傳》《六書故》所引唐本均作「殳聲」，錢坫改是。

（3）罼，蓴榮也。從舜坒聲。讀若皇。

《斠詮》：徐本從「生」非也，應從「坒」。本書「坒」讀為「皇」。

按：徐鉉從「生」，當是字形相近而誤。「坒」「皇」音近，錢坫據「讀若」改為「坒」，是。

（4）袞，天子享先王，卷龍繡於下幅，一龍蟠阿上鄉。從衣公聲。

《斠詮》：《王制》「三公一命卷」，注「『卷』俗讀也，其通則曰『袞』」。是古「袞」「卷」同用，依字當從「㕣」為聲，不從「公」。陸德明引本書云「從衣㕣，或從公衣」，陸所見之許書善于後代本遠矣。

按：「袞」「卷」二字在文獻中音近通用，證明「袞」當讀如元部字。在

唐代寫本中構件「口」常作「厶」，如「和」與「私」、「句」與「勾」、「兊」與「兗」、「枭」與「參」等。「袞」與「袞」，也是這類書寫變異，「厽」省寫與「公」混同了。陸德明所引有兩種寫法，正是書寫變異的結果。錢坫據「袞」字讀音糾正聲符，甚當。

以上是錢坫對聲符進行校改的主要內容。其實在《斠詮》中，除了錢坫明確表示自己的校勘意見的條目之外，錢坫還將其他材料中對聲符的不同看法列在相應的條目下，比如《繫傳》中的形聲字比大徐本多很多，他就經常將《繫傳》與大徐本不同的形聲說解移錄過來，備為一說，供讀者參考。實際上，錢坫雖然沒有表達他的看法，我們仍能感覺到他是傾向於所列異說的，只是沒有足夠的證據，他不妄下校語而已。

2. 糾正「讀若」

錢坫對《說文》「讀若」的校改，大致有三種情況：一是以音同音近為判斷正誤的標準，二是根據《說文》是否有此字判斷。

A. 根據讀音遠近判斷正誤

錢坫參考版本異文等材料，根據自己的語感以及古音學知識判斷「讀若」與該字的讀音是否相近，讀音不近的則懷疑有誤。有的情形是「讀若」在流傳過程中出現了脫漏，「讀若」之音與本字讀音不相符。如：

（1）蓷，黃華。從艸薙聲。讀若墮壞。

《斠詮》：徐本無「墮」字。依《繫傳》加，蓋讀若「墮」，非讀若「壞」也。寫者偶脫之耳。

按：王念孫《讀說文記》云：「『讀若墮壞』者，言『讀若墮壞』之『墮』也，『墮』音『呼規反』，《說文》『薙』字從『圭聲』，故『蓷』從其聲讀若『墮』，《玉篇》『蓷，呼規切』，是其證，今作『讀若壞』，失之矣。」錢說與王說同。「墮」字上古為曉母歌部字，「蓷」字與之同音，是當讀若「墮」。

（2）繻，繒采色。從糸需聲。讀若《易》「繻有衣」。

《斠詮》：應作「繻有衣袽」，此脫一字。

按：今本讀若「《易》『繻有衣』」，沒有可讀若之字，當有訛奪。嚴可均《校議》云：「『讀若《易》』下當作『繻有衣絮』，此脫『絮』字，許蓋言讀若『絮』。下文『絮』引《易》『需有衣絮』，亦四字句。」嚴說據許證許，是。錢坫據今本《易》補作「繻有衣袽」，亦近是。

有的是「讀若」之字在傳寫過程中字形發生訛變，這也造成了讀若與本字讀音的不符。如：

（1）娸，人姓也。从女其聲。

《斠詮》：《繫傳》下有「讀若近」三字，「近」當為「迟」，寫者誤也。

按：「娸」與「近」讀音不近，錢坫疑本當作「迟」，「迟」「近」二字形近而訛，其說可從。錢坫在「迟」下云：「《詩》『往近王舅』，《箋》聲如『彼記之子』之『記』，是『迟』訛為『近』」，就是這樣一個例子。

（2）抧，開也。从手只聲。讀若抵掌之抵。

《斠詮》：「抵」應為「扺」，「抧開」猶「扺開」也。

按：《說文》「扺，側擊也」，「扺掌」猶擊掌，見《後漢書·隗囂傳》：「而王之將吏，羣居穴處之徒，人人扺掌，欲為不善之計。」是「抵掌」當作「扺掌」。

（3）蹁，足不正也。从足扁聲。一曰拖後足馬。讀若苹，或曰徧。

《斠詮》：「苹」，非也。當讀若「采」，字之誤。

按：「蹁」從「扁」聲，與「苹」讀音較遠，所以錢坫認為此讀若當有誤，應讀若「象獸指爪分別」的「采」，本書「采，讀若辨」，與「扁」音近。「苹」與「采」是字形相近而誤。錢說可從。

B. 根據《說文》收字判斷正誤

錢坫認為《說文》說解中的字都應是《說文》已收字，如果不是《說文》已收字，他就認為經過了後人竄改。如：

（1）趌，半步也。从走圭聲。讀若跬同。

《斠詮》：此即《禮》「傾步」字，本書無「跬」字，疑後人所加。

按：《說文》不收「跬」字，錢坫就認為「讀若」誤，是有問題的。如王筠《句讀》云：「『趌』『讀若跬同』，此以漢字音古字也。篆文『趌』從『走』，漢時隸書『跬』從『足』，故以『讀若』明其同，而不列『跬』於篆，以畫篆隸之界。」是王說更合情理，許慎說解常用漢時通行字，並非僅以所收正字說解。錢坫說誤。

（2）鏧，金聲也。从金夐聲。讀若《春秋傳》曰「夐而乘它車」。

《斠詮》：今《左傳》作「譻」，本書無「夐」字，此誤。

按：《說文》不收「夐」字，此誤與上同。其實許慎雖不收，但說解不妨

用之。

（三）糾正引經錯誤

清代人研究《說文》，主要目的就是為了幫助解讀經典，《說文》中有許多引述古代經典的地方，通過《說文》引經內容和傳世文獻的比較，可以觀察古本與今本之異，也有助於理解文獻詞義。

錢坫對《說文》引經的內容，利用不同的版本資料，古今本文獻記載的不同，作了一些校勘。

1. 利用不同版本校勘

《說文》引經中的一些內容，往往被後人據今本傳世文獻篡改，錢坫根據較早的版本資料給予改正。如：

（1）牿，牛馬牢也。从牛告聲。《周書》曰：「今惟牿牛馬」。

《斠詮》：本作「淫舍牿牛馬」。宋本及《五音韻譜》無「淫舍」二字，乃後人所加，徑去之。

按：此條引《周書》，毛本據傳世《尚書・費誓》誤加「淫舍」二字，錢坫據較早的宋本及《五音韻譜》刪掉。

（2）躋，登也。从足齊聲。《商書》曰「予顛躋」。

《斠詮》：袁廷壽因毛初印本、宋本俱如之。今加「告」字者，非也。

按：徐鍇《繫傳》及今本《尚書》均作「告予顛躋」，毛氏據增。但《說文訂》中所記毛氏初印本及宋本均無「告」字，是大徐本無此字。毛氏增「告」字，頗失宋本之舊。

2. 與傳世文獻對照

《說文》所引經典文句一般都能在傳世文獻中找到對應的句子，但有一些無法與傳世文獻對應的，錢坫認為是《說文》傳寫之誤，並對文意進行了疏通校正。如：

（1）眊，目少精也。从目毛聲。《虞書》「耄」字從此。

《斠詮》：《虞書》以下六字疑後人所加。古文有「耄期」，今文無用此字者。《孟子》「眸子眊焉」，《漢書》「老眊孤寡鰥獨」。

按：《虞書》為今文《尚書》，所引錢坫說古文用「耄」字，今文不用。是從今古文經用字不同的角度進行質疑的。其實「『耄』字從此」於文意不通，「眊」字與「耄」字只是聲符相同，談不上「從此」。又張舜徽《約注》

云「小徐《繫傳》云：『臣鍇曰：古書「毫」字多作此』。小徐此語，傳寫者竄入說解正文，而又誤『古』為『虞』，脫去『多』字，誤『作』為『從』，成為『《虞書》毫字從此』耳。」張說可從。

（2）籓，禁苑也。从竹御聲。《春秋傳》曰「澤之目籓」。籔，籓或从又魚聲。

《斠詮》：《五音韻譜》及《繫傳》「目」作「自」。此《左傳》無可考。莊大令述祖以為即「澤之萑蒲，舟鮫守之」，于字「舟鮫」與「自籔」形相近而訛，但「舟」字應從《左傳》，「籓」字應從《說文》耳。

按：此條是錢坫引莊述祖說解釋《說文》所引「《春秋傳》曰澤之目籓」與今本《左傳》無所對應之事。《說文》與今本《左傳》於字形均有訛誤，所引首先是從字形訛變的角度解決「舟鮫」與「自籔」的對應問題，其次還需要明了《說文》約文引經的體例。解決了這兩個問題，才能將《說文》與《左傳》對應起來，同時也糾正了雙方在字形上的訛誤。

（3）槎，衺斫也。从木差聲。《春秋傳》曰「山木不槎」。

《斠詮》：《國語》文也，當作「山不槎蘖」。

按：今《國語·魯語》有「山不槎蘖」，錢坫認為《說文》當是引《國語》之文，其文當作「山不槎蘖」。錢坫雖然找到了對應的文獻語句，但並沒有說清楚文獻與《說文》之間的歧異。嚴可均《校議》云：「宋本作『山不槎』，無『木』字。按《魯語》『山不槎蘖』，《傳》乃《國語》之誤，許書引《國語》廿條，無作《春秋傳》者也。『山木不槎』，『木』乃『不』之誤，『不槎』當作『槎不』，轉寫倒耳。『不』即『蘖』，所謂古文從木無頭者。議改云『《春秋國語》曰山不槎不』。」嚴說遠較錢說透徹。張舜徽《約注》又補嚴說云：「唐寫本木部殘卷正作『《春秋國語》曰山不槎柈』，與嚴說闇合，惟『不』『柈』形異耳。漢人亦稱《國語》為《春秋外傳》，故傳寫者徑改《春秋國語》為《春秋傳》也。」考證至此，可成定論。

從上可見，錢坫對照《說文》引經與傳世文獻，雖然大多數能找到對應的文獻文句，但有時對傳寫之誤之由還未作細緻考察，所以雖然結論大體正確，但還不夠明晰透徹。

（四）刪除後人羼入的說解內容

錢坫在校勘過程中，發現有些說解內容是後人增入的，這些內容不是許

慎原文，應當刪除。這裡面包含兩類內容：一類是大小徐本作比較，有些內
容本是徐鍇之說，徐鉉誤入《說文》；一類是有些內容不符合《說文》的說解
通例，也應是後人誤增入《說文》的。

1. 徐鉉等據小徐注解誤入《說文》

徐鍇作《繫傳》在徐鉉校定《說文》之前，徐鉉校定《說文》時參考引用
了徐鍇的很多說法，有的是徐鉉在注語中引用，有的則以徐鍇語直接增入《說
文》，增入《說文》正文的內容破壞了許慎原文的面貌，錢坫在校語中一一作
了糾正。如：

（1）卟，卜以問疑也。从口卜，讀與稽同。

《斠詮》：本下有「書云卟疑」四字。《繫傳》以為徐鍇說，故刪之。

按：《繫傳》作「臣鍇曰：《尚書》曰『明用卟疑。』今文借『稽』字。」
是徐鍇引用《尚書》語，後人又據徐鍇語誤增。錢坫據《繫傳》刪之。

（2）骺，骨閒黃汁也。从骨易聲。讀若《易》曰「夕惕若厲」。

《斠詮》：此「讀若」二字徐鍇所加。

按：《繫傳》中的《說文》本文無「讀若」，徐鍇注云「當言『讀若《易》
曰』也」，則「讀若」二字是徐鍇之意，《說文》本無。今本有「讀若」，當是
後人據《繫傳》誤增。

（3）匋，瓦器也。从缶包省聲。古者昆吾作匋，《史篇》讀與缶同。

《斠詮》：自「古者昆吾」以下，《繫傳》作徐鍇說，非許君原文。

按：《繫傳》中的《說文》本文無「古者」以後語，徐鍇注云「古者，昆
吾作匋。昆吾，夏桀諸侯。《後漢書》：『南山有武舊陶燒瓦處也。』『陶』『萄』
字從此。《史篇》讀與缶同。」今本《說文》的「古者昆吾作匋，《史篇》讀與
缶同」，顯然係節引徐鍇語，當刪。

2. 說解不合《說文》通例

今本《說文》中有些說解內容的表述不符合《說文》全書的通例，錢坫
指出這些說解內容大多為後人所增，當刪。如：

（1）喪，亡也。从哭从亡。會意。亡亦聲。

《斠詮》：《繫傳》只作「從哭亡聲」，究「會意」等字，此等皆徐鉉所沾
改也。

按：《說文》中一般只用「從某從某」或「從某某」來說明該字是會意

字，不出現「會意」這樣的說解用語，且《繫傳》無此二字，所以錢坫認為是後人妄增。

（2）捪，首至地也。从手厀。厀音忽。

《斠詮》：末三字，非許君文也。

按：《說文》一般用「讀若」的方式為漢字注音，不用直音法注音。「厀音忽」三字不合全書體例，當是後人注語。且《繫傳》作「從手厀聲」，徐鍇注云「厀，進趣之疾也，故拜從之。厀音忽。」則此三字為後人據徐鍇注補。

（3）莜，艸田器。从艸條省聲。《論語》曰：「以杖荷莜」。

《斠詮》：本有「今為蓧」三字，《繫傳》無，當為後人之說，徑刪之。

按：《說文》中一些字下的說解內容比較豐富，除了釋義與字形說解，可能還會有「一曰」「讀若」、引經等內容，引經的內容一般放在最後。此條有「今為蓧」三字綴於引經之後，不合說解通例，且許慎沒有這樣表達字際關係的表述方式，當為後人注語，誤增入正文。

第三節　錢坫校勘《說文》的方法

清代樸學振興，人們的主要學術興趣由空虛疏闊的宋明理學，轉向了崇尚考據實證的樸學，研讀漢魏經傳成為當時的風尚。但是由於漢魏古書距清代近千年，文辭古奧難懂，加上屢經抄刻、後人妄自篡改，訛誤很多，頗失古籍舊貌。所以，清代人在讀經明古義之前，先須疏通字句、校理古籍。這樣，在當時讀經風氣的影響下，對經典文字的解釋和文本的校訂就成為迫切的需要，小學和校勘學在這樣的背景下得到了充分的研究，取得了長足的發展。

清代學者治學領域非常廣泛，因而其校勘所及的古籍也難以計數，誠如張之洞在《國朝著述諸家姓名略》中說「大抵徵實之學，今勝於古。即前代經、史、子、集，苟其書流傳自古、確有實用者，國朝必為表章疏釋，精校精刊」。在當時，隨著人們整理古籍的數量越來越多，在校訂古籍方面的經驗積累越來越豐富，很多學者開始自覺地對校勘方法和校勘理論展開討論。如盧文弨、顧廣圻等人比較注重對校的客觀真實性，提出了「相形而不相掩」「不校校之」等相似的理念；戴震、段玉裁、王念孫等則強調經過嚴密考證的理校的重要性，主張「當改則改」，擅長探討文字致誤之由、總結校勘條例等。

在對哪種方法應占主要地位的問題上，當時段玉裁與顧廣圻往復辯難，段玉裁還提出了「定底本之是非」與「定底本之是非」的分區，對校勘的方法論問題進行了詳細而系統的闡述。這些著名學者的校勘經驗的相互交流、爭論，使校勘方法越來越科學，校勘學的理論越來越清晰。

清代學者在校勘實踐中，除了利用各種文獻材料進行比勘之外，還將小學的研究成果運用到古籍的校勘中，最恰當的概括，當屬王引之說的「用小學校經」。他們擅長利用字形的訛寫變異、語音的音近通假、詞義的同義作訓等內容進行理校，參以對校、本校、他校等方法，在校勘中進行嚴密的考證，其結果大多確鑿可信。可以說，小學的興盛，以小學入校勘，是清代校勘學取得巨大成就的重要保證。

錢坫生當乾嘉時的學術盛世，對古籍的校勘，深受當時校勘風氣的影響。他在校勘《說文》時，也是搜集了各種版本、文獻徵引的異文等材料，綜合運用了各種校勘方法。不過，《說文》與一般的經史典籍不同，它是一部系統嚴密的字書，內部有許多原則性的條例限制，掌握書中的許多通例，在校勘時可以起到以簡馭繁的作用。錢坫在對校、他校的基礎上，充分發揮《說文》的字書特性，運用《說文》的許多通例進行了深入的本校。另外，錢坫精通小學，在校勘中也靈活運用文字、音韻、訓詁方面的知識進行考證式的理校。

一、以眾本《說文》相互參校

《說文》一書，到了宋代，僅剩兩個完整版本存世，即徐鉉的校定本和徐鍇《說文解字繫傳》中的通釋部分，後來的《說文》傳承，就隨之形成了兩個不同的版本體系。北宋末李燾根據大徐本改編的《說文解字五音韻譜》，忠於大徐本，能大致反映大徐宋本面貌，可視為大徐本系統的版本之一。到了清代，大徐宋本希見，毛晉父子校刻宋本行世，毛氏汲古閣所刻大徐本《說文》流行於世。小徐本在宋代以來只有抄本傳世，到了乾隆四十七年（1782）汪啟淑第一次刻版刊行，乾隆五十五年（1787）馬俊良又據之翻刻，才漸漸流行開來。所以，錢坫能夠看到的幾個《說文》版本，就是大徐宋本、毛本，小徐宋抄本、汪本、馬本，還有李燾的《五音韻譜》。具體來說，根據我們在上文的考察，錢坫在大徐本方面用了王昶藏宋本、毛氏汲古閣剜改本，在小徐本方面用了與述古堂宋抄本相近的本子、馬俊良巾箱本。

因為《說文》有大徐、小徐兩個版本系統，錢坫在校勘時對此也作了有意識的區別。用宋本校毛本，是大徐本系統內部的校勘；抄本《繫傳》與刻本《繫傳》之間的比較，是小徐本系統內部的校勘；以《繫傳》校大徐本，則是兩個版本系統之間的校勘。

（一）大徐本內部對校：以宋本校毛本

毛氏汲古閣所刻《說文》，依據宋小字本，以大字開雕，是屬於大徐本系統的版本。但毛扆在翻刻過程中，屢次剜改宋本原文，多失舊本原貌，出現了很多舛誤，所以錢坫據清人所藏宋刻本校勘毛本，力圖恢復宋本舊貌。具體的校勘情形如下：

（1）福，祐也。从示畐聲。

《斠詮》：毛扆本作「祜也」，誤。此從宋本改正。

按：張舜徽《約注》云：「『祜』乃漢安帝名，不合取以立訓，傳寫者以與『祐』形近而譌耳。但以許書敘次觀之，『福』字下即承之以『祐』，自以訓『祐』為是。」張說是。錢坫以宋本之「祐也」改毛本之「祜也」，是。

（2）牿，牛馬牢也。从牛告聲。《周書》曰：「今惟牿牛馬」。

《斠詮》：本作「淫舍牿牛馬」。《宋本》及《五音韻譜》無「淫舍」二字，乃後人所加，徑去之。

按：《五音韻譜》是據大徐宋本所改編，其校勘價值與宋本相似，錢坫據宋本及《五音韻譜》刪毛本之「淫舍」，是。

（3）遳，不行也。从辵驠聲。讀若住。

《斠詮》：本作「馬不行」，宋本無，徑去之。

按：毛本「馬不行」，宋本無「馬」，毛扆當是據小徐本誤增，錢坫據宋本刪，是。

（4）卑，賤也。執事也。從𠂇甲。

《斠詮》：本作「甲聲」。依宋本改。

按：《繫傳》徐鍇注云「右重而左卑也，在甲之下，會意」，是徐鍇所見之本無「聲」字，宋本也無，毛本不知何據而妄增，錢坫據宋本刪，是。

（二）《繫傳》本內部互校：抄本與刻本對照

《繫傳》在宋代僅有抄本傳世，經歷元明兩代，輾轉傳抄，訛誤漸多，汪啟淑據抄本刊刻，不能糾正傳寫之誤。錢坫有幸見到了《繫傳》宋抄本，在

書中他也偶用宋抄本與馬俊良所刻本互校。因此類例子已見上文，現舉數例如下：

（1）訄，迫也。从言九聲。讀若求。

《斠詮》：今《繫傳》本亦作「讀若求」，余所見鈔寫本作「讀又若丘」四字，蓋俗人妄改之。

按：此條毛本與馬本《繫傳》均作「讀若求」，據此錢坫懷疑其所見宋抄本為後人所妄改。其實四庫本、《叢刊》本、祁本《繫傳》均作「讀又若丘」，當是《繫傳》原本如此，錢說誤。

（2）郖，河東聞喜鄉。从邑匡聲。

《斠詮》：寫本《繫傳》上有「中郖」二字，宋人諱「匡」，故寫譌如是。今刻本徑刪之，更非宋抄之舊矣。

按：此條是錢坫比較馬本《繫傳》與宋抄本《繫傳》的不同，其實汪啟淑刻本就已經無「中郖」二字，馬本沿之。於此條可看出汪氏所刻訛誤頗多，遠不及宋抄本。

（3）位，列中庭之左右謂之位。从人立。

《斠詮》：寫本《繫傳》「從人立」下空一格，刻本竟作「立聲」，未始不是，然于古人闕疑之義則失之矣。

按：此條與上條相同，宋抄本「立」下無「聲」字，汪氏、馬氏二家刻本不知何據而增「聲」字，與宋抄本不合。

（三）大小徐之間對校：宋、毛二本與《繫傳》抄、刻本

小徐本成書稍早於大徐本，書中內容也有部分差異。作為僅存的兩個版本，它們之間的互校，其價值自然不言而喻。錢坫在書中除了用《繫傳》糾正大徐本之誤，還發現徐鉉常用徐鍇之說對校定本進行刪改，破壞了舊本的原貌。如：

（1）喪，亡也。从哭从亡。會意。亡亦聲。

《斠詮》：《繫傳》只作「從哭亡聲」，究「會意」等字，此等皆徐鉉所沾改也。

按：此條是錢坫據《繫傳》改大徐本，繫傳本無「會意」二字，且《說文》說解一般不出現「會意」等六書用語，故錢坫認為是徐鉉妄增。

（2）賮，資也。从貝為聲。

《斠詮》：本有「或曰此古貨字，讀若貴」九字，《繫傳》無之，並云「臣鍇按《字書》云『古貨字』」，鍇別按《字書》，則本書必無此矣，故刪之。

按：《繫傳》徐鍇注云「《字書》云『古貨字』」，則是徐鍇所見本無此九字，大徐本云云當係後人亂增，錢坫據刪，當是。

（3）貴，物不賤也。从貝臾聲。

《斠詮》：本有「臾古文賈」四字，《繫傳》無之，而有「臾音匱」云云，可見本無此矣，故刪之。

按：《繫傳》徐鍇注云「臾音匱」，假使有「臾古文賈」四字，徐鍇不當又注音，自取矛盾。錢坫據《繫傳》刪大徐本，是。

二、以許校許

就一般古籍的校勘而言，可以利用前後照應的文句和該文的文法文例作比較，而對校勘《說文》來說，除了可用一般古籍的校勘方法，還因其字書的特性而具有更便利的校勘方式。許慎在撰寫《說文》時有很強的理論自覺，含有許多內在的編寫原則和通例，深入挖掘和掌握這些通例，在校勘中就能收到綱舉目張、執本末從的功效。

錢坫在校勘中也有意識地運用《說文》的一些通例來校勘字句、調整字序，只是沒有像段玉裁那樣，在注解中顯明地闡發通例。他對《說文》通例的理解，一般沒有專門的闡述，都是通過對具體字句的校勘體現出來，需要我們通過梳理校勘現象，去進一步歸納。

（一）前後文對照的校勘

錢坫統觀《說文》全書，用一些前後文能互相照應的地方進行了勘誤，同時對一些前後文矛盾的地方提出了質疑。如：

（1）元，始也。从一从兀。

《斠詮》：戴侗《六書故》曰「一本《說文》作兀聲」。徐鍇《繫傳》曰「俗本有『聲』字，人妄加之。」此有「聲」字為是。鍇所據之本妄刪之耳。本書「兀讀如夐」、《車部》「軏」或作「軏」、《彡部》「髡」或作「髡」，「元」「兀」互從為聲，又其明證。

按：錢坫在這條的校勘中，除了用他書引《說文》來證明當從「兀聲」，

還從本書內部找到「軶」與「軏」、「髡」與「髡」等互從為聲的例子，更加強有力地證明了「兀」「元」聲近，「兀」當為聲符。

（2）禫，除服祭也。从示覃聲。

《斠詮》：本書三引「導服」。此字後人所加。

按：《說文》「丙」「梊」「突」三字下均引用「讀若三年導服之導」，而未出現「禫」字，據此錢坫認為本書用「導」不用「禫」，當未收「禫」字。

（3）曉，明也。从日堯聲。

《斠詮》：白部有「皢」，此字後人所加。

按：白部「皢」，訓「日之白也」，錢坫認為「明也」與「日之白」義近，聲又同，當本是一字，後人訛寫而成二字，既然白部已有「皢」，則《說文》不當於此又出「曉」字。

（4）礹，礥礹也。从石品。《周書》曰「畏于民嵒」，讀與巖同。

《斠詮》：此《召詔》文。古相傳無訓，惟徐邈音「吟」，義當近「岑」，乃山高險之意，此「礥礹」又後人改之，且上已有「礥礛」，不得又為「礥礹」，字既為「礹」不得又為「嵒」，不合可疑之處多也。

按：錢坫認為上文已有「礥礛」，此不應又出現音近的「礥礹」，上下文兩相矛盾。《周書》所引是為證明正篆「礹」，引文不當又寫作「嵒」，這不符合許書引經說解的通例。

（5）髴，髴若似也。从髟弗聲。

《斠詮》：《聲類》「髣髴謂相似見不諦也」。《易》「婦喪其髴」，虞翻云「髴髮，鬠髮也」，不得與本書「見不審」之「佛」同解，此疑後人改之，非許君原文。

按：錢坫引虞翻注說明「髴」的本義應是頭髮，且其釋義不應與人部「佛」的釋義相同，這既與許書「形義統一」的說解原則不符，前後文也自相矛盾，恐是後人妄改。

（二）運用《說文》通例進行的校勘

許慎撰《說文》，本著「方以類聚，物以群分，同牽條屬，共理相貫」的著述原則，為本書設立了許多通貫全書的條例。這些條例既表現為術語表述上的一致性，也表現為編排列字和說解體例等能夠貫徹全書的徹底性。正是因為這些條例能夠統括全書，具有普遍的一致性和適用性，在校勘《說文》

時能夠抓住這些綱領，就能以簡馭繁、事半功倍。

錢坫在書中就常依據《說文》的通例作校勘，有些校改是明言通例，但更多的是在校勘時直接校改，暗用通例。需要指出的是，錢坫所發現的通例，其實有一些在今天看來是錯誤的，但他也是當作通例來用的，在這裡我們也一併討論。

1. 注音方式

在《說文》中起標音作用的除了聲符，許慎還常用「讀若某」「讀若某同」「讀與某同」等譬況式術語給字注音，但從未用直音法注音。如：

（1）囮，譯也。从口化。率鳥者繫生鳥以來之名曰囮。讀若譌。圝，囮或從繇。又音由。

《斠詮》：《繫傳》作「化聲」。按許君之例當云「又讀若由」，不應云「又音由」。

按：在《說文》中，許慎的注音方式一般只用「讀若」，不用直音法，所以錢坫說「按許君之例」云云，「又音由」當為後人注語誤增入正文者。

（2）燮，和也。从言从又炎。讀若溼。燮，籀文燮从羊。

《斠詮》：《繫傳》作「炎聲」。本「从又炎」下即接「籀文燮从羊羊音餂讀若溼」十一字，《繫傳》亦如是。但「羊音餂」不似許氏之文，而籀文亦不應作小書。今以意改。

按：依《說文》通例，許慎沒有為構件注音之說，且許慎注音不採用直音法，故錢坫說「『羊音餂』不似許氏之文」，當刪。

（3）真，僊人變形而登天也。从匕从目从乚，乚，隱字。八，所乘載也。

《斠詮》：今本作「乚音隱」，此從《繫傳》改之。

按：此例與上例同，當是後人注語誤增，所以錢坫據《繫傳》改。

2. 列字順序

錢坫認識到《說文》每部中字是根據意義遠近排列的，一些字的意義與上下字的意義不相近，那麼就可能是所在位置錯了，或是意義錯了。如：

（1）脘，胃脯也。从肉完聲。讀若患。

《斠詮》：汲古閣本、宋本並作「胃府也，从肉完聲。讀若患。舊云脯。」許君之例，方以類聚，物以羣分，此上有「脩」「脯」，下有「胸」「臚」，不應以「胃府」之字廁其中。蓋大徐誤改也。《繫傳》文如是。且據《史記》

「濁氏以胃脯致富」為証，可見其本尚佳，而考據亦當，小徐之勝大徐遠矣。徑依改之。

按：錢坫在此條闡發許慎在部中列字順序的原則是以義相從，大徐本作「胃府」，與前面的「膞，薄脯膞之屋上」、後面的「胸，脯脡也」均不相近，其列字次序當有誤，因此錢坫據《繫傳》及《史記》改「脘」字釋義。

（2）佺，偓佺，仙人也。从人全聲。

《斠詮》：《繫傳》作「古仙人名也」，依義當與「偓仙」字為類，不應在此處。

按：《說文》在人部有「侶，廟侶穆」「㑥，神也」「僊，長生僊去」等字，大抵與鬼神有關，按意義遠近列字的原則，「偓」「佺」二字應與此數字相鄰，不當與「儐，導也」「儡，心服也」等字為鄰，錢說是。

（3）紈，素也。从糸丸聲。

《斠詮》：《玉篇》以此為「紌」，巨周切，云「引急也」，當是。「紈素」字當與「縹」「綠」等為類，不應在此處，疑傳本之誤。俗人多見「紈」少見「紌」而刪一字耳，既與《玉篇》不合，又非許君之次，謬誤顯然矣。

按：此字在「繂，止也」「終，絿絲也」之間，《玉篇》此二字間作「紌，巨周切，引急也」，與今本《說文》不同，而訓釋與「繂」「終」二字相類，當以《玉篇》為當。既據《玉篇》補「紌」篆於此，錢坫又以為「紈，素也」當與帛類的「縹」「綠」等字相序，才符合許慎的排字順序。錢說甚是。

3. 說解用字

錢坫認為在《說文》說解中使用的字，都應是本書中已收錄的字，如果出現了《說文》未收錄的字，當是出於後人妄改。依據這一條準，錢坫替換了很多說解用字。在書中，一般以「本書無」某字為由，進行校改。如：

（1）珆，石之似玉者。从玉匝聲。讀若貽。

《斠詮》：本書無「貽」字，應為「詒」。

按：本書不收「貽」字，錢坫認為許慎說解當依本書收字為準，據此則「貽」字當為後人所改，或應作「詒」。

（2）幬，禪帳也。从巾𤰔聲。

《斠詮》：當是从「𤲅」，本書無「𤰔」字。

按：錢坫認為本書無「𤰔」字，也不當有從此得聲的字，因改本字聲符。

與此相同的還有「逢」從「峯」省聲、「諢」從「畀」聲等，錢坫均以本書無「峯」「畀」等字為由，將聲符改為「夆」「畍」。這些是據《說文》是否已收某字改聲符的，也有據聲符之字是否已收刪正篆的，如「䰞」字，錢坫疑其為後人所加，其原因就是「本書既無『佐』字，安得有從『佐』之字耶？」

（3）噭，吼也。从口敫聲。一曰噭呼也。

《斠詮》：「吼」本作「吅」。本書無之。以意改。

按：本書無「吅」字，錢坫認為許慎說解時當不用「吅」，因以「吼」代之。

錢坫認為《說文》中的說解用字都應是《說文》中所收字，這一點，現在看來是錯誤的。因為《說文》收字並不求全，而且許慎也常用當時的通行字進行說解。以這種觀念去校勘《說文》，就會出現許多不必要的校改。

4. 本字本義一一對應

錢坫認為《說文》是講本字本義的，字與詞的關係是相互契合的，體現在表面上，就是正篆與釋義一一對應，如果違背了這個原則，就可能有訛誤。

錢坫在校勘《說文》時，運用這一原則分別從正篆和釋義正反兩個角度出發進行了校勘。

從正篆的角度看，一個正篆只能對應一個詞義（本義），如果對應多個詞義（本義），就可能有訛誤。如：

（1）福，祐也。从示畐聲。

《斠詮》：毛扆本作「祜」也，誤。此從宋本改正。黃公紹《韻會》引作「備也」。此「福祐」字，故從「示」。若訓「備」之「福」則竟作「富」，義兩異。

按：錢坫根據宋本改作「祐也」，是「福」字的本義。對於《韻會舉要》中訓「備也」的情況，他認為「備也」的本字是「富」，雖然在文獻使用和其他字書材料中「福」也訓「備也」，但不是它的本字。錢坫根據字形與詞義之間的對應關係判定「福」不當訓「備也」。

（2）芬，艸初生，其香分布。从屮从分，分亦聲。芬，芬或从艸。

《斠詮》：《韻會》引作「艸初生分布也」，無「其香」二字，是。此「艸初茁莖甲分布」字，與「棻芳」字異。

　　按：錢坫引《韻會舉要》的材料說明「芬」的本義只是「艸初茁莖甲分布」，沒有香氣的意思，表示香氣的本字應是訓「香木也」的「棻」字。他認為「艸初茁莖甲分布」與香氣是兩個詞義，各有本字，不當雜糅為一個詞義都用「芬」字來記錄。

　　反過來，錢坫也從釋義的角度觀察正篆的訛誤，他認為一個詞義（本義）只能用一個正篆記錄，保持一一對應的關係，如果兩個正篆記錄相同的詞義（本義），就可能有訛誤。

　　他在《說文》中指出許多字「聲義相同」，認為這些字中有許多都是後人加入的。如：

　　（1）礍，石地惡也。从石鬲聲。

　　《斠詮》：與「厬」聲義相同，然此等字多後人加入者，未必為許君原文。

　　按：張舜徽發展了錢坫的說法，其《約注》云：「以『䫏』或作『鷊』例之，『礍』殆即『厬』之或體。『厬』字從『厂』，猶從『石』也。本書厂部『底』，或從『石』作『砥』，是其證已。」張說或是。其實二字可能是正篆與重文的關係，也可能是形符義近通用的異部重文，雖然二字關係很近，但終究不能確定「礍」為後人所增，錢坫所說未必是。

　　（2）陸，山兒。从山陸聲。

　　《斠詮》：此字與「隓」聲義相同，疑複。

　　按：段注云：「按『陸』者，小篆文之『墮』也。『隓』從『隋』者，從『墮』之省也。是則『陸』『隓』蓋一字，不當為二。」段說是。「陸」「隓」二字山部兩出，而聲符又本為一字之或體，是二字本為一字，其中一字為重文。錢坫認為二字不當重出，亦近是。

　　（3）庤，儲置屋下也。从广寺聲。

　　《斠詮》：《繫傳》無此字，《詩》「庤乃錢鎛」，《考工記》注作「偫」，或後人因《詩》作「庤」而加之，非許君原文也。人部已有「儲偫」字矣。

　　按：馬本《繫傳》無此字，但《古今韻會舉要》《叢刊》本和祁本《繫傳》均有，是錢坫所據馬本漏收。錢坫認為人部已收「偫」字表示「儲置」義，則不當又出「庤」，此涉嫌重複。王筠對二字釋義分辨的明白，其《句讀》云：「人部『儲，偫也』，『偫』『庤』一字，故以『儲』說之；『置屋下』者，字從『广』，且儲以待用，不可露積也。」比較錢、王二說，我們可以

看出錢坫是著眼於詞義的，他認為兩個字代表的詞義相同，就算是重複收字；而王筠是著眼於具體訓釋的，雖然他也承認兩個字所記錄的實際詞義是一致的，但具體分析了「庤」字的訓釋，發現「庤」字的核心義與「儲偫」義相同，但也對所從的形符「广」作了相應的說解。這說明王筠看到了許慎的訓釋並非都是對實際詞義的訓釋，還有一些是對字形的造字意圖進行的具體說解，這就是我們今天說的造意，而「庤」字的說解，恰好是對造意的說解，不是對詞義的訓釋。由此看來，錢坫對《說文》訓釋的觀察還不夠細緻，他據詞義重複判定正篆重出，也不是一個普遍適用的原則。

（4）醮，飲酒盡也。从酉嚼省聲。

《斠詮》：欠部「歠」即「醮」也，此字後人所加。

按：欠部「歠，盡酒也」，錢坫認為「歠」與「醮」聲義皆同，已有「歠」字，不當又出「醮」。其實從造字的角度講，「歠」從「欠」，是強調飲用的功能；「醮」從「酉」，是突出飲料的性質。二字側重的內容不同，雖為一詞，卻不妨造兩字，歸入不同的部首，作為異部重文存在。錢坫僅據所記錄的詞義相同就議刪正篆，有些過於武斷。

在上文的討論中，我們分析了錢坫以本字本義相對應的原則校勘《說文》的情況。從上述例子來看，錢坫以此原則校勘的結果正誤參半。其實錢坫認識到《說文》有本字本義一一對應的原則，這是正確的。但他對這個原則的理解，還不夠深入。他認識到了這個原則，以直觀存在的正篆字形為準去衡量釋義，通過分析字形就能反映釋義，這是比較好把握的。但是在以釋義為準去反推字形的時候，他就把握得不夠準確。因為他沒認識到《說文》釋義的兩重性，《說文》對本義的訓釋既有實義訓釋（即詞義訓釋），又有對造意的訓釋。實義訓釋是文獻中客觀使用過的詞義，這與其他字書文獻所收錄的釋義一樣，比較容易理解和接受。而對造意的訓釋是《說文》的發明，是許慎為了準確解析字形，使文獻中使用的詞義與字形關係更加緊密、更加契合，而對詞義進行具體化、形象化的解釋。《說文》中本字與本義的對應，實際上指的是本字與造意的對應。很顯然，錢坫所認識的《說文》本義，他都看作是實際的詞義，這就誤解了許慎的意圖。簡單說，他對本義的把握不準確，他認為「聲義同」的字，雖然詞義相同，但其造意並不一定相同，他據此刪篆，也就難免錯誤了。

在《說文》中存在許多異部重文的現象，現在看來就是形符義近通用而

產生的廣義分形字。它們的實際詞義基本是相同的，只是因為字形的不同許慎給作了不同的造意訓釋，它們符合許慎形義契合的收錄原則，在《說文》中是合法存在的，錢坫依據「聲義同」將一些此類字看作重複出現，則是誤解了許慎的編纂意圖，與《說文》的實際情況相違背了。

三、以文獻訓詁材料校勘《說文》

《說文》「萬物咸覩，靡不兼載」，全面反映了當時社會各方面的文化知識，尤其是有很深的經學淵源。《說文》的字義說解，是許慎「從古代文獻的生動的語言實際中，分析和揣摩詞義，然後加以概括、歸納」〔註8〕而成，它與經典文獻的關係是非常密切的。人們既可以用《說文》的釋義來解讀經典，也可以用經典文獻的詞義來反證《說文》，《說文》與經典文獻本來就存在一種參互驗證的關係。在《說文》長期流傳的過程中，免不了會出現很多訛誤，利用經典文獻中保存的詞義，有時可以校正《說文》的流傳之誤。

錢坫在校勘《說文》釋義的時候，就經常引用文獻訓詁材料作為校改的依據。如：

（1）棳，木也。从木叕聲。益州有棳縣。

《斠詮》：《地理志》「益州母棳縣」，此脫一字也。

按：《說文》所記當時的山川地理風貌，大多都能在當時的典籍裡見到，對這些方面的內容，文獻記載可以與《說文》互證。此條的「棳縣」，為當時縣名，其名稱當然是固定的，《漢書‧地理志》作「母棳縣」，與《說文》不同，當是說文漏脫「母」字，錢說是。

（2）笛，七孔筩也。从竹由聲。羌笛三孔。

《斠詮》：《風俗通》云「七孔」，《笙師》注「杜子春云今時所吹五孔竹笛」，《長笛賦》「易京君明識音，故本四孔加以一」，是五孔乃京房所加也，此「七」字誤。

按：錢坫根據漢代文獻記載認為漢時笛應五孔，《說文》也當作「五孔」，今本作「七孔」者誤。

（3）驪，馬白州也。从馬燕聲。

《斠詮》：《爾雅》同。「州」當作「川」，《山海經》「其川在尾上」。

按：錢坫認為《山海經》的「川」字是對的，《說文》的「州」字誤，當據改。其實是《山海經》的「川」字本應作「州」，《爾雅》「白州，驠」，《廣雅》「州、豚，臀也」可證。錢坫據文獻記載改《說文》，其方法正確，但未察文獻之誤，是其疏漏。

四、以古代字書材料校勘《說文》

《說文》一方面兼載群書訓詁，另一方面也吸收了之前《爾雅》《方言》及其他漢代小學專著的內容，是當時小學研究的集大成之作。現在，也可以用這些早期的小學文獻來校《說文》。錢坫在斠詮《說文》時，也相當自覺地以《爾雅》《方言》等小學文獻來關照《說文》，從中能看到《說文》繼承它們的痕跡。在校勘中，就表現為以《爾雅》《方言》等書糾正《說文》流傳之誤。如：

（1）禧，禮吉也。从示喜聲。

《斠詮》：「吉」當為「告」字之誤耳。《爾雅》「禧，告也。」

按：錢坫根據《爾雅》訓釋認為《說文》的「禮吉」錯了，「吉」當為「告」。

（2）豑，齂也，訖事之樂也。从豈幾聲。

《斠詮》：本書無「齂」字，依《爾雅》應即「汔」。《詩》「汔可小康」，箋「汔，幾也」，是「豑」即今之「既」字耳。如《易》「既雨既處」，《詩》「既見君子」等古皆訓「已」，「已」亦汔事之詞。又《公羊傳》「既者何？盡也」，《穀梁傳》「盡而復生謂之既」，皆為「汔」義同。「既」為小食，非此訓。

按：錢坫認為《說文》無「齂」字，說解中不應有此字，據《爾雅》當為「汔」，又遍舉經傳為證。

（3）呬，東齊謂息為呬。从口四聲。《詩》曰：「犬夷呬矣」。

《斠詮》：「東齊」徐本作「東夷」，此用《方言》文。故依改。

按：錢坫認為此處許慎襲用《方言》，故應改從《方言》說解。

《說文》的價值，不只在於它對前代字書成果的吸收與繼承，還在於它創建了完備的體制結構、濃縮了深厚的理論內涵，它對後世的字書在編纂形式和收錄內容上都產生了極大影響。《說文》之後最初的幾部字書如《字林》《玉篇》等，基本上都是在《說文》基礎上增加字數和音注，其框架和內容主要還是《說文》的，甚至連基本的排字順序都是一致的。隋唐以後的字書，雖

然編排方式和訓注內容都發生了很大變化,但在收字釋義上仍有很多沿襲《說文》和大量引用《說文》的地方。

我國古代字書編纂事業很發達,既有個人私撰,也有政府主修的。其編纂的內容也大多繼承前代,陳陳相因,其發展演變的脈絡清晰可辨。在這些字書中多多少少都有一些《說文》的痕跡在裡面,我們可因以考訂《說文》舊貌。

錢坫很重視對後代字書材料的應用,他在書中引用的字書有《字林》《五經文字》《九經字樣》《玉篇》《廣韻》《類篇》《集韻》《古今韻會舉要》《汗簡》等,其中尤以《玉篇》《廣韻》為主。如:

(1)櫐,眾盛也。從木畾聲。《逸周書》曰「櫐疑沮事」。

《斠詮》:本作「疑沮事闕」,《玉篇》引作「櫐疑沮事」,依改之。今《周書》誤作「聚」。

按:錢大昕云:「許所見本作『櫐疑沮事』,後人轉寫脫『櫐』字,又於句尾添一『闕』字,而二徐未能是正。」錢大昕當也是據《玉篇》為說,其說甚是。

(2)杪,榙高也。從木小聲。

《斠詮》:本作「相高」,《玉篇》云「木忽高」,知「相」為「榙」之誤,依改之,此「秒忽」字。

按:錢說是,但其致誤之由不夠明確。張舜徽《約注》云「『榙』字俗變『榙』,又轉作『總』,玉篇直離『總』字為木忽二體耳」,張說正補錢說不足。

(3)觰,調弓也。從角弱省聲。

《斠詮》:《玉篇》《廣韻》並以「韣」為正,以「觰」為「同上」字。疑此省非也,亦傳寫之誤耳。

按:《篆隸萬象名義》《玉篇》《廣韻》均以「韣」為正,以「觰」為「同上」字,其所存當是《說文》古本,錢坫所說似是。

(4)楬,楬桀也。從木曷聲。《春秋傳》曰「楬而書之」。

《斠詮》:本作「楬桀也」,誤。《韻會》作「楬櫫也」,《職金》注「表識謂之楬櫫」。

按:今本《說文》「楬桀也」義不可通,《古今韻會舉要》所引《繫傳》作「楬櫫」,是徐鍇所見《說文》作「楬櫫」,且有文獻為證,當據改。

五、以文獻徵引材料校勘《說文》

《說文》產生後，因其所載釋義的概括性和準確性，被後世注釋家廣泛徵引，比許慎稍後的鄭玄、應劭等人在文獻注釋中就已經開始引用許慎說解，及至魏晉六朝隋唐時期，人們大量引用《說文》注釋文獻典籍，保存了豐富的古本《說文》材料。

這些文獻引《說文》的材料反映了唐以前本的面貌，錢坫經常據以糾正二徐本的錯誤。他引用的文獻很多，比較有代表性的有《經典釋文》《文選》注、玄應《一切經音義》等。如：

（1）瓈，弁飾往往冒玉也。从玉綦聲。璂，瓈或从基。

《斠詮》：陸德明《釋文》引作「置玉」，《韻會》「往往」作「行行」，並是。

按：陸德明所見唐寫本《說文》作「置玉」，錢坫以為當據改，或是。

（2）茮，茮樧實裏如表者。从艸求聲。

《斠詮》：本「裏」作「裏」，「裘」作「表」。《釋文》引如是，依改之。

按：「茮樧實裏如表」義不可通，陸德明所見唐寫本《說文》作「裏如裘」，「裏」與「裏」、「裘」與「表」當是字形相近而誤，錢坫據《釋文》改，是。

（3）睽，目不相聽也。从目癸聲。

《斠詮》：《易》釋文、《一切經音義》引並作「目不相視」，此誤。

按：錢說非。張舜徽《約注》云：「此『聽』非聽聞，乃聽從也。本書『從』下云『相聽也』，與此『相聽』義同。本書人部『侯，左右兩視』，『左右兩視』，亦即目不相從之意，乃今俗所稱斜視也，『侯』『睽』音義並同。」張說是。以此觀之，唐本《說文》已有訛誤，也不盡可信。不當盡信文獻所引《說文》材料，逕改《說文》。

（4）肴，啖也。从肉爻聲。

《斠詮》：「肴」訓「啖」，非古也，乃後人所改。《初學記》引作「雜肉也」，是。《特牲饋食禮》注「骨有肉曰肴」。

按：初學記所引作「雜肉也」，與文獻注釋「骨有肉曰肴」相合，當是《說文》古本如此，錢說是。

六、以小學理論知識校勘《說文》

　　錢坫除了參用各類客觀的文獻材料校勘《說文》，還經常運用自己在小學方面深厚的修養判斷《說文》的正誤。

　　比較明顯的當屬錢坫利用其音韻知識對《說文》的校改。他在校勘《說文》時，時時審讀《說文》所載音讀是否與古相侔，遇有不合，即懷疑其有訛誤。如：

　　（1）鬳，鬲屬。从鬲虍聲。

　　《斠詮》：此字應從「虔省聲」為是。義同「甗」。

　　按：錢坫以其讀音不近，改「虍」聲為「虔省聲」，是。《六書故》云：「今本『虍聲』，唐本『虔省聲』，林罕亦曰『虔省聲』」，可證。

　　（2）虣，魁屬。从虎去聲。

　　《斠詮》：舊音「呼濫切」，以為即「闞如虓虎」之「闞」，但以「去」為聲，以「魁」為義，皆不相通，未必是也。或以為「法」省聲，近之。

　　按：錢坫認為「虣」字相傳舊音為「呼濫切」，許慎當也如此讀，那麼許慎標注的聲符也當與此音近。因而他懷疑聲符「去」可能有訛誤，或當是「法」省聲。

　　（3）檇，以木有所擣也。从木雟聲。《春秋傳》曰：「越敗吳於檇李」。

　　《斠詮》：本作「檇」，《玉篇》作「攜」，按從「雟聲」不近，當從「雟」，逕改之。

　　按：「檇李」《公羊傳》作「醉李」，杜預《春秋釋例》亦云「今吳郡嘉興縣南醉李城是」，是「檇」字以《廣韻》「將遂切」是。錢坫認為「雟聲」與「將遂切」之音不近，當從「雟」，其說甚是。

　　錢坫認為漢字的聲符不僅標聲，往往還兼有表義的作用。他在校勘中經常運用這種「聲兼義」的思想對《說文》的形、音、義進行校正。今舉數例如下：

　　（1）詧，從也。从言肉。

　　《斠詮》：唐本云「肉聲」。徐鉉本作「徒歌，从言肉」。考《繫傳》徐鍇曰「今《說文》本皆言『從也』，當言『徒歌』，必脫誤。下云『從言肉』亦誤。」據鍇說則舊本無作「徒歌」者，鍇以為誤而改之。案《玉篇》「詧，從也。」唐本同。系部有「繇」云「隨從也」。字以「詧」為聲，以「從」為義。是「詧」之訓「從」為正。鍇作《繫傳》改其所注之本，鉉又因所改而亦改

之，並非是。茲徑訂正。

　　按：錢坫引用各本材料證明當作「從也」，同時，他也考察在從「吾」得聲的字中，「絲」也有「從」義。他認為聲符多兼有義，既然「絲」有「從」義，那麼「吾」也當以訓「從」義為正。

　　（2）謚，行之迹也。从言益聲。

　　《斠詮》：本此作「謚」，云「行之迹也，从言兮皿闕」。戴侗曰「唐本無此字」，只有「謚」，云「行之迹也」。案《釋名》「謚，加也。」又《廣韻》云「謚，《說文》作『謚』」，是「謚」乃「謚」之俗文，而《解字》實作「謚」也。字訓為『加』者，因從「益」故也。此字乃寫者妄書從「兮」而誤。本又有「謚」云「笑皃，从言益聲」，因誤「謚」為「謚」，又妄造此解以加「謚」字之下也。今並刪正。

　　按：此條錢坫除了以文獻引《說文》及字書材料參互考證之外，還從聲符兼義的角度進行論證。「益」有「加」義，其所從之字也當有「加」義，《釋名》「謚，加也」，可證「謚」有「加」義，只是「謚」而訛寫作「謚」而已。「加也」之義與「行之迹也」相輔而成，《說文》之「謚」當以「謚」字為正。

　　（3）贊，見也。从貝从兟。

　　《斠詮》：依義當作「兟聲」。

　　按：他在「兟，進也。从二先。贊從此。闕。」條下云「此贊進字」，是為證明「兟」義與「贊」義相關。錢坫說「依義當作」，顯然是認為「兟聲」不僅表義，更兼有標聲的作用。一般情況下是有某聲兼有某義，他在此條中是反其道而行之，認為「兟」既與「贊」義相關，則也應有標聲的作用。

　　錢坫的校改或是基於自己的小學素養，或是受了文獻記載的啟發，或根據自己的理解疏通文意，雖然沒有直接證據，但他對《說文》的解讀與糾正，也有相當的道理。

七、以古代避諱習慣校勘《說文》

　　在古代社會，等級制度比較嚴格，人們出於對長上或尊者的敬畏，在書寫時要規避相應的漢字，規避的方式一般有換字或缺筆兩種。這樣在古代文獻中，就出現了很多避諱字，避諱字在當時人們都能辨識，但流傳到後代，如果不熟悉前代的避諱習慣，往往會以訛傳訛，造成文獻理解上的困難。

　　錢坫在校勘《說文》時，發現《說文》中也存在一些因前代避諱而被改換的字，如：

　　（1）湫，隘下也。一曰有湫水在周地。《春秋傳》曰：「晏子之宅湫隘，安定朝那有湫泉。」从水秋聲。

　　《斠詮》：《地理志》「安定朝那有湫淵」，作「泉」者，因唐諱改也，此是唐本之舊。湫水在周地者無考，或即大沈久湫歟？

　　按：嚴可均《校議》云：「《封禪書》《地理志》《郡國志》作『湫淵』，此作『泉』，沿唐避諱。」與錢說同。《唐寫本玉篇殘卷》（黎本）「湫」字下引《說文》也作「湫淵」，可證唐以前本《說文》本作「湫淵」，唐時避李淵諱而改為「泉」，錢說是。

　　（2）邼，河東聞喜鄉。从邑匡聲。

　　《斠詮》：寫本《繫傳》上有「中邼」二字，宋人諱「匡」故寫譌如是。今刻本徑刪之，更非宋抄之舊矣。

　　按：《禮部韻略》後附《淳熙重修文書式》所記須避宋太祖趙匡胤諱的字中有「邼」字，但其所避情形不詳，錢坫以「中邼」二字為避諱訛寫之誤，或是。

　　（3）昏，日冥也。从日氐省。氐者下也。一曰民聲。

　　《斠詮》：唐本只從「民省」，晁說之曰「作氐，因唐諱改」。

　　按：錢坫所引唐本說是。錢大昕《十駕齋養新錄》云：「《說文》原是『昏』字，『從日民聲』，唐本以避諱減一筆，故云『從民省』，徐氏誤仍為『氐省』，『氐下』之訓亦徐所附益，又不敢輒增『昏』字，仍附『民聲』於下，其非許原文信矣」。又丁福保《說文解字詁林》後敘云：「《五經文字》『惛』下云『緣廟諱偏旁，準式省從『氐』，凡『泯』『昏』之類皆從『氐』。又《舊唐書‧高宗紀》『昬』字改『昏』，在顯慶二年十二月，據此知『昬』字因廟諱故，改從『昏』之別體『昏』。試觀唐顯慶前之魏碑，凡『昏』字皆從『民』，顯慶後之唐碑，因避諱皆作『昏』。可知篡改《說文》亦在中唐以後。」是「昏」字確本從「民聲」，因避唐諱而訛誤至此。

　　在上文我們簡單總結了錢坫在校勘《說文》中常用的幾種方法，我們為分析的方便和解讀的需要進行了分別介紹。實際上，在實際的校勘中，錢坫為了得出確證，常常作綜合性的考證，不只是單純地使用以上諸種方

法，還運用小學、社會歷史等方面的知識對各種材料進行分析比較，然後判定是非，擇善而從。這也就是段玉裁說的「定是非」、考辨正誤了。

第四節　乾嘉時期《說文》校勘諸家異同

一、《汲古閣說文訂》的示範

汲古閣本《說文》是清代前中期最流行的大徐翻刻本，是當時學者讀經治學的重要資源，段玉裁說「學者得一始一終亥之書以為拱璧」〔註9〕，實非虛言。

《汲古閣說文訂》是乾嘉年間校勘流行汲古閣本《說文》的一部重要文獻，段玉裁在袁廷檮影響下撰成《說文訂》，建立了「『宋本』材料——初印本——流行本」的關係模型，分層次對流行毛本、毛本（包括初印本和流行本）進行校正，揭示了毛本系統中初印本與流行本的差異。《說文訂》的校勘成果，帶動了學界對《說文》的校勘整理，也使《說文》學研究進一步深入。

《說文訂》校勘的結果對乾嘉學者的《說文》校勘思路和研究取向有重要引導作用。在與「宋本」材料、初印本的對勘中，流行本已經與底本、初印本有了較大差異，其準確性受到質疑。這一結論，影響了當時許多學者。如嘉慶十年（1805）成書的鈕樹玉《說文解字校錄》說「今流傳最廣者乃毛氏翻刊本，而毛本又經後人妄下雌黃……竊以毛氏之失，宋本及《五音韻譜》《集韻》《類篇》足以正之」〔註10〕，以流行毛本為底本，在校勘中指出毛本剜改之誤。嘉慶十一年成書的（1806）錢坫的《說文解字斠詮》，將《說文》文本訛誤分為四個時代層次，也以糾正流行毛本之誤為先。至如與錢書同年寫成的嚴可均《說文校議》，則徑謂「撮舉大略，就毛氏汲古閣初印本，別為《校議》卅篇」〔註11〕，在書中也常指出毛本剜改之誤。可見，當時學者在進行《說文》校勘時，雖校勘目標各異，但都或多或少受《說文訂》的

〔註9〕（清）段玉裁，汲古閣說文訂〔M〕，《續修四庫全書》第204冊，上海：上海古籍出版社，2002：330。

〔註10〕鈕樹玉，說文解字校錄〔M〕，《續修四庫全書》第212冊，上海：上海古籍出版社，2002：243。

〔註11〕嚴可均，姚文田，說文校議〔M〕，《續修四庫全書》第212冊，上海：上海古籍出版社，2002：467。

影響，留意毛本剜改之病。嘉慶年間的《說文》校勘，始終圍繞流行毛本進行，這也是這一時期的一大特色。

二、各家校勘的異同

在乾嘉時期，學者們對《說文》的校勘，按其目的來分，主要有以下幾類：一是校勘大徐本，如段玉裁《汲古閣說文訂》、張行孚《汲古閣說文解字校記》；二是恢復許慎原本，如錢大昭《說文統釋》、錢坫《說文解字斠詮》、嚴可均《說文校議》、鈕樹玉《說文解字校錄》、沈濤《說文古本考》、王仁俊《說文解字考異三編》等；三是校勘小徐本，如朱文藻《說文繫傳考異》、王筠《說文繫傳校錄》等；另外，段玉裁的《說文解字注》比較特殊，段氏利用各版本、文獻引文、許書通例校勘《說文》，力圖恢復許書原貌，但有時又指斥許慎之誤，可見段氏想在恢復許書原貌的基礎上，還想進一步修正許書，使之成為一個完美無瑕疵的著作。

在試圖恢復許慎原本這一類中，不同學者的具體做法也不盡相同。

如嚴可均《說文校議》敘云：「夫《說文》為六藝之淵海，古學之總龜，視《爾雅》相敵而賅備過之。《說文》未明，無以治經。由宋迄今，僅存二徐本，而鉉本尤盛行，謬誤百出，學者何所依準？」於是「乃撮舉大略，就毛氏汲古閣初印本別為《校議》卅篇，專正徐鉉之失」，「凡所舉正，三千四百四十條，皆援據古書，注明出處，疑者闕之。不敢謂盡復許君之舊，以視鉉本，則居然改觀矣。」〔註12〕可見，嚴氏的《說文》校勘，是利用小徐本及其他資料，專門針對大徐本進行校改，從大徐本恢復到許書的原貌。在每條之下或直接列出校改意見，或引證材料加以辨析，然後提出自己的觀點。總的來說，作者一般都會提出一個傾向性的校改意見，全書寓議於校，既校改了《說文》，也闡發了作者的許多《說文》學觀點。

鈕樹玉在《說文解字校錄》序中說「竊以毛氏之失，宋本及《五音韻譜》《集韻》《類篇》足以正之；大徐之失，《繫傳》《韻會舉要》足以正之；至少溫之失，可以糾正者，唯《玉篇》為最古，因取《玉篇》為主，旁及諸書所引，悉錄其異，互相參考。」〔註13〕鈕樹玉在具體校勘過程中，以毛氏汲古

〔註12〕嚴可均，說文校議〔M〕，《續修四庫全書》第 213 冊，上海：上海古籍出版社，2002：467。

〔註13〕鈕樹玉，說文解字校錄〔M〕，《續修四庫全書》第 212 冊，上海：上海古籍出版社，2002：243。

閣剜改本為底本，將《玉篇》《繫傳》《廣韻》《集韻》《類篇》《韻會舉要》《經典釋文》《文選》注、《一切經音義》等與毛本不同的地方列在毛本相應條目下，選錄眾本優善之處，或對其進行校改，或僅錄出以供參考。書中還附帶著利用《繫傳》與《韻會舉要》的傳承關係，糾正了一些《繫傳》的錯誤之處。本書以錄異為主，主觀的校改不多，較為客觀地展現了《說文》眾本的異同情況。

　　沈濤《說文古本考》、王仁俊《說文解字考異三編》等著作主要是搜集宋以前文獻中所引《說文》材料來考訂《說文》，試圖恢復古本真面目。但因這兩部著作校勘材料類型過於單一，與錢坫、嚴可均、鈕樹玉等人的著作沒有可比性，我們不將它們納入比較範圍。

　　錢坫的《說文》校勘目標，也是試圖恢復許慎原書的面貌，並且從他匯集各種《說文》資料對毛氏汲古閣剜改本進行校勘的做法來看，與嚴可均、鈕樹玉的做法也很接近。但實際上，錢坫的校勘內容比嚴、鈕二人更廣泛。

　　嚴可均匯集材料專門糾正以毛氏初印本為代表的大徐本系統的訛誤，小徐本及其他材料只是作為參校的輔助資料。鈕樹玉除了校勘毛本，還順便對小徐本系統作了一些校勘，範圍比嚴氏稍廣。錢坫除了校勘毛本，還對大小徐本系統的錯誤、唐以前本的傳寫之誤，進行了比較自覺的校勘指誤。三人之中，錢坫的校勘內容是最豐富的，對《說文》進行不同層次的校勘，是最具有自覺意識的。

　　錢坫的《說文》校勘，是將大徐宋本、小徐本、古代字書、文獻引《說文》等材料匯集在一起，對當時通行的毛氏汲古閣五次剜改本進行校勘。其過程大致如下：首先，毛本作為底本，是校勘的主要對象，錢坫利用了所有的材料對其進行校勘；其次，在校勘時遇到二徐有錯誤時，錢坫注重從大小徐本兩個系統的角度進行辨析，指出了二徐的不少錯誤，甚至還經常比較二人的水平高下；最後就是對古代字書、文獻所引《說文》反映出的唐以前《說文》的訛誤也有所辨正。因此，錢坫校勘《說文》的過程，是以校勘毛本為基礎，對不同材料間的歧異情況給予辨析指正，最終達到還原許書原貌的目的。

　　通過上面的分析，可以看到錢坫與嚴、鈕二人的總體目標和大體做法雖然一致，但錢坫做的工作，呈現出的校勘成果，要比嚴、鈕二人更多、更細緻

一些。

　　當時眾學者對流行本的校訛訂誤，也促使人們開始尋求更好的大徐本《說文》，這最終導致汲古閣本漸漸退出歷史舞臺。孫星衍於嘉慶十四年（1809）翻刻宋本行世，序中稱「宋本亦有訛舛，然長於今世所刊毛本者甚多」，「毛晉初印本，亦依宋大字本翻刊，後以《繫傳》刓補，反多紕繆」，「朱學士筠視學安徽，閔文人之不能識字，因刊舊本《說文》……，按其本，亦同毛氏」，「近有刻小字宋本者，改大其字，又依毛本校定，無復舊觀」云云。可見，重刊宋本《說文》，很大程度上因為他對當時《說文》流行版本質量的不滿。孫本刊刻之後，又經幾次翻刻，在學術史上漸漸取代毛本的地位，成為最流行的版本。學界對汲古閣本《說文》文本剗改的關注，就成為一個學術史的問題。

第四章　錢坫對《說文》的詮釋

　　《說文》產生於東漢末年，至清代已有一千七百多年，人們的生活環境、文化氛圍，尤其是日常使用的語言文字，都發生了很大變化，加上《說文》在流傳過程中罕有注本，這使得清代人在讀《說文》時，對書中艱澀古奧的語言很難理解。

　　清代漢學復興，人們出於讀經的需要，對《說文》逐漸重視起來。為了使《說文》的內容易於理解，不少學者為《說文》作了大量注釋、疏證的工作。錢坫對《說文》的研究、詮釋，正是這種學術風氣下的產物。

　　在錢坫的《斠詮》中，詮釋與校勘相比，佔有更大比重。以往人們比較注重錢坫對《說文》的校勘，而忽視了他在注釋、疏證《說文》方面的成就。其實，錢坫研究《說文》幾十年，積累了豐富的研究心得，這些成果，主要體現在對《說文》的注釋上。

　　對錢坫的《說文》詮釋進行梳理，我們發現，錢坫的詮釋不止「有功於經訓」，其對《說文》體例的闡發、說解內容的疏證、與經典文獻的溝通等等，都進行了比較深入的探討。他對《說文》的詮釋，不僅有助於我們理解和研究《說文》，其中的許多闡釋方法和觀念，也是需要我們認真總結和學習的。

第一節　釋義詮釋

　　《說文》中的說解內容文辭簡奧，與傳世的經典文獻注疏內容也不盡相合，這給人們造成了許多閱讀障礙，錢坫以其淵博的文獻功底、良好的小學素養、豐富的生活閱歷、善於發現的敏銳眼光，利用多種方法，對《說文》說

解作了比較全面深入的闡釋。

以《說文》通經學，理解《說文》的釋義是關鍵，對釋義的詮釋也是錢坫詮釋《說文》說解的重點內容。他立足於本書，廣泛參考經典文獻、近世俗語，運用小學理論知識，對《說文》釋義從多個角度進行了比較全面的詮釋。

一、闡發字義說解條例疏通許義

錢坫的叔父錢大昕治《說文》，注重歸納本書的體例，他說：「讀古人書，先尋其義例，乃能辨其句讀，非可妄議。」〔註1〕所以雖然中年始讀《說文》，由於他非常講究讀書的方法，擅於以簡馭繁，因而能事半功倍，頗有創獲。

錢大昕對研究《說文》體例的重視和提倡，甚至比段玉裁還要早。他在研究《說文》過程中歸納闡發出了「連篆讀」「《說文》舉一反三」「讀若」「引經異文」等義例，引起了人們對《說文》體例的重視，開創了後人對《說文》體例的專門研究。

錢坫研究《說文》，在其叔父的影響下，也比較留心總結許書的體例。他在詮釋《說文》的釋義時，就不僅吸收了錢大昕的有關成果，還有所發揚，提出了一些新的見解。

《說文》對一個字的說解是正篆下面緊跟釋義，一般的說解形式是「某，某也」，如：早，晨也；昭，日明也。但是在有些字下，說解形式雖然也是這樣，其字義說解卻很難理解。錢坫在掌握全書字義說解通例的基礎上，運用幾種變例對這部分字義說解進行了疏通，解決了很多釋義的理解困難。他闡釋字義說解的用語一般有「此云」「此應云」「此當云」「當云」「當是」等。

（一）「連篆讀」之例

「連篆讀」例是錢大昕提出的。他在《說文答問》中說：「如此文本云『參商，星也』，『參』『商』二字連文，以證『參』之從『晶』，本為星名，非以『商』訓『參』。承上篆文『參』，故注不重出。《說文》十四篇中似此者極多，如『湫隘，下也』『詁訓，故言也』『昧爽，旦明也』『燹爟，侯表也』『穎癡，不聰明也』，皆承上篆文以足句。諸山水名，云山在某郡、水在

〔註1〕陳文和主編，嘉定錢大昕先生全集〔M〕，南京：江蘇古籍出版社，1997：第9冊，173。

某郡者，皆連上字讀之。古書簡而有法，麤心人未易通曉，句讀之未分，而哆口譏之，是惑之甚也。」〔註2〕「連篆讀」例是錢大昕針對《說文》說解字缺失造成文意不足的現象而闡發的。運用「連篆讀」的說解方式，可以使很多原本詰屈不通的字義說解文意通暢，因而得到了很多人的推崇和讚許。

錢坫在這一點上，承用了錢大昕的觀點，在對《說文》的詮釋中，在很多地方也以「連篆讀」之例視之。如：

（1）胈，響布也。从十从旮。

《斠詮》：此云「胈響」者，「布也」。《甘泉賦》「胈蠁豐融」，「響」「蠁」同。

按：吳玉搢《別雅》云：「左思《蜀都賦》『景福胈蠁而興作』，揚雄《甘泉賦》『胈響豐融』，司馬相如《上林賦》『胈響布寫』，嵇康《琴賦》『紛綸翕響』，蓋借『翕』作『胈』也，大抵『胈蠁』是彌滿布散之義。」是「胈響」為描寫瀰漫散佈這種狀態的連綿詞，不當拆分解釋，錢坫連篆讀之，所解甚是。

（2）脜，嘉善肉也。从肉柔聲。

《斠詮》：此云「脜嘉」者，「善肉也。」《詩》「無不柔嘉」，《國語》「無亦擇其柔嘉」「無亦晉之柔嘉」「以生柔嘉材」等皆應用此字。

按：《惠氏讀說文記》云：「當云『脜嘉』，善肉也，脫『脜』字。」是錢坫與惠棟對釋義的說解同，只是惠棟認為是傳本誤脫「脜」字，錢坫認為當是連篆文讀之。又王筠《句讀》云：「《大雅》《抑》及《烝民》皆言『柔嘉』，知是古之恒言。」其說與錢坫所引《國語》三處「柔嘉」同義，皆謂「柔嘉」為當時所用常語，許書釋義不應拆分解讀。

（3）礹，礮石也。从石斬聲。

《斠詮》：此云「礹礮，石也」。《詩》「漸漸之石」應作此。《淮南子》「邱山礹巖」，《高唐賦》「巉巖而下望」，《上林賦》「嶄巖參嵳」。

按：「礹礮」為連綿詞，不當拆分，錢坫連篆讀之，是。張舜徽《約注》云：「礹礮猶芉嶽也。艸之叢生並出者為芉嶽，石之高低簪立者為礹礮，語聲之轉耳。」錢坫所引「礹巖」「巉巖」「嶄巖」，字雖稍異，其義則同。

〔註2〕陳文和主編，嘉定錢大昕先生全集〔M〕，南京：江蘇古籍出版社，1997：第9冊，174。

以上三例都是需要「連篆讀」的連綿詞，且文獻中有諸多用例，能夠與《說文》釋義相互印證，在這部分字下的說解確實需要連篆文一起讀才能文通字順。不過在《斠詮》中，錢坫認為還有一些字需要「連篆讀」，如：

（1）逾，迻進也。从辵俞聲。《周書》曰：「無敢昏逾」。

《斠詮》：此當云「逾迻，進也」。

按：錢坫謂當連篆讀之作「逾迻，進也」，非是。《古今韻會舉要》引《說文》作「迻也，進也」，《玉篇》「逾，迻也，遠也，進也」，是《說文》本當作「迻也，進也」。且據張舜徽《約注》云：「足部『踰』，與此一字，亦止訓『迻也』」，更可證此字說解不當「逾迻」連言。

（2）險，阻難也。从𨸏僉聲。

《斠詮》：此云「阻險者，難也」。

按：王筠《句讀》云：「『險』『阻』一事而兩名，『難』則其義也。『險』言其體之峻絕，『阻』言用之隔閡內外之詞也。《玉篇》『險，難也，阻也。』」是本字說解不當連篆讀之。《玉篇》所存當是《說文》古本。

（3）存，恤問也。从子才聲。

《斠詮》：《韻會》引作「在省」，無「聲」字。此云「存恤者，問也」。《說題詞》「存恤幼孤」。

按：張舜徽《約注》云：「此篆說解，以『恤問』訓『存』，其義自通，不必連篆文讀也。古云『恤問』，猶今言『慰問』耳。《秦策》『無一介之使以存之』，高注云：『存，勞問也』，是其義已。《漢書·文帝紀》『存問長老』，與今『慰問』意同。」張說是，錢坫看到文獻中有「存恤」連言之詞，就認為《說文》說解也是兩字一詞，這是錯誤的。

像以上三例的情況還有很多，如「齋，戒絜也」，《斠詮》云「齋戒者，絜也，《易》『聖人以此齋戒』」；「嬹，材緊也」，《斠詮》云「嬹材者，緊也，『嬹材』出張衡賦」；「寰，礙不行也」，《斠詮》云「寰礙者，不行也，揚雄《酒箴》『一旦寰礙』，本亦作『壹礙』」；「律，均布也」，《斠詮》云「律均者，布也，《思玄賦》『考治亂，干律均』」；等等。從這類例子中可以看出，錢坫均把它們看作「連篆讀」的字，並且都引了文獻當中的用例作為把它們當作一個整體來解釋的證明。可見，錢坫把它們看成了固定組合的雙音複合詞，認為在文獻中，它們可以作為一個整體來使用。

其實這類現象與前三例的情況不同，前三例都是不能拆分的連綿詞，是

單純詞，而這類現象是雙音複合詞，是在上古文獻中結合並不緊密的雙音詞，它們既能單獨使用作為單音詞存在，也可以和其他單音詞結合組成雙音詞。在上古時期，漢語還是以單音節詞為主的，但是也有一些單音詞可以臨時組合成雙音詞，不過只是個別現象。上古時期成為固定組合的雙音詞除了連綿詞只有少數雙音詞存在，其他都是臨時性的組合，可以看作是同義連用。

反過來看錢坫在解釋這類字義說解時，常常根據文獻中兩個詞連用的情況，推斷《說文》的釋義當如此說解，雖然與文獻能夠契合起來，但實際上這些詞在文獻中並不一定是已經成為固定組合的雙音詞，它們只是臨時性地組合在一起，到了後代才變成了固定組合的雙音詞的。錢坫沒有看到這一點，把它們和能夠「連篆讀」的連綿詞混在一起，據此來解釋《說文》的釋義，是不恰當的。這也說明錢坫的詞彙觀還不夠自覺，還沒分清楚雙音複合詞和複合詞組的差別，沒分清楚連綿詞和雙音複合詞的差別。

經過上面的討論我們發現，錢坫的「連篆讀」之例，在對連綿詞和已經成為固定組合的雙音詞進行說解時，能夠正確解釋許慎的釋義。但是他根據文獻中常用的雙音詞組推斷在《說文》中也如此解釋，就混淆了詞與詞組的界限，誤會了許慎的本意。在對「連篆讀」這一義例的使用中，應當注意區分詞與詞組，避免出現錢坫這樣的錯誤。

（二）「一句數讀」例

在《說文》中，一些字下的說解內容語似重複，或本不相關，很難理解為單一的訓釋，錢坫認為這類說解是幾個釋義合併在一起了，應當分開來理解，這就是「一句數讀」例。

在《說文》中，本來就有一些一句數讀的例子，如「咸，皆也，悉也」；「愁，問也，謹敬也」；「恤，憂也，收也」；等等。錢坫注意到這種現象，將這種說解規律應用到其他字的說解中，使很多很難理解的字義說解得到了合理的解釋。如：

（1）禔，安福也。从示是聲。《易》曰：「禔既平」。

《斠詮》：當云「安也，福也」，分兩義。今《易》作「祇」，京房同，虞翻云「安也」。又「无祇悔」，王肅作「禔」，陸績亦云「安也」。

按：《玉篇》「禔，福也，安也」，《廣韻》云「禔，福也，亦安也」，二書當本《說文》。

（2）晨，早昧爽也。从臼从辰。辰，時也，辰亦聲。

《斠詮》：此云「早也，昧爽也」。

按：本書日部「早，晨也」與此互訓，《玉篇》「晨，早也，明也，昧爽也」，皆可證「晨」字釋義當分讀。

（3）奠，置祭也。从酋，酋，酒也，下其丌也。《禮》有奠祭者。

《斠詮》：此云「置也，祭也」。《詩》「于以奠之」，是「置也」。《書》「奠高山大川」，毛傳「祭也」。《山海經》「奠」皆謂「祭」。

按：錢坫據《詩》《書》謂「奠」有「置」「祭」兩義，又王筠《句讀》云：「《詩》『于以奠之』，傳『奠，置也』，是知『置』為『奠』之義，故《內則》曰『奠之而後取之』，注『奠，停地也』。然則凡『置』皆謂之『奠』。而字既從『酋』則本非泛言，故申之曰『祭』，謂『奠』為祭禮中之一名也。」是「奠」字本有兩義，當分讀。

這種一句數讀的現象一般比較難發現，也容易流於主觀臆斷，錢坫能夠把釋義分開解釋，並以文獻注釋證明，這就使他對字義說解的闡釋可信度大大提高。

錢坫運用這兩條說解變例解決了許多釋義理解上的困難，對我們理解《說文》釋義有很大幫助。

二、指出《說文》釋義所據

錢坫在詮釋《說文》釋義時，經常指出許慎說解所依據的文獻，探討《說文》收字、釋義的來源。這說明錢坫對《說文》的詮釋，沒有停留在疏通本書的說解釋義層面，還進一步對《說文》的形成進行了探源式的研究。當然這種指出文獻來源依據的做法，也是對《說文》進行詮釋解讀的一種方式。

錢坫在書中對釋義出處的揭示，比較明顯地表現在對文獻記載和早期字書材料的引用上。我們就以具有明顯表述用語的這兩類材料為例，分析錢坫對《說文》釋義的探源式詮釋。

文獻記載一般是指出《說文》說解出自某文獻，如：

（1）瀌，雨雪瀌瀌。从水麃聲。

《斠詮》：用《詩》句也。

按：今見《毛詩·小雅·角弓》第七章「雨雪瀌瀌，見晛曰消，莫肯下遺，式居婁驕」。

（2）培，培敦，土田山川。从土音聲。

《斠詮》：此用《左傳》祝鮀語也。

按：今見《左傳·定公二十七年》「子魚（即祝鮀）曰：『分之土田陪敦。』」

（3）天，顛也。至高無上。从一大。

《斠詮》：《春秋說題辭》：「天之為言顛也，居高理下，為人經緯，故立字一大為天。」是許君所本。

按：錢坫認為《說文》的訓釋是根據《春秋說題辭》裡面的聲訓而作。

（4）帝，諦也。王天下之號也。从丄朿聲。

《斠詮》：《春秋運斗樞》：「帝之言諦也。」

按：錢坫引《春秋運斗樞》的聲訓，既是為驗證《說文》訓釋，也是為其找到文獻依據。

早期字書材料方面，主要是產生在《說文》之前《爾雅》和《方言》，許慎吸收繼承這兩部字書的地方比較多，錢坫在書中一一給標示出來。如：

（1）雉，有十四種：盧諸雉、喬雉、鳲雉、鷩雉、秩秩海雉、翟山雉、
　　　翰雉、鵫雉，伊洛而南曰翬，江淮而南曰搖，南方曰𩾏，東方曰甾，
　　　北方曰稀，西方曰蹲。从隹矢聲。

《斠詮》：皆《爾雅》文。《爾雅》有「搖雉」無「盧諸」，「盧諸」別出，不在十四雉之內。許君意以「搖雉」與「江淮而南」名同，故加入盧諸，以足十四之數。或許君所見之《爾雅》本有異同，亦未可定。然無從考証矣。

按：錢坫認為此條訓釋是許慎根據《爾雅》所作，雖小有不同，也或是傳本之異。

（2）厜，厜㕒，山顛也。从厂垂聲。

《斠詮》：《爾雅》「山頂冡崒者，厜㕒」，《詩》箋作「崔嵬」，鄭所見之《爾雅》與許君異。

按：今《爾雅》與《說文》同，錢坫認為許慎所見《爾雅》如此，鄭玄所見作「崔嵬」者，是二人所見《爾雅》傳本文字有異。

（3）謰，謰謱也。从言連聲。

《斠詮》：《方言》「謰謱，拏也。南楚曰謰謱。」《楚詞》「媒女詘兮謰謱」，注「不正兒」。

按：錢坫引《方言》證《說文》釋義，既詮釋了釋義，又指明了此條訓釋

的來源。

（4）臟，益州鄙言人盛諱其肥謂之臟。从肉襄聲。

《斠詮》：《方言》「臟，盛也。秦晉或曰臟，梁益之閒凡人言盛及其所愛偉其肥盛謂之臟。」

按：《說文》訓釋與《方言》基本相同，應是在《方言》釋義的基礎上又稍作了改動。

除了在《斠詮》中列出《爾雅》《方言》的相應條目以證明其來源，錢坫在文中還常有「《爾雅》文」「《方言》文」的說法，全書共引《爾雅》788次、《方言》267次，其中標明「《爾雅》文」303次，「《方言》文」62次，這說明錢坫是有意識地用這樣的表述來揭示《說文》釋義的根據和來源。

上文通過對錢坫在引用文獻記載和早期字書材料表述上的舉例說明，證明了錢坫在詮釋《說文》釋義時，運用了追根溯源式的詮釋方法。錢坫用這種方式，不僅讓人們看到了《說文》釋義的廣泛來源，也是對《說文》釋義一種根本性的闡釋。

三、以經典文獻證明許義

許慎是一位博學多識的通儒，時人稱「五經無雙」，既有古文經學的師承，又曾校書東觀，對當時的文獻典籍非常熟悉。他作《說文》時，就廣泛搜羅經典文獻用字，分析歸納它們所記錄的詞義，然後都一一記在《說文》中。到了後世，錢坫為了讀懂《說文》，用大量文獻材料詮釋、解讀《說文》，是對許慎反其道而行之的做法。換句話說，《說文》是一部字書，它所貯存的漢字形音義系統是對當時語言文字系統的提煉與概括，要認識這些固化、靜態的內容，將它們還原到當時的語言文字使用環境中，是認識、理解它們的最好途徑。

錢坫對具體字義的文獻闡釋，常從以下三個角度進行闡釋。

（一）揆諸經傳訓詁

《說文》於「六藝群書之詁，皆訓其意」，其釋義與當時的經典文獻注釋有著天然的聯繫。錢坫使用大量經傳訓詁材料為《說文》釋義提供證明，對《說文》的釋義內容作了充分的解讀。如：

（1）告，牛觸人，角箸橫木，所以告人也。从口从牛。《易》曰：「僮牛之告」。

《斠詮》：今《易》作「童牛之梏」，虞翻注「告謂以木楅其角，繩縛小木，橫箸牛角也」。《詩》「夏而楅衡」，毛傳「設牛角以楅之也」。據此是設木于角，所以告牛，亦所以告人使知之，故「告」通于「告語」之「告」。

按：許慎在「告」字下記載了古時人們在牛角上綁縛木頭以防被牛抵觸的制度，錢坫就援引《易》《詩》的注釋訓詁材料對這個制度進行解讀、驗證，使許義更加明晰。

（2）祼，灌祭也。从示果聲。

《斠詮》：古讀「祼」同「灌」。《大行人》「壹祼」，注「鄭司農云『祼』讀為『灌』」。《考工記》「祼圭」，注「祼之言灌」。灌者，始獻尸求神時，有灌以鬱鬯之禮，故以「灌」解「祼」。《大宗伯》「以肆獻祼享先王」。

按：錢坫引文獻訓詁材料說明了「祼」與「灌」之間的聲義同源關係，證明了許慎的釋義是有文獻根據的。

（3）刌，切也。从刀寸聲。

《斠詮》：《少牢饋食禮》「舌皆切本末」，注「今文『切』為『刌』」，故以「切」訓「刌」。《漢書》「分刌節」，韋昭曰「刌，切也」。

按：錢坫引文獻訓詁材料中「切」與「刌」的古今異文關係，來說明許慎作此條訓釋的根據。

（二）驗諸文獻用例

錢坫有時只引用幾個有關此字的文獻用例，把《說文》的釋義放到經典文獻的實際語言環境中，讓人從具體的文句中體會其釋義。如：

（1）禣，祭具也。从示胥聲。

《斠詮》：《楚辭》「懷桂禣而要之」，《史記》「卜而不中，不見奪糈」，是「禣」為祭具，「禣」通于「糈」也。

按：錢坫引《楚辭》及《史記》文句，以實際的文獻語句來解析許慎的釋義。《楚辭》用的本字，比較容易理解，《史記》中用的「糈」字，錢坫通過破讀追溯到本字「禣」，其用例也可為「禣」釋義提供書證。

（2）理，治玉也。从玉里聲。

《斠詮》：《韓非子》「理其璞而得寶」，是「理」為「治玉」。

按：此條是錢坫找到「理」字本義的文獻用例，為許慎說解提供書證。

（3）胻，脛耑也。从肉行聲。

《斠詮》：《春秋繁露》「民有足胅痛」，《補史記》「壯士斬其胅」。

按：此條是錢坫為許慎的本義說解提供文獻例證。

（4）刷，刮也。从刀㕚省聲。《禮》「布刷巾」。

《斠詮》：《史記》「雪會稽之恥」，《漢書》作「刷」。

按：《史記》中的「雪恥」，即是洗除、擦拭掉恥辱，《漢書》中用「刷」是同義換用，錢坫以此來證明許慎的釋義。

（三）徵諸名物典章、史地沿革

《說文》的釋義有些是對此字所代表的當時的典章制度、名物稱呼、史地沿革等內容的表述說明，錢坫就取證於當時的有關文獻記載，給予證實。如：

（1）祠，春祭曰祠，品物少多文詞也。从示司聲。仲春之月，祠不用犧牲，用圭璧及皮幣。

《斠詮》：《白虎通議》「春曰祠，祠者物微，故名之」。

按：錢坫引《白虎通議》所記關於春祠的特點，與許慎說解相印證。

（2）脯，乾肉也。从肉甫聲。

《斠詮》：東方朔曰「生肉為膾，乾肉為脯」。《內則》注「脯，析乾肉也。」

按：錢坫引西漢東方朔的說法，說明在當時人們對幾種肉的認知，驗證許慎說解的真實性。

（3）潼，水出廣漢梓潼北界，南入墊江。从水童聲。

《斠詮》：應劭《地理志》注同。

按：此條是引當時文獻對地理沿革的記載，來證明許慎釋義的準確性。

四、以字書文獻證明許義

在《說文》產生之前和之後的時間裡，存在很多字書文獻。《說文》產生之前有《爾雅》《方言》《倉頡篇》等，許慎在作《說文》時常常參用前代字書的成果；之後的字書數量很多，錢坫引用的主要有《釋名》《廣雅》《三倉》《埤倉》《玉篇》《廣韻》等，這些字書有的反映了與《說文》時代相近的文獻釋義，有的則沿襲、參用了《說文》的釋義。在字書文獻的演進序列中，《說文》是其發展的一個方面和階段，與其他字書文獻存在淵源繼承關

係，因此可以借助它們同類的字書文獻，對《說文》進行詮釋。錢坫引用大量字書材料對《說文》的釋義進行詮釋，就是基於《說文》與其他字書文獻間的相承關係。

錢坫一般用這些字書材料來詮釋、補充《說文》的釋義，但所引《爾雅》《方言》除了證明許義，還有溯源許義的作用，這在上文已論及，在這裡主要介紹其他字書材料對許義的證明作用。

（1）筋，肉之力也。从力从肉从竹。竹，物之多筋者。

《斠詮》：《釋名》「筋，力也。肉中之力，氣之元也。」

按：劉熙從聲訓的角度闡釋了「筋」與「力」的淵源關係，說明了「筋」的得名緣由。《說文》訓「肉之力」，以「力」為主訓詞，是抓住了詞義的關鍵，說明了許慎釋義的準確性。

（2）胘，牛百葉也。从肉弦省聲。

《斠詮》：《廣雅》「胃謂之胘，人曰胃，鳥獸曰百葉。」

按：錢坫引《廣雅》，指出了「胘」是「胃」的別稱，「胃」「百葉」等是對不同種屬的不同稱謂，較具體地闡釋了許慎的說解。

（3）劈，破也。从刀辟聲。

《斠詮》：《埤倉》「劈，剖也。」

按：《說文》「劈」訓「破」，是破析之義，《埤倉》訓「剖」，是剖析之義，字雖稍異，所指詞義都是分開、離析，是一樣的。

（4）腌，漬肉也。从肉奄聲。

《斠詮》：《蒼頡篇》「酢，淹肉也。」

按：錢坫謂《蒼頡篇》的「淹」，即《說文》的「腌」。《說文》「漬，漚也」，「漚，久漬也」，是「腌」為長久浸漬過的肉；《玉篇》「淹，漬也」，《廣韻》「淹，久留也」，二義實相承，是「淹」也有長久浸漬之義，故錢坫以《倉頡篇》解之。

五、用近代俗語驗證許義

方言是漢語在不同地域發展不平衡造成的。各地的方言俗語中不同程度地保留了一些古代漢語的詞彙，錢坫對這類語言事實有所認識，在詮釋《說文》時，就將《說文》釋義與近代的一些方言俗語聯繫起來，利用人們日常生活中常見的俗語對時代久遠的《說文》釋義進行解釋，既容易理解，又拉近

了人們與古代文獻的距離。

錢坫用俗語詮釋《說文》釋義，常用「今俗……」的方式來表述。如：

（1）琮，瑞玉，大八寸似車釭。从玉宗聲。

《斠詮》：今俗猶稱黃琮玉為「釭頭」。

按：錢坫是以人們稱黃琮玉為「釭頭」，來驗證許慎說解中的「似車釭」，是所稱「釭頭」仍存故意。

（2）𥈤，掮目也。从目叉。

《斠詮》：今俗語搯目為「𥈤」。

按：《說文》「掮，搖掮也」，是「掮目」即「搖目」，俗語「搖目為𥈤」，也是古語遺存至今者。

（3）音，相與語唾而不受也。从丶从否，否亦聲。

《斠詮》：今俗唾而不受猶曰「音」，亦南北通語。

按：今時「音」義猶與漢時同，可見方言俗語中遺存的古語甚多。

（4）利，禾危穗也。从禾勹聲。

《斠詮》：今俗謂禾頭下垂曰「利頭」。

按：「禾危穗」即因禾穗飽滿而下垂，與俗語「禾頭下垂」義同，「禾頭下垂曰利頭」，可見古義未變。

錢坫是江蘇嘉定人，屬吳語區，所以他也常以家鄉的吳語解釋許義，全書計有 33 處，常用「今吳人……」「今吳語……」「今吳俗……」等用語來表述。如：

（1）莘，羹菜也。从艸宰聲。

《斠詮》：《玉篇》「莊里切」，今吳俗以蔬菜和肉為羹，命之曰「莘頭」。

按：段注云「謂取菜羹之也」，是以菜和羹為「莘」，古時與今吳地風俗一致。錢坫以身邊易見的風土民情驗證古義，具體可感，生動形象。

（2）跰，曲脛馬也。从足方聲。讀與彭同。

《斠詮》：《廣雅》「跰，踤也」。今吳語謂人足病走不正曰「彭亨」。

按：《廣韻》「跰，腳脛曲皃」，是「曲脛」與「足病走不正」義相似。張舜徽《約注》云：「『曲脛』謂之『跰』，蓋人與獸所共，非第馬然矣。今湖湘間謂人脛不直者為『跰腳』，音正如『彭』，亦讀為『旁』，古遺語也。」錢坫謂吳語中人足病走不正曰「彭亨」，當也是古語之遺。

（3）鈙，持也。从攴金聲。讀若琴。

《斠詮》：今吳人語以手持物為「鈙」，聲如「擒」也。

按：「琴」「擒」音近，此是以方音證明《說文》所存古音。

（4）笘，折竹箠也。从竹占聲。潁川人名小兒所書寫為笘。

《斠詮》：今吳語謂小兒所書寫曰「笘板」，聲近「監」。

按：吳語中對小孩子書寫板的稱呼，當是古代用語的遺存，錢坫以生活常見之物驗證許說，使《說文》中許多事物的形象變得清晰可感。

六、運用小學知識闡釋許義

清代古音學自顧炎武開闢科學的研究道路以來，發展迅速，人們開始重視聲音在小學研究中的作用。惠棟、戴震、錢大昕等學者都主張以聲音通訓詁，突破字形的局限，從聲音入手探求詞義之間的關係。

自顧炎武以降的古音研究，是以研究古韻學為主的，當時的學者在利用古韻學成果以聲音通訓詁時，一般是從韻的角度去分析字音的遠近。錢大昕也提倡以聲音通訓詁，但主張從聲紐的角度去解釋字音的遠近關係，據此他提出了「轉音說」，其中有所謂「轉聲」。「轉聲」即是雙聲假借，錢大昕認為兩個字的聲紐相同相近就可以發生假借關係，不一定局限於疊韻的條件。這與段玉裁主要從韻的角度概括的「凡假借必同部同音」相對立，但也是對段說的一個重要補充。

錢坫受錢大昕的影響比較大，不僅對上古聲紐研究得比較深入，也繼承了錢大昕以聲紐解決文獻訓詁問題的觀念。對文獻中的異文假借現象，錢坫認為「古人轉借之道，聲形意義必皆相近，然後能通」，是說古人的假借往往兼有音義，聲音相近、意義相通才可以相互假借，其中所謂的「聲」，即主要指聲紐。在錢坫對《說文》釋義的詮釋中，有很多地方表露出這種觀念。如：

（1）絅，急引也。从糸同聲。

《斠詮》：「急」之轉音為「絅」也。

按：錢坫所謂「轉音」，即是繼承了錢大昕雙聲假借的說法，從聲母角度探討訓詁材料中的語音現象。錢坫認為「急」與「絅」之間是聲訓關係，不只意義相通，字音也相近。「急」之所以能訓釋「絅」，主要是因為它們聲母相同，都是見母字，只是韻發生了變化。

（2）雁，石鳥。一名離鸌，一曰精列。从隹幵聲。《春秋傳》「秦有士雁」。

《斠詮》：《詩》「脊令在原」，毛傳「脊令，雝渠也。」「脊令」即「精列」，一聲之轉。

按：錢坫說的「一聲之轉」，亦即雙聲假借，從聲母的角度看，「脊令」與「精列」聲母均同，只是韻發生了變化，其所指當是一物。

（3）德，升也。从彳悳聲。

《斠詮》：《史記》「吾為若德」，《漢書》作「吾為公得」，是「得」與「德」通。「得」之言「登」也，《公羊傳》「登來」讀若「得來」，是「登」與「得」通。「登」有升義，既通于「得」，亦通于「德」也。又「陟，升也」，《太卜》「三曰咸陟」，鄭注「陟之言得，讀若『王德翟人』之『德』」。「陟」亦與「德」通，訓為升，則「德」亦可訓為升。古「道德」字只作「悳」，不與此同。

按：錢坫依據雙聲假借說，從兩個角度來證明「德」訓「升」：一是「德」與「得」、「得」與「登」都是以聲母相同建立的假借關係，因聲近而義通；中古知母的「陟」與「得」「德」符合「古無舌上音」的規律，在上古也是聲母相同，聲近義通，所以「登」有升義，「陟」也有升義，都可證明「德」可以訓「升也」。

（4）逶，逶迤，衺去之兒。从辵委聲。蟡，或从虫為。

《斠詮》：《詩》「委蛇委蛇」，傳「行可從迹也」，箋「委曲自行之貌」。《韓詩》作「逶迤」。按艸之委隨作「萎蕤」，行之委隨作「逶迤」，亦文異義同也。古「迤」「蕤」「移」「隨」「蛇」並同聲。《楚詞》「載雲旗之委移」，只作「委移」。本書釋「委」云「委隨」，「委隨」亦「委移」也。知古人轉借之道，聲形意義必皆相近，然後能通也。

按：錢坫將「逶迤」「萎蕤」「委移」「委隨」「委蛇」等詞系聯到一起，認為它們聲紐相同、意義相通，表示的是一個詞。錢坫根據聲音和意義的相近相通，破除形體的束縛，將其系聯在一起，然後與大量文獻例證相印證，以此闡明《說文》釋義。

第二節　字形說解詮釋

錢坫對字形說解的詮釋，主要集中在一些構形不明和構件容易混淆的地

方。他採用的方法，一方面是以許注許，從《說文》內部尋找證據，進行補證和辨析；一方面是引用出土文獻詮釋《說文》形體。

（一）以許注許

1. 利用旁見說解詮釋字形

《說文》對一個字的說解主要集中在本篆下，但有時會在與該字形相關的字下，對該字的字形或字義有不同的說解，這些別處旁見的說解往往對該字的釋義或字形說解有重要的補充或糾正作用。錢坫在詮釋《說文》時，常引用《說文》中的旁見說解，將有關的說解信息匯聚到此字下，補充證明對此字的字形分析。如：

（1）旁，溥也。從二，闕，方聲。

《斠詮》：本書「央」字下云「從大，大，人也，央、旁同意。」據此則此字中從「人」矣。

按：《說文》對「旁」字的字形沒有說解，其構形不明。但許慎在「央」字下對構件「大」的分析中說「央、旁同意」，這說明許慎認為「旁」是從「大」的，且「大，人也」是其構意。錢坫的詮釋，將二字「央」「旁」字聯繫起來，補充了「旁」字構形不明的缺失。

（2）童，男有辠曰奴。奴曰童，女曰妾。從辛重省聲。𥫄，籀文童，中與「竊」中同，從廿。廿，以為古文「疾」字。

《斠詮》：籀文「疾」從「𤕫」從「廿」，故云。

按：此條下云「廿，以為古文『疾』字」，故錢坫引「疾」之籀文「𤶠」從「𤕫」從「廿」驗證此說。而在本書「疾」字籀文「𤶠」下，《斠詮》云「從『廿』者，『廿』亦古文疾也」，又是引此條說解詮釋「𤶠」字的構形及構意。

（2）畀，相付與之約在閣上也。從丌𤰔聲。

《斠詮》：《爾雅》「畀，賜也」。本書「異」字下云「畀，予也」。

按：《說文》「異，分也。從収從畀。畀，予也。」「異」字從「畀」有「予」義，與此條「畀」訓「相付與之」正相印證。

2. 區分易混構件，說明字形所從

在《說文》中，有些字形形體相近，很容易混淆，錢坫對這類現象進行了辨析，指明了此字應當從某形。如：

（1）萄，具也。从用茍省。

《斠詮》：此從「蒭省」之「茍」。

按：《說文》有「茍，艸也。从艸句聲」，又有「茍，自急敕也。从羊省从包省从口。蒭，古文羊不省」。「茍」上部「从艸」，「茍」上部「从羊省」，二字寫法很近，很容易混淆。因而錢坫在這裡指出「萄」是從古文「蒭」省的「茍」，不是訓「艸也」的「茍」。

（2）翏，高飛也。从羽从彡。

《斠詮》：此從「从几」之「彡」，《莊子》「而獨不聞之翏翏」用此。

按：《說文》有「彡，新生羽而飛也。从几从彡」，又有「彡，稠髮也。从彡从人」。二字字形相近，容易混淆。錢坫恐人誤識，特意指出「翏」所從之「彡」是訓「新生羽而飛也」的「彡」，這樣才能更恰當地說解「翏」的本義。

（3）畀，相付與之約在閣上也。从丌由聲。

《斠詮》：此從鬼頭之「甶」。

按：《說文》「畀」字所從之「甶」，似「田」形，又似「由」形，從聲音上看均不相近，錢坫指出此當從《說文》訓「鬼頭」之「甶」，「甶」為滂母字，「畀」為幫母字，均屬脣音，是「畀」可從「甶」為聲。

（二）利用出土文獻詮釋《說文》字形

錢坫精通《說文》，經常憑藉《說文》釋讀金石文字。反過來，他也偶爾用金石材料詮釋《說文》中字形分析不當的地方。如：

（1）單，大也。从吅卑，吅亦聲。闕。

《斠詮》：此從古文之形。鐘鼎或為 ，漢印又作 ，皆古文也。

按：錢坫謂「此從古文之形」，是說「單」字的字形是從古文演化而來，並引用金文及印文說明「單」字的形體來源，補充了許慎構形分析不明的缺失。

（2）亟，敏疾也。从人从口从又从二。二，天地也。

《斠詮》：漢瓦當「極」字作「」從「」，「」應即「亟」字古文也。古「蒭」與「亟」同義同聲，許君書未載而意自相及，且見于漢初舊物，因附論之。

又：敬，肅也。从攴茍。

《斠詮》：漢瓦當文「極」字從「敬」作「極」，古「亟」「菩」字同，「亟」中之「𦥯」，「敬」之省也。瓦當為物綦古，每與許君之說相証明，故附於此。

按：錢坫根據漢瓦當中「極」字的字形，對《說文》中「亟」字的構形進行了分析，認為「亟」字所從之「𦥯」的寫法，是古文「敬」形之省，與許慎所謂的「从人从口从又从二」不同。

第三節　讀音詮釋

他在《斠詮》中也提出要詮《說文》之本音，這與他想還原恢復古音的動機是一致的。

錢坫對《說文》讀音的詮釋，主要有引用經籍舊音、驗證方言俗語及糾正今音訛誤等三種方式。

（一）引經籍舊音證明《說文》讀音

在漢代，人們在文獻注釋中已經經常用直音或譬況、讀若等方式來標注漢字讀音。錢坫經常引用與許慎同時或時代稍後的學者的文獻注音，希望通過這些文獻中保存的古音來證明、補充許慎的讀音。如：

（1）暜，大呼自勉也。从言暴省聲。

《斠詮》：《漢書》「郭舍人不勝痛呼暜」，服虔音「暴」。

按：《說文》作「暴省聲」，許慎意即當是讀同「暴」，錢坫援引當時服虔在文獻中為此字注的音，恰好證明了許慎標音的準確。此類還有「逗」從「豆聲」，蘇林音「豆」；「扐」從「力聲」，應劭音「力」；「鄭」從「莫聲」，應劭音「莫」；「鄤」從「壽聲」，應劭音「壽」；等等。

（2）鼈，牂牁縣。从邑敝聲。讀若鷩雉之鷩。

《斠詮》：《地理志》同，孟康音「鷩」。

按：《說文》「鼈」讀若「鷩雉之鷩」，錢坫引孟康音「鷩」，證實許慎所云讀若實有此音。此類還有「齅，臭聲，讀若畜牲之畜」，應劭音「六畜」之「畜」；「𠬶，讀若撥」，服虔音「撥」；「陪，崩聲，讀若陪」，李斐音「倍」；「狋，示聲，讀又若銀」，孟康音「權精」等等。

（3）爪，亦丮也。从反爪。闕。

《斠詮》：此古文「掌」字也。孟母姓仉氏，即此字耳。通于「党」，《左

傳》「公築臺臨党氏」，《釋文》音「掌」。

按：《說文》所「闕」，闕其音也。錢坫說當是本錢大昕說。錢大昕云「《說文》反『爪』為『爪』，與『掌』同音，隸變『爪』為『仉』，非真從人從几也。」通過對「爪」「仉」二字形體上的溝通，解釋了「爪」的讀音，是對許慎說解的補充。

（二）引近世方音俗語詮釋《說文》讀音

錢坫除了征稽古代文獻中的注音詮釋《說文》，還經常引用近世的方言俗語解讀《說文》。在聲讀方面，錢坫常常指出與《說文》釋義相近相關的方言俗語的讀音，以此來詮釋《說文》古音聲讀。如：

（1）莥，鹿藿之實名也。從艸狃聲。

《斠詮》：今關西稱鹿豆為莥豆，聲在「鈕」「潘」之間。

按：《爾雅》郭注云：「莥，今鹿豆也」，錢坫所說「關西稱鹿豆為莥豆」，當是古時遺語，錢坫描述人們所稱「莥豆」的讀音，即是為了還原許慎時代的讀音。

（2）齹，齒相齹也。一曰開口見齒之皃。從齒柴省聲。讀若柴。

《斠詮》：今俗謂物不相值曰齹，音在「此」「差」之間。

按：錢坫所謂「物不相值」與《說文》「齒相齹」同義，又描述方音在「此」「差」（chāi）之間，與《說文》「柴」音相近，當是一詞。

（3）脬，膀光也。從肉孚聲。

《斠詮》：今俗呼卵脬聲如「胞」。

按：錢坫所言方音聲如「胞」，即是仍讀重唇音，說明此俗語中還保存著上古讀音，與許慎讀音相差不遠。

（4）倏，走也。從犬攸聲。讀若叔。

《斠詮》：《蜀都賦》「鷹犬倏聃」，今俗謂走疾謂「倏」，是「叔」音也。

按：《說文》「走，趨也」，《釋名》「疾行曰趨」，是古時所謂「走」即錢坫所說的「走疾」，亦即「倏」，其在俗語中仍音「叔」，是古語之遺也。

（三）糾正今音訛誤

錢坫在研究《說文》讀音時，一般會注意該字在今音中作何讀法，如果今音與《說文》讀音相承有異時，往往會指出訛誤之由，這是用辨析古今音異同的方式詮釋《說文》聲讀。如：

（1）𮕪，䭈也。从𡆀米聲。

《斠詮》：此字從「米」為聲，讀即同「米」。今讀同「祝」者非是。楚之姓芊，「芊」音與「米」同，古假借用「𮕪」，故稱「芊熊」為「𮕪熊」耳。《釋名》「𮕪，濁于麋，麋麋然也。」

按：錢坫以「芊熊」與「𮕪熊」之假借及《釋名》「𮕪，濁于麋，麋麋然也」之聲訓證明𮕪字本音「米」，甚是。又《玉篇》「𮕪」字下引「《說文》又音麋」，《廣韻》「𮕪」字下云「案《說文》𮕪本音麋」，均可證許慎作「米聲」無誤，今作「祝」音者，與古音不符。

（1）關，開閉門利也。从門絲聲。一曰縷十紘也。

《斠詮》：今俗開閉門之鍵曰關，讀如「絲」，又弓部「彌」云「弓便利也」，聲義並同，然則諸書以此音「職沈切」者謬矣。

按：錢坫所說「諸書以此音『職沈切』者」大概是說《玉篇》「之羨、止兗二切」、《廣韻》「持兗切」等。本書「彌」字與「關」字聲近義通，均從「絲」得聲，近世俗語「關」仍讀同「絲」，當是古音如此，未曾變讀。諸字書音「職沈切」者，當如孔廣居《說文疑疑》、戚學標《說文補考》所說「沈」為「流」之誤。

（3）鳶，鷙鳥也。从鳥弋聲。

《斠詮》：古「鴟」字如此。「𣊏」「鳶」以「弋」為聲，所從同，讀之亦同。又別為「鴟」，轉從「𣊏」聲，讀亦無異。禰衡曰「鷙鳥累百不如一鶚」，此是也。後世俚妄之夫因「鳶」字艱于書寫，趨易作「鳶」。遂令諸經凡「鳶」悉改為「鳶」。《詩》「匪鷙匪鳶」，傳「鳶，貪殘之鳥。」「鳶飛戾天」，箋「鳶鴟之類，鳥之貪惡者。」《曲禮》「前有塵埃則載鳴鳶」，注「鳶鳴則將風」，皆「鴟」也。又誣妄其音，讀之為「悅宣切」。「鳶」既改為「鳶」，從「弋」字亦不得有「悅宣」之音，其謬首見於陸德明《釋文》，於《詩》一音「悅宣切」、一音「與專切」，於《曲禮》音「悅專切」。《玉篇》《廣韻》皆音「以專切」而《玉篇》乃以「鳶」字為正，反云「鳶」字同上，真所不解者矣。

按：此條是錢坫對「鳶」字訛變為「鳶」，又誤讀為「悅宣切」造成了今音訛誤的情況進行了辨正。「鳶」又作「鴟」，或從「弋」聲，或從「𣊏」聲，讀音當與「弋」近。但後世「鳶」訛作「鳶」字，其音又誤作「悅宣切」，使後世文獻、字書既改其字，又誤讀其音。「悅宣切」與其聲符「弋」音不近，

不是《說文》本音，錢坫正本清源，還原本字本音，糾正了流傳已久的舛誤。

第四節 「讀若」詮釋

「讀若」是經傳注釋同時也是《說文》說解中的重要術語，關於它的內涵清代學者有較深入的探討。

對「讀若」的闡發，最著名的是段玉裁。他曾作《周禮漢讀考》和《儀禮漢讀考》，對兩書中的注音現象作了一番研究，在《周禮漢讀考》序中總結說：「漢人作注，於字發疑正讀，其例有三：一曰讀如、讀若，二曰讀為、讀曰，三曰當為。讀如、讀若者，擬其音也，古無反語，故為比方之詞。讀為、讀曰者，易其字也，易之以音相近之字，故為變化之詞。注經必兼茲二者，故有讀如，有讀為，字書不言變化，故有讀如無讀為。」〔註3〕之後，他又在注《說文》時，也表達了類似的看法，他在「曩」字下說「凡言讀若者，皆擬其音也。凡傳注言讀為者，皆易其字也。注經必兼茲二者，故有讀為、有讀若。讀為亦言讀曰，讀若亦言讀如。字書但言其本字本音，故有讀若、無讀為也。」〔註4〕段玉裁通過對這幾類術語的對比分析，認為《說文》中的「讀若」只有標音的作用。

與段玉裁的觀點不同，錢大昕則認為「讀若皆假借」，不僅標音，也可義通。他說「漢人言『讀若』者，皆文字假借之例，不特寓其音，並可通其字。……許氏書所云『讀若』，云『讀與同』，皆古書假借之例，假其音併假其義，音同而義亦隨之，非後世譬況為音者可同日而語也。」〔註5〕

以上兩位學者對經傳訓詁中的「讀若」的看法不同，他們對《說文》中的「讀若」性質的認識也就不一樣。錢大昕認為「讀若」具有通訓詁的作用，他在闡釋《說文》「讀若」時，能夠結合經傳訓詁進行解讀，這對了解《說文》的經學背景有重要意義。

錢坫在對《說文》「讀若」性質的認識上，與錢大昕的觀點相同，在《斠詮》中對「讀若」現象標聲兼表義的內涵作了大量詮釋工作。

〔註3〕（清）段玉裁撰，鍾敬華校點，經韻樓集〔M〕，上海：上海古籍出版社，2008：24。
〔註4〕（清）段玉裁，說文解字注〔M〕，上海：上海古籍出版社，1988：6。
〔註5〕陳文和主編，嘉定錢大昕先生全集〔M〕，南京：江蘇古籍出版社，1997：第9冊，43。

在《斠詮》中，錢坫以「宋」字為例，闡明了《說文》「讀若」的內涵，認為「凡許君云『讀若』者，皆聲義相兼」。

宋，居也。从宀从木。讀若送。

《斠詮》：字「从宀从木」，「木」，社木也；「宀」，屋也。《白虎通誼》「社無屋以通天地之氣，勝國之社則屋之，示與天地絕。屋者，居也」，此制字之義。考「宋」字自周武以前無之，特為此而起，亦無他訓可求。《釋名》「宋，送也。地接淮泗而東南傾，以封殷後。若云滓濊所在，送使隨流東入海也」，與許君相發明。夫子于黃帝、堯、舜、禹後皆曰「以」，獨殷後曰「投」，鄭康成云「投，舉徙之辭」，義與「投諸四裔」「投畀有北」正同。當時武庚叛亡，繼殷者有不能不處踈遠之勢，如箕子尚置于朝鮮，朝鮮在海之東北，宋在海之東南，其方不同，其例則一。凡許君云「讀若」者，皆聲義相兼。劉熙特通其學，故在在與許吻合。

按：錢坫在探討「宋」字的本義時，結合其形體進行分析，又從讀音的角度探討其語源。在分析其語源時藉助文獻注釋分析當時的社會情勢，反映了「宋」字背後深刻的社會歷史內涵。「宋」字詞義的深刻內涵，是通過「讀若送」來展現的，所以錢坫強調「讀若」在理解字義時所起到的重要作用。

錢坫認同「讀若」聲義相兼，他在對書中的「讀若」就分別從意義和聲音兩個角度進行了詮釋。

（一）以意義相通闡明「讀若」

錢坫認為《說文》的「讀若」不僅讀音相近，也具有溝通詞義的作用。他在一些字下，對《說文》釋義與「讀若」詞之間的關係，進行了溝通，以此來證明「讀若」的雙重作用。如：

（1）舌，語相訶歫也。从口歫辛，辛，惡聲也。讀若櫱。

《斠詮》：「辛，罪也」，故讀同「櫱」。此「自作孽」字。又俗云嘈囋。

按：「舌」從「辛」，「辛」有罪義，「舌」因此也有罪孽義。錢坫認為「舌」可讀若「櫱」，不僅是因為音近，還因為因為它們詞義上的相通，許慎作此讀若，正是為了提示這層關係。

（2）弮，摶飯也。从廾釆聲。釆，古文辨字。讀若書卷。

《斠詮》：此即《曲禮》「毋摶飯」字，謂以飯作摶，易致飽也。與「書卷」之「卷」義近，故讀通之。

按：《說文》「摶，以手圜之也」，「摶飯」，即以手圜飯使圓曲成團狀，其形態與捲曲成卷的書卷類似，錢坫認為是「莽」與「書卷」之「卷」音近義通，所以許慎以讀若通之。

（3）噲，咽也。从口會聲。讀若快，一曰嚘噲也。

《斠詮》：《詩》「噲噲其正」，箋「噲噲猶快快也」。是「噲」讀為「快」之証。

按：錢坫引鄭箋證明「噲噲」與「快快」義近，是許慎以「噲」讀為「快」，不僅因為音近，還因為它們義通。

（二）以讀音相近闡明「讀若」

「讀若」的必要條件是語音相近，錢坫在《斠詮》中有時也會引用一些文獻材料，證明篆文與讀若之間相近的語音關係。如：

（1）菨，牛藻也。從艸君聲。讀若威。

《斠詮》：「菨」讀為「威」者，「君姑」謂之「威姑」，古聲相近也。

按：錢坫在《說文》「威」字下斠詮云「《爾雅》曰『君姑』，即『威姑』也。古『威』讀為『君』，本書『菨』亦讀『威』是其証」，以「威」讀為「君」，證明「菨」「威」聲近，可相讀若。

（2）芮，芮芮，艸生皃。从艸內聲。讀若汭。

《斠詮》：《詩》「芮鞠之即」，《周禮》注引作「汭坭」，是「芮」「汭」通用。

按：錢坫以《詩經》《周禮》注異文證明「芮」「汭」音近通假，故可讀若。

《說文》中的「讀若」，在錢坫看來本質上是一種假借現象，因而他在書中常常指出「讀若某」中「某」的意義，是為了與《說文》釋義溝通起來，說明此意義的本字當作某。如：

（1）兀，高而上平也。从一在人上。讀若夐。茂陵有兀桑里。

《斠詮》：「讀若夐」者，凡「夐絕」「夐大」字，義皆應作「兀」也。

按：在文獻中，「夐」有「夐絕」「夐大」的意思，而《說文》中「兀」讀若「夐」，錢坫認為「夐絕」「夐大」等義都是「兀」字的意義，它們的本字應是「兀」，用「夐」表示是假借的用法。

（2）奞，鳥張毛羽自奮也。从大从隹。讀若睢。

《斠詮》：《廣韻》引作「自奮奞也」。「讀若睢」則「暴戾恣睢」字。

按：文獻中「暴戾恣睢」義常用「睢」字表示，《說文》中「奞」讀若「睢」，錢坫以為「恣睢」義與「奞」的本義相關，「奞」才是它的本字，用「睢」記錄是假借用法。

（3）黃，賦事也。从業从八，八分之也。八亦聲。讀若頒。一曰讀若非。

《斠詮》：讀若「頒」即「班布」字。讀若「非」即「匪頒」字。「匪」「頒」一聲之轉，故可互用，亦可互讀也。鄭注《太宰》「匪，分也」，注《祭義》「頒之言分也」，本無所異。

按：錢坫認為「讀若頒」指的是「班布」之「班」，「讀若非」指的是「匪頒」之「匪」，在這兩個意義上無論讀「頒」還是讀「非」，其意義都與「賦事也」有關，其本字都是「黃」。

第五節　引經詮釋

《說文》與當時經典文獻的關係密切，許慎在說解完一個字之後，常常還援引經文證明其說解。《說文》所引經文與傳世文獻的經文在用字、文句方面有些差異，錢坫在詮釋《說文》的時候，對《說文》引經內容與傳世文獻作了一些溝通與比較的工作。

錢坫對《說文》引經現象的闡釋，主要探討了引經內容與傳世文獻古今用字的異同、引經文獻背後的經學淵源等問題。

（一）引經文獻古今用字的異同

《說文》所引經典呈現的是許慎當時的經典文獻面貌，其用字情況與今本傳世文獻不盡相同，錢坫對古今文獻的用字異同作了一些對比。如：

（1）璿，美玉也。从玉睿聲。《春秋傳》曰：「璿弁玉纓」。

《斠詮》：今《左傳》作「瓊弁」，瓊，赤玉。璿，美玉。

按：「璿」讀「似沿切」，而「瓊」之重文作「琁」，是其音本相近。故文獻古今用字可得假借。

（2）瓚，三玉二石也。从玉贊聲。禮天子用全，純玉也；上公用駹，四玉一石，侯用瓚，伯用埒，玉石半相埒也。

《斠詮》：《考工記》文。今本「駹」誤作「龍」，「埒」誤作「將」，非是。

按：「虩」與「龍」，「埒」與「將」，均因字形相近而誤，此為錢坫據《說文》所引經文糾正今本文獻之誤。

（3）襧，重衣皃。从衣圍聲。《爾雅》曰「襧襧，襤襤」。

《斠詮》：此云「襧襧」者，「襤襤」也，今《爾雅》作「洄洄」。陸德明引郭璞音義「洄」本作「![字]」，蓋「襧」別為「![字]」，又別為「洄」耳。「襤」又「潰」字之誤。《詩》「潰潰回遹」，傳以為「潰亂」。「襧」「潰」聲相轉，又義同，故訓之如是。許君引經多此例，乃謂《爾雅》無此語者，非也。

按：錢坫認為《說文》所引「爾雅曰襧襧襤襤」的意思是「《爾雅》曰：襧襧，襤襤。」「襤襤」是對《爾雅》「襧襧」的解釋，並不是《爾雅》有「襧襧襤襤」的說法。錢坫又據陸德明《釋文》謂今本《爾雅》之「洄洄」，許慎所見本當作「襧襧」，《爾雅》本有此語，只是因為古今字異，單從文字表面上看不出來了。許慎為「襧襧」作的解釋「襤襤」，錢坫認為也是「潰潰」之誤。以毛傳「潰亂」義、《爾雅》「洄洄，惛也」證之，「襧襧」「襤襤」義正同，讀音又近。錢說或是。

（二）闡釋引經文獻不同的經學背景

許慎在東漢是一位「五經無雙」的古文經學家，其《說文》敘中多有批評今文經學妄說字義的言辭，且文末說「其稱《易》孟氏，《書》孔氏，《詩》毛氏，《禮》，《周官》，《春秋》左氏，《論語》，《孝經》皆古文也」，所以人們按照慣性思維，認為許慎作《說文》的學術立場是在古文經學方面的，主要體現的是古文經學的成就，對今文經學是棄如敝屣的態度。但實際上並非如此。

錢坫在比較傳世文獻與《說文》引經的異同時，發現許慎雖然標榜古文經學，但他在作《說文》選取文獻引證時，並不拘於門戶之見，而是體現出一種兼包並蓄的精神。

錢坫在「赿」下比較完整地表述了他對許慎引證經典文獻態度的理解。他說「考走、辵、足三部間有字異而義相近者，許君亦就各家諸經傳授殊異釋之，如「赿」「蹻」兩引等是也。其詁訓亦本之各家，故不必盡同。」是他認為許慎作《說文》取自各家經傳，並不抱有主觀抑揚的心態，只要是有益於經訓，都在收錄之列。

在對具體引經條目的闡述中，也經常能看到他類似的表述。如：

（1）蒮，艸也。从艸隺聲。《詩》曰：「食鬱及蒮」。

《斠詮》：《爾雅》「蒮，山韭」，此是《韓詩》，許君「藇」下不引《詩》而于此引者，許君兼說韓氏也，今毛《詩》「藇」。

按：《毛詩》「藇」與《韓詩》「蒮」為異文關係，許慎兼收《毛詩》的「藇」字和《韓詩》的「蒮」字，並在此字下引《韓詩》，錢坫就此揭示了許慎收字、引經不重學派門戶之見的求實精神。

（2）𦙫，善丹也。从丹蒦聲。《周書》曰「惟其敦丹𦙫」。讀若雀。

《斠詮》：《釋文》引作「讀若霍」。《釋名》「塗，杜也，杜塞孔穴也」。古「杜塞」之「杜」，本作「敚」，故劉熙云爾。許君說《書》孔氏，或安國古文作此。今文則作「斁」，許君博采群書，異同互見，不必執一論之也。

按：今傳古文《尚書》作「斁」，與《說文》所引不合，錢坫認為是許慎所採用的版本很多，不一定只局限於古文經典。

（3）芐，地黃也。从艸下聲。《禮》曰「鈃毛、牛藿、羊芐、豕薇」是。

《斠詮》：《爾雅》文。《公食大夫禮》也，注「今文『苦』為『芐』」。據之則許君用今文《禮》。

按：《說文》所引《禮》，是《儀禮·公食大夫禮》文，只是「羊芐」作「羊苦」。經文「芐」字與《公食大夫禮》注語合，故錢坫據之說許慎用今文《禮》。

第六節　通人說詮釋

許慎作《說文》「博采通人，至於小大」，收錄了許多著名學者的觀點。這些通人的說法，大多是對漢字形音義的解讀。錢坫考稽當時的史書文獻記載，對這些通人的說法進行了一定程度的闡釋，有的是指出通人說的出處，有的是對通人的觀點進行解讀，為我們了解這些通人的說法提供了許多有價值的資料。

（一）指出通人說的出處依據

許慎所採用的通人說，或是依據各家師承，或是參考前人著作，錢坫依據他對漢代經學的研究，為《說文》中通人說的出處或依據提供了一些信息。如：

（1）蕫，鼎蕫也。从艸童聲。杜林曰藕根。

《斠詮》：此當是《倉頡故》。《爾雅》文，郭璞注「似蒲而細」。

按：杜林為東漢初通儒，好古文字，曾得漆書《古文尚書》，小學方面有《蒼頡訓纂》《蒼頡故》二書，但都已亡佚。許慎生時杜林已去世，《說文》引杜林說，當是秉承師說或參看其所著書，錢坫說此為《倉頡故》中說，或是。

（2）嘮，謞聲嘮喻也。从口旁聲。司馬相如說，淮南宋蔡舞嘮喻也。

《斠詮》：當是《凡將篇》文。坫按本書無「喻」字。疑《上林賦》之「巴俞」即此「嘮喻」也。其字「巴」誤為「嘮」，「俞」為「喻」耳。又丞相孔光葵郊祭，樂人有淮南鼓員四人，巴俞鼓員三十六人，蔡謳員三人，商樂鼓員十四人。

按：司馬相如是西漢著名的辭賦家，曾作字書《凡將篇》，顏師古《急就篇》注敘云：「司馬相如作《凡將篇》，俾效書寫，多所載述，務適時要」，是《凡將篇》收了不少當時的時俗常用字，所以《漢書・藝文志》說它較《倉頡篇》「頗有出矣」。《說文》引司馬相如說，當是引述其著作中的話，故錢坫認為《說文》所引出自其所纂《凡將篇》。

（3）葽，艸也。从艸要聲。《詩》曰：「四月秀葽」。劉向說此味苦，苦葽也。

《斠詮》：此「劉向」當是《魯詩》說也。

按：《漢書・楚元王傳》云：「元王少時嘗與申公受《詩》于浮邱伯。元王好《詩》，諸子皆讀《詩》。申公始為《詩傳》，號《魯詩》；元王亦次之《詩傳》，號《元王詩》，世或有之。向為元王子休侯富曾孫。」楚元王《詩》學與申公《魯詩》學最近，是也屬於《魯詩》一派。劉向為楚元王後裔，其家學為《魯詩》無疑。所以《說文》所引劉向《詩》說，錢坫以為是《魯詩》說。

（二）對通人說進行解讀

所謂的通人說，大多是當時學者根據經典文獻文字使用的實際情況提出的一些看法。錢坫根據經典文獻中的相關記載，對一些通人的說法作了一部分解讀。如：

（1）犧，宗廟之牲也。从牛羲聲。賈侍中說此非古字。

《斠詮》：云「非古字」者，蓋古字有「獻」無「犧」也。《禮器》「犧尊」注「『犧』《周禮》作『獻』」，《司尊彝》「獻尊」注「『獻』讀為『犧』」。賈逵

以《周禮》故云爾，或稱「羲」為古之「犧」，非也。

按：錢坫引《禮記·禮器》「犧尊」注所稱《周禮》作「獻」，《周禮·春官·司尊彝》作「獻尊」，是《周禮》有「獻」無「犧」。賈逵以《周禮》為說，所以說「犧」非古字。

（2）為，母猴也。其為禽好爪，爪，母猴象也。下腹為母猴形。王育曰：「爪，象形也」。𢏱，古文為，兩母猴相對形。

《斠詮》：王育以「爪」為「象形」者，意云「爪」即「為」字也。故兩爪象母猴相對。

按：錢坫謂王育所說，可從古文「為」的形體中得到驗證。「𢏱，古文為，兩母猴相對形」，即像兩爪相對形，故王育說「爪，象形也」。

（3）心，人心土藏，在身之中，象形。博士說以為火藏。

《斠詮》：《南齊書》引《洪範五行志》云「心，土之象也」。《月令》「春祭脾，夏祭肺，季夏祭心，秋祭肝，冬祭腎」。高誘《呂氏春秋》《淮南子》並云「自用其臟」，又《淮南》云「肺主目，肝主耳」，注云「肺象朱雀」。《文子》亦云「腎為雨，肺為氣，脾為風，肝為雷」。案《五經異義》謂古《尚書》說如此，鄭康成謂《月令》「祭四時之位有先後，不與醫病之法同」，則畫兩說為二，是也。此云「博士」者，漢醫官博士也。本書先土臧而後火臧，于「脾」「肺」「肝」「腎」下但存醫官說，不言肺火、脾木、肝金，疑後人妄改之，非許君原文也。

按：此字許慎從《古文尚書》說，兼錄今文經說。據鄭玄語，五行相配在當時有兩種說法，一種是祭祀與臟器相配，即此《古文尚書》說，屬古文經學；一種是就人體臟器的屬性、功能立說，是對中醫理論的人文闡釋，屬今文經學〔註6〕。許慎主據古文經說而兼錄今文經說。錢坫說，此「博士說」為醫官博士說，即今文經說。

第七節　錢坫《說文》詮釋與各家比較研究

一、錢氏家族的《說文》學比較研究

乾嘉年間的錢氏家族世代傳承，學人輩出，成為乾嘉時期著名的學術世

〔註6〕孟琢，論《說文解字》的訓釋優化〔J〕，北京師範大學學報，2014，（1）。

家。其中最著名者為錢大昕，江藩《國朝漢學師承記》卷三贊其「學究天人，博綜群籍，自開國以來，蔚然一代儒宗也，」〔註7〕又謂「先生之弟大昭，從子塘、坫、東垣、繹、侗，子東壁、東塾，一門群從，皆治古學，能文章，可謂東南之望矣。」〔註8〕可見其家學深厚，源遠流長。

　　錢大昕承襲父祖教誨，年少成名，又指引其兄弟、子侄先後從事經史考證之學，取得了豐厚的成果。其治學之要，在專精小學。錢大昕祖父錢王炯「但文字外無他嗜好」，著有《字學海珠》，錢大昕幼時即教以音韻訓詁，從小就打下了小學的根基。錢大昕後來著有《聲類》《恆言錄》，在《潛研堂文集》和《十駕齋養新錄》中有《說文》、音韻等方面的闡述，他提出的古聲母結論「古無輕唇音」「古無舌上音」等至今為人稱道，在《說文》方面對新附字、連篆讀、文獻用字比較、引經等方面都有開創性觀點，對《說文》研究有很大影響。其弟錢大昭少錢大昕十六歲，與錢坫等同受錢大昕教誨，著有《廣雅疏義》《邇言》《說文統釋》等著作。錢大昭子錢東垣著有《小爾雅校證》《錢志》《丰宮瓦當文考》等，錢繹著有《方言箋疏》《說文解字讀若考》《字詁類纂》《九經補韻考正》《爾雅疏證》等，錢侗著有《九經補韻附考證》《群經古音鉤沉》《說文重文小箋》《方言義證》等。錢大昕族侄錢塘著有《說文聲系》《邇言》，錢塘弟錢坫著有《爾雅古義》《說文解字斠詮》《詩音表》《十經文字通正書》《十六長樂堂古器款識考》《異語》等。王昶《詹事府少詹事錢君大昕墓誌銘》稱錢大昕、錢大昭、錢塘、錢坫、錢東垣、錢繹、錢侗「文學之盛，萃於一門」〔註9〕，可見其時家族學術風氣之盛。

　　從上面小學著作的簡單列舉來看，乾嘉年間錢氏家族以錢大昕為代表，在小學方面著述豐富，堪為乾嘉小學的重鎮。

　　從乾嘉年間錢氏家族成員的活動時段來看，錢塘比錢大昕小七歲，年少時一起學習，又指導小十六歲的族叔錢大昭、弟錢坫學習，叔侄四人在時間上重疊較多，在學術上相互交流、聯繫密切，具有較多共通性。

〔註7〕江藩撰，漆永祥箋釋，《漢學師承記》箋釋〔M〕，上海：上海古籍出版社，2006：321。
〔註8〕江藩撰，漆永祥箋釋，《漢學師承記》箋釋〔M〕，上海：上海古籍出版社，2006：321。
〔註9〕張舜徽，《清儒學記》〔M〕，濟南：齊魯書社，1991：199。

（一）錢氏叔侄《說文》學研究簡論

在《說文》學方面，錢大昕叔侄四人均深造有得，成就斐然。現作簡要論述。

1. 錢大昕

錢大昕是清代較早提倡研究《說文》的學者之一。雖然自稱「中歲而讀《說文》，早衰善病，偶有所得，過後輒忘」〔註10〕，卻提出了很多創見。他不僅自己勤習《說文》，同時也教誨自己的子侄輩、學生要重視《說文》，研究《說文》。比如他的兄弟錢大昭、侄子錢坫，都曾跟隨他問學多年，也是清代研究《說文》的重要學者，都撰有專書。另外還有他的學生朱駿聲、毛際盛等也是受了錢大昕的影響，專注《說文》，寫出傳世之作。甚至段玉裁也曾通過錢氏門人邵晉涵向錢大昕請教，討論自己的《六書音韻表》《說文解字讀》。錢大昕對後輩學者的獎掖和訓導，有力地推動了《說文》學研究的發展。

錢大昕在《說文》學方面的研究沒有完整的專著，都是以序跋、問答或劄記的形式存在的。錢大昕的《潛研堂文集》卷十一「答問八」是關於《說文》的。《十駕齋養新錄》卷四也有一些關於《說文》的條目。他研究《說文》大多是針對具體問題的闡發，其成就主要體現在：發現了很多前人不曾看到的許書條例，比如《說文》「舉一反三」之例、「連上篆字為句」、《說文》「讀若」之字或取轉聲、《說文》引經異文等；發現了前人研究《說文》的一些失誤，足以為後人啟示，如二徐私改諧聲字、唐人引《說文》不皆可信等；借助《說文》探討文字流變，如《說文》本字俗借為他用等；探討了《說文》所收字與經典文字用字的差異所在，認為《說文》中字，本來都是經典中正文；《說文》字義與經典文獻詞義的互證；對徐鉉所增新附字進行考察，認為有很多在《說文》中有正字而不必增；等等。錢大昕的許多見解都是發前人所未發，頗有鑿空之意。錢大昕的這些論述幫助人們能更深入地瞭解、學習《說文》，同時也開啟了清代研究《說文》的諸多專題，比如《說文》與經字研究、《說文》引經研究、《說文》新附字研究、《說文》體例研究、對二徐的訂正等。

錢大昭說「大抵讀書以通經為本，通經以識字為先」〔註11〕，錢大昕倡

〔註10〕陳文和主編，嘉定錢大昕先生全集〔M〕，南京：江蘇古籍出版社，1997：第9冊，569。
〔註11〕錢大昭，《說文統釋》序〔M〕，《四庫未收書輯刊》第捌輯第3冊，北京：北

導研究《說文》，就是想把《說文》作為讀經的鑰匙。因此他很注意溝通《說文》與文獻之間的字義聯繫、辨析《說文》與經典文獻用字的差異。他曾撰《經典文字考異》一書，就是以《說文》為正，辨析經典文獻用字的異文、通借現象。做這些工作，正是為了解決讀經時的字詞障礙，更好地理解經典。段玉裁在講注《說文》所用的方法和原則時，引用戴震說的「以字考經，以經考字」，也是這個道理。

2. 錢塘

錢塘著有《說文聲系》二十卷，可惜未傳於世。不過他在《與王無言書》中對本書創作的緣由和內容有介紹，從此可略見一斑。

錢塘所作《說文聲系》，與姚文田的同名著作《說文聲系》不同，姚氏專以《說文》聲符論音韻，錢塘則利用《說文》諧聲系聯漢字、探討詞源問題，是《文始》的先聲。

他認為「《說文》所載九千餘文，就其聲以考之，其意大抵可通，其不可遽通者，反之而即得矣」﹝註12﹞，而《說文》的體制卻是「分部主形而不主聲，一部之中眾聲雜奏，形之疑似分別甚明而聲無統紀。」﹝註13﹞所以他「取許氏之書，離析合併，重立部首，繫之以聲，而採經傳訓詁及九流百氏之語以證焉」，﹝註14﹞成《說文聲系》一書。

撰述《說文聲系》的背後，反映了錢塘的許多文字學思想。如他強調形聲字中聲符的地位說「夫文字惟宜以聲為主，聲同則其性情旨趣殆無不同。若夫形，特加于其旁，以識其為某事某物而已，固不當以之為主也」﹝註15﹞。他對漢字的形、音、義三要素之間的關係，有清醒的認識：「文者，所以飾聲也；聲者，所以達意也。聲在文之先，意在聲之先，至制為文則聲具而意顯，以形加之為字，字百而意一也。意一則聲一，聲不變者以意之不可變也，此

　　京出版社，2000：281。
﹝註12﹞ 錢塘，溉亭述古錄〔M〕,《叢書集成新編》第10冊，臺北：新文豐出版公司，1985：252。
﹝註13﹞ 錢塘，溉亭述古錄〔M〕,《叢書集成新編》第10冊，臺北：新文豐出版公司，1985：252。
﹝註14﹞ 錢塘，溉亭述古錄〔M〕,《叢書集成新編》第10冊，臺北：新文豐出版公司，1985：252。
﹝註15﹞ 錢塘，溉亭述古錄〔M〕,《叢書集成新編》第10冊，臺北：新文豐出版公司，1985：252。

所謂文字之本音也。」〔註16〕他對漢字的孳乳也有深刻的認識,「嘗以為文字之作,雖別為六書,求其要領,實不越乎形、聲而已。有形即有聲,至於聲形相切,文字日繁而其條理要自雜而不越」〔註17〕他認為漢字的創造誠然是依據六書,但漢字的不斷孳乳從根本上說是形與聲兩要素的結合。另外,他認為《說文》「建首之文,形之本也,亦聲之本也」〔註18〕,是他認為部首在漢字孳乳、同源派生的過程中處於基礎性的地位,具有章太炎所說「初文」的作用。

　　錢塘對漢字的孳乳、形音義的關係、詞源派生的問題都有很深入的思考,他利用《說文》進行詞源方面的探索,具有開創性意義,對後代的詞源研究有很大啟發,章太炎的《文始》即與錢塘的做法如出一轍。可惜其書不傳,無以窺其涯涘。

3. 錢大昭

　　錢大昭著有《說文統釋》六十卷,此書是他生平精研《說文》,「積二紀之勤劬,殫一生之精力,覃思研精」而成,也是一部全面研究《說文》的著作。謝啟昆曾說「《說文解字》之學,今世為盛,就所知者三人焉:一為金壇段玉裁若膺,著《說文解字注》三十卷;一為嘉定錢大昭晦之,著《說文統釋》六十卷;一為海寧陳鱣仲魚,著《說文解字正義》三十卷,《說文解字聲系》十五卷。皆積數十年之精力為之。」〔註19〕給予的評價不可謂不高。

　　《說文統釋》全書體例有十:一是疏證以佐古義,凡經典古義與許慎《說文》之解相合者在所必收。二是音切以復古音,認為徐鉉、徐鍇等不知古者,往往誤讀。又認為許慎所說的「讀若某者」,即有某音,一並採附本字之下。三是考異以復古本,凡古本暨古書所引有異同者,悉取以折中。四是辨俗以證訛字,凡經典相承俗字,以及徐氏新補、新附字,皆辨證詳明,別為一卷附後。五是通義以明互借,凡經典中同物同音,於古本是通用者,皆引經而

〔註16〕錢塘,溉亭述古錄〔M〕,《叢書集成新編》第 10 冊,臺北:新文豐出版公司,1985:252。

〔註17〕錢塘,溉亭述古錄〔M〕,《叢書集成新編》第 10 冊,臺北:新文豐出版公司,1985:252。

〔註18〕錢塘,溉亭述古錄〔M〕,《叢書集成新編》第 10 冊,臺北:新文豐出版公司,1985:252。

〔註19〕(清)謝啟昆著,李文澤、霞紹暉、劉芳池校點,小學考〔M〕,成都:四川大學出版社,2015:166。

證之。六是從母以明孳乳，如「完」「髡」等字，都在「元」下注云從此。七是別體以廣異義，凡重文中的籀、篆、古文、奇字，都有所從。許慎《說文》中沒有解釋的，也略而釋之；經典兩用者，則引而證之。八是正訛以訂刊誤，凡是許慎《說文解字》不收之字，注中不應有，而又字畫脫誤者，一並校正之。九是崇古以知古字，如「鸎」之類，經典有不從鳥者，從古今字，則注明古用某。十是補字以免漏略，如「由」「希」「免」等三十九字，從此得聲者甚多，而書中脫落，有子無母，不是許書之例，則酌而補之，也別為一卷附後。從所列體例，大致可以知道錢書統釋《說文》所作的工作了。

　　錢大昭在《可廬著述十種敘例》說「右拙著十種並已成書，久思就正有道，而卷帙紛繁，無力剖劂，因先刊序例若干篇一如左，全書梗概略見一斑。」〔註20〕從此可見，錢大昭著述生前多未刊行，只是先將各書序例刊刻，而《說文統釋》序就在其中。之後他的孫子錢師璟也是嫌《說文統釋》全書卷帙繁重，又從書中抽出《說文徐氏新補新附考證》一卷刊刻行世，後因戰亂而流傳甚少，光緒年間南陵徐乃昌又訪得舊本，重新刊印，收入《積學齋叢書》中。現在《說文統釋》全書所刊刻者僅有《說文統釋》序和《說文徐氏新補新附考證》兩種，其稿本可能已經亡佚。另外，在遼寧圖書館藏有一種清道光十三年的抄本，不分卷，有苗夔跋，依郭慧介紹〔註21〕，僅存卷一、卷十五的一部份，從此殘卷也能窺見錢書的大致面貌。

　　《說文徐氏新補新附考證》為《說文統釋》六十卷中之一卷，主要對徐鉉新修 19 字和 402 個新附字進行了考證。錢大昭以《說文》為正字標準，對新附字從異體字、通假字、古今字、俗字等角度進行考察，開創了《說文》新附字專題研究的先河。新附字問題是徐鉉等人對文獻用字和《說文》收字矛盾的折中處理，述而不作，而錢大昭所作的是從正面解決這個矛盾。錢大昭的《新補新附考證》是在錢大昕關於新附字的觀點基礎上創作的，在《新補新附考證》中大量引用錢大昕的觀點，也沿襲了錢大昕輕視俗字的觀念。可以說，錢大昕是首個提出新附字問題的人，錢大昭是首個嘗試解決這一問題的人。

〔註20〕錢大昭，可廬著述十種敘例〔Z〕，《國家圖書館藏古籍題跋叢刊》第 4 冊，2002：315。

〔註21〕郭慧，宋均芬，錢大昭《說文徐氏新補新附考證》研究〔J〕，漯河職業技術學院學報，2003，（4）。

　　《說文統釋》序並自注，統共三萬字，首先列舉篆籀變成隸楷以來文字字形、字用混亂的 34 種情形和原因，因而闡述寫作的動機和十條體例，通過對《說文》古形、古音、古義的闡釋，來糾正當下的文字訛誤。另外還在序中講到了他的六書觀念，在每一書後都舉例為證，大體都是以形體的增減、反正、位置的變換來講前四書，對轉注以部首與部中字義近為說，至於假借也是循規蹈矩，重複前人，從整體上說，他的六書說沒有什麼新的見解，與當時的學術水平相比，反而有些保守。

　　以上是對錢氏叔侄幾人《說文》學研究的簡述，可以看出他們研究《說文》有許多相通之處，如錢大昕對新附字問題的進行了揭示，錢大昭就撰寫了《說文徐氏新補新附考證》進行深入探究；錢塘在漢字孳乳方面有深入的思考，錢大昭在《說文統釋》中也有對同聲符字的類聚考察；錢大昕論述了《說文》中字與文獻用字的關係問題，錢坫就在《斠詮》中對它們之間複雜的對應關係作了很多探討；等等。錢氏的《說文》學研究具有較強的繼承性，既要研究他們個體，也要溝通彼此之間的相通之處，這些還需要深入研究。

（二）錢氏叔侄的《說文》學比較

　　錢大昕是清代較早提倡研究《說文》的學者之一，在他數十年的書院執教生涯中，影響了大批知識分子對《說文》的學習和研究，他的晚輩弟子如孫星衍、鈕樹玉、朱駿聲、毛際盛等人對《說文》都有專門研究，傳承了錢大昕的許多《說文》學思想。

　　錢大昭、錢塘、錢坫三人作為錢大昕的子侄輩，對《說文》的研究就更多地體現出家學的影響，錢氏《說文》學的研究，體現出很強的家族相似性。而從本書的研究來看，錢坫在《斠詮》中關注的問題以及反映出的一些《說文》學思想，是對其父兄《說文》學研究的繼承和推進，是錢氏叔侄研究《說文》的經驗匯總。具體而言，錢坫《斠詮》對其父兄的繼承，大致如下：

1. 《斠詮》對錢大昕《說文》學思想的吸收

　　錢坫在幼年及青年時期都曾追隨錢大昕學習過一段時間，受錢大昕的影響很大，其研究《說文》的許多觀念，都得自於錢大昕。今擇其要者，簡述如下：

（1）《說文》體例

　　錢大昕比較重視對《說文》體例的把握，他說「讀古人書，先須訓其義

例，乃能辨其句讀，非可妄議」。經他發明的體例有「舉一反三」例、「連篆讀」例、「讀若」例、「引經異文」例等。錢坫在對《說文》釋義的詮釋中，運用了錢大昕的「連篆讀」例解決了說解用字不完整的問題，在對「讀若」現象的詮釋中對「讀若」中聲義兼通的內涵作了比較深入的闡釋，在對《說文》引經的詮釋中闡明了許慎對古今文經兼收並蓄的著錄精神，對這些內容的詮釋，都要歸功於錢大昕的開創發明。

（2）雙聲假借

錢大昕關注古聲紐的研究，提出了「古無輕唇音」「古無舌上音」等著名論斷。在以聲音通訓詁時，他倡導「轉音」說，從聲紐轉音的角度解釋文獻訓詁中的語音假借現象，重雙聲不重疊韻。錢坫在《斠詮》中解釋《說文》與文獻用字的關係時，常用「轉音」「一聲之轉」等用語表述其語音關係，實際上是從雙聲的角度探討它們之間的語音關係。

（3）《說文》經字

錢大昕對《說文》與經典文字的闡述頗為深入，他針對《說文》與文獻用字差異很大的情況，指出《說文》所載皆當時文獻正文，與今傳文獻用字有差異，是文獻在流傳過程中被人們妄改為後世通行俗字的原因。他在《說文答問》中舉了 322 個例子為文獻用字尋找《說文》本字，是對《說文》經字研究的嘗試和開創。錢坫在《斠詮》中對《說文》與文獻用字的差異以及對應關係作了深入討論，一方面他溝通《說文》與文獻用字，為文獻用字一一找到本字；一方面在求本字的基礎上討論了《說文》與文獻用字之間的對應關係，對漢字在貯存狀態和使用狀態中的不同關係作了深入探討。

（4）新補、新附字

錢大昕認為徐鉉所補、所附之字「多委巷流傳、向壁虛造之字」，這些字大多在《說文》中都能找到本字，不當補，也不必附。錢坫也遵其說，在《說文》正文中將這些新補、新附字都刪掉了，並為有些新附字找到了本字，證明其不必附。

除了以上原則性的幾點，一些具體字的考證錢坫也經常襲用錢大昕的結論，如對「仉」字的闡釋、對「鼏」「鼏」的區別、對「稀省聲」的糾正等等。

綜上，錢坫的《說文》學觀念受到錢大昕多方面的影響，《斠詮》中的許多內容就是按照錢大昕的思路進一步研究的，所以說《斠詮》在很大程度上是對錢大昕《說文》學的繼承與拓展。

2. 《斠詮》與錢大昭《說文統釋》的比較

錢大昭《說文統釋》六十卷今不存，但他所做的工作可從他《說文統釋》序中略見一斑。從序中我們可以看出，他統釋《說文》所作的工作，有許多與錢坫的《斠詮》相合。如在疏證許義方面，錢大昭云「疏證以佐古義，凡經典古義與許慎《說文》之解相合者在所必收」，錢坫則云：「詮許君之字只應作此解，不應以傍解仍用而使正義反晦」；在詮釋讀音方面，錢大昭云「音切以復古音，徐鉉、徐鍇等不知古者，往往誤讀，又許君言『讀若某者』，即有某音，一並採附本字之下」；錢坫則云「詮許君之讀如此而後人誤讀，遂使誤讀通行而本音反晦」；在校勘方面，錢大昭云「考異以復古本，凡唐本、蜀本引見於他書者及《繫傳》本、青浦王司寇昶所藏宋刊本暨古書所引有異同者悉取以折中」，錢坫在校勘時也參用了王昶藏宋本、《繫傳》本、《六書故》所引唐本、蜀本及文獻引《說文》等材料；在與文獻用字的比較方面，錢大昭云「通義以明互借，凡經典中同物同音，於古本是通用者，皆引經而證之」，錢坫則梳理了《說文》中字與文獻用字之間的對應關係；在說解用字方面，錢大昭云「正訛以訂刊誤，凡許君不收之字，注中不應有此，皆傳寫者妄改」，錢坫在《斠詮》中也對《說文》所無的說解用字作了大量校改；在新補、新附字方面，錢大昭的《說文徐氏新補新附考證》秉承了錢大昕輕視俗字的觀念，以《說文》為基準，對新附字從異體字、古今字、通假字、俗字等角度進行考察，認為新補、新附字大多在《說文》中有正字，不當附；錢坫在《斠詮》中把新補、新附字都刪掉了，然後對一些新附字與《說文》正字進行了溝通、關聯，其觀念與錢大昭一樣。

3. 《斠詮》對錢塘「聲兼義」觀念的借鑒

錢塘《說文聲系》的主要觀點就是漢字的聲符兼有表義的作用，所以他以聲符為線索系聯漢字，探討文字的孳乳關係。錢坫對這種觀念的吸收和運用，體現在他常以「聲兼義」的思想校勘《說文》的釋義。在具體的實踐中，錢坫以此校正了「嗇」「諡」等字的意義。

綜上所述，錢大昕等人關於《說文》的論述，在《斠詮》中得到了充分地貫徹和推進，《斠詮》是錢氏《說文》研究成果的一個集中體現。在其他三人都沒有完整系統的《說文》學著述的現實情況下，錢坫的《斠詮》就成為了解錢氏《說文》學研究的重要資料。所以說，錢坫的《斠詮》代表的是錢氏《說文》學，是錢氏《說文》學思想萃聚而成的結晶之作。

二、《斠詮》與同期其他《說文》學著作的比較

與錢坫差不多同時致力於《說文》研究的，較著名的有段玉裁、王念孫、桂馥、錢大昭、姚文田、嚴可均、鈕樹玉等人。雖然同時攻治《說文》的人很多，但正如嚴可均所說：「同時錢氏坫、桂氏馥、段氏玉裁亦為此學，余僅得段氏《說文訂》一卷，他皆未見，各自成書，不相因襲」〔註22〕，在相關研究成果刊刻流行之前，人們只能各自開展研究。當時的人們在研究《說文》時，除了師承傳授、好友交流，一般沒有其他的研究成果可借鑒，所以，應當相信這些著作中的成果大都出於獨創。為了對《斠詮》有一個比較客觀的評價，我們將其與同期的研究著作做一些比較，通過比較來認識《斠詮》在當時所體現出的價值與不足之處。

與錢坫同時研究《說文》的學者雖然著作的刊布年代要比《斠詮》晚，但他們研究的時段大多數是重合的，所以拿他們的著作進行比較，能夠體現出同期《說文》學研究水平的高低。

從詮釋方面來看，對《說文》做注釋的著作主要有《義證》和段注兩部書，《斠詮》對《說文》的詮釋成果可以與它們相比較。

首先，對《說文》體例的闡釋發明。錢坫在《斠詮》中提到的《說文》體例，有列字據義系聯、「連篆讀」例、「一句數讀」例、「讀若」例、引經異文例，這主要還是對錢大昕的繼承所得。段玉裁在段注中非常注重闡發許書義例，全書共揭明許書條例五六十條，對《說文》的主旨和通例有很準確的把握。段玉裁對許書體例的揭示，無論對校勘《說文》還是闡發許義，都具有執簡馭繁的作用。在這一點上，錢坫和段玉裁有很大差距。

其次，對《說文》釋義的疏證。錢坫用《說文》體例、經典文獻、字書材料、近世俗語等方法和材料疏證《說文》釋義，但往往用簡略的例證和語言恰如其分地證明許義，基本上是點到即止。《義證》的主要工作在於疏證許義，與《斠詮》的簡略相比，《義證》取材廣泛，例證宏富，在證明許慎本義的基礎上，引用大量文獻材料來推尋許書的說解根源，所引材料前後相足，互相補充，井然有序。《義證》通過對《說文》訓釋與文獻用義的互證，推求許義與文獻用義的異同，在此基礎上按順序排列詞義，展現它們之間的先後關係，這就構成了詞義發展的序列。段注對《說文》釋義的闡釋，

〔註22〕嚴可均，說文校議〔M〕，《續修四庫全書》第 213 冊，上海：上海古籍出版社，2002：467。

除了結合《說文》體例作前後文的相互證發，主要是引用文獻例證證明其本義。段玉裁在闡明其本義的基礎上還排比羅列其引申義、假借義，梳理詞義的發展脈絡，探討字際間的假借關係，將《說文》本義納入到詞義系統當中，作綜合的研究。

再次，對《說文》聲讀的還原。錢坫在《斠詮》中主要用經籍舊音和方言俗語中的古音遺存來證明《說文》聲讀，對語音的判斷大體上還基於傳統的音切，其古聲紐研究的成果並沒有自覺地展示。在《段注》中段玉裁以他研究的古音十七部對《說文》聲讀進行標注，在一定程度上將《說文》中的每個字放在他的語音系統中，彼此之間的語音關繫一目了然。

又次，對《說文》收字與文獻關係的探討。《斠詮》中對《說文》與文獻的關係探討的比較深入。錢坫認為《說文》收字、引經皆兼用古今文經，《說文》收字是對當時文獻用字的全面反映。他深入探討了《說文》與文獻用字之間的關係，對它們之間不一致的對應關係進行了總結。《義證》主要從闡釋詞義的角度引證文獻，客觀上也形成了《說文》與文獻用字的對應關係。《段注》在具體字的闡釋中也對《說文》中字與文獻用字之間的對應從古今字、異體字、假借字等角度作了分類，有比較深入的探討。

綜上，《斠詮》在對《說文》的詮釋方面和《義證》《段注》比起來顯得比較單薄，無論是對體例的揭示，還是對文獻詞義的深入研究，都沒有《義證》段注做得好。

經過上文的討論，我們認為錢坫的《斠詮》從詮釋的角度來說，它主要是疏證《說文》本義、還原《說文》聲讀、溝通《說文》與文獻、時俗用字，對《說文》與經典關係的探討很深入，以《說文》通經的目的很明顯；它的詮釋範圍比《義證》要廣泛，只是在對詞義的探討上，不如《義證》深入、自覺；它對文字形、音、義的理論探討還不夠深入，在這一點上跟《段注》有一定差距。

總之，錢坫的《斠詮》注釋內涵比較豐富，是嘉慶初年較早對《說文》進行全面研究的重要著作，比同時成書的嚴可均、鈕樹玉等人的著作研究範圍更廣。與同時的桂馥的《說文解字義證》相比，雖然桂馥在文獻詞義系統研究上的造詣比錢坫深，但錢坫對《說文》的詮釋是多個方面的，內涵更加豐富。與問世晚了幾年的段玉裁《說文解字注》相比，《斠詮》可以算是段注的雛形，段注涉及的許多重要問題在《斠詮》中大多已經作了初步探討，並且

從單字的說解來看，錢坫所作《斠詮》的精當常常不輸於段玉裁。但總的來說，與段氏體大思精的《說文》學思想比起來，錢坫對《說文》認識的深度和語言文字觀念的自覺都有較大差距。

第五章　錢坫的字詞關係研究

　　在前兩章我們討論了錢坫對《說文》文本的校勘和闡釋，使《說文》文本正確可讀，可以為研讀經史提供參考。這種參考性，在於提供一個標準的參照系，經典文獻的字詞皆可與之對應，獲得正確的語義理解。可見，錢坫對《說文》文本的校勘、詮釋，一個重要的目的在於實用。正如錢坫在凡例中說的四條：

　　「一詮許君之字只應作此解，不應以傍解仍用而使正義反晦。」為什麼「只應作此解」？是因為只有「此解」是字形相適應的「正義」，不能與字形相適應的都是「傍解」。形與義的統一是判斷「正義」的標準，「正義」正是我們今天說的本義。

　　「一詮許君之讀如此而後人誤讀，遂使誤讀通行而本音反晦。」《說文》有聲符、有讀若，錢坫認為這些讀音是本音，與字形、字義相適應，構成一個形音義相統一的完整的字。

　　「一詮經傳只一字而許君有數字；一詮經傳則數字而許君只一字。」這兩條講的是如何梳理文獻中的字用情況。文字的使用紛繁複雜，需要有一個整齊劃一的標準體系來作綱，以簡馭繁。《說文》所載字形、字音、字義，構成一個完整的「字」的體系，錢坫以此為標準規範文獻用字，達到順利閱讀經典文獻的目的。

　　錢坫早年所作《十經文字通正書》，就是以《說文》為依託，溝通《說文》與經典文獻用字關係的著作。錢坫在序中說通正的兩種方式，一種是因聲，一種是因字。因聲就是音同音近字的通用，因字就是母字與分化字、分化字與分化字之間的通用。其所謂的「通」，實際包含了文獻用字現象的諸多問題，

如通假字問題、異體字問題、分化字問題等等。其所作《爾雅古義》，一個重要的闡釋方式，是指出《爾雅》中某字即是《說文》中某字，通過這種方式，擴大闡釋的理解範圍，從而理解《爾雅》語義。在《說文解字斠詮》中，對《說文》釋義的解讀，也時常引《爾雅》訓釋。可見，在錢坫的闡釋理念中，《說文》與《爾雅》存在許多相通之處，因而可互為解讀。

錢坫以《說文》為正，通經典文獻的做法，在晚年的《說文解字斠詮》進一步發揮，擴展到對時俗用字的溝通。不過在《斠詮》中，我們能夠更清楚地看到錢坫對《說文》內部字詞關係的區分、形義關係一致性的追求等。

在本章，我們以《斠詮》為主，結合其早年所著《十經文字通正書》《爾雅古義》等體現《說文》與文獻及時俗用字關係比較問題的著作，對錢坫的字詞關係研究進行探究。

第一節　以《說文》為正字標準

一、正字依據——形義統一

《說文》是一部通過分析字形闡釋字義的字書，講究形義統一。許慎將形義統一貫徹全書，是《說文》成書的基本原則。錢坫在校勘《說文》時，經常因為兩字「聲義相同」，懷疑傳本訛誤，例見第三章第三節以許校許「本字本義一一對應」條。

通過對錢坫這類校改現象的分析，我們認為錢坫領會了許慎形義統一的精神。形義統一，體現的是造字時所造字形與詞義的對應關係。錢坫根據「聲義相同」校勘《說文》的前提即是形義統一，其校勘思路是，《說文》講究形義統一，一字對應一詞，現在兩字所記錄的詞「聲義相同」，實即為一詞，則兩字中當有一字訛誤。

錢坫認為，聲與義結合起來成為一個詞，而《說文》是說解字的本義的，記錄這個詞的本義的字應當只有一個，這是本字與本義的對應，是合理的。錢坫能夠認識到形義統一、字詞對應是難能可貴的。

不過現在看來，錢坫的觀點還是有局限的。經今人研究，許慎的說解不都是文獻中實際使用過的詞義，有許多訓釋是許慎為了分析字形而講解的造字意圖，王寧先生稱之為造意。《說文》中的許多字，尤其是形旁義近相通的字，雖然字形構造不同，其實所記錄的文獻詞義是一樣的，只是因為析形的

需要、造意的不同，就將它們放在不同的部首下、作了不同的訓釋。對這種字，王筠叫「異部重文」，陸宗達、王寧先生叫「廣義分形字」。錢坫對「聲義相同」字的校改，有許多就是這種類型，如「碻」與「厏」，「咼」聲來母錫部，「兒」聲日母支部，二聲聲韻皆近；《說文》「厂，山石之厓巖」，與「石」義相關，訓釋又同，其實所記一詞。再如「醼」與「歠」，聲義皆同，只是一從「酉」，表示與酒有關，一從「欠」，表示與飲用有關，兩字強調的側重點不同，因而造了兩個字，其造意不同，但實際所記錄的詞義是一樣的。但他把《說文》的訓釋皆看作是客觀的詞義，因而認為兩字不能並存，由此校改《說文》，這是錯誤的。

其實，錢坫也承認「異部重文」現象的存在。如他在「趠」字下說「考走、辵、足三部間有字異而義相近者，許君亦就各家諸經傳授殊異釋之，如『趠』『踖』兩引等是也。其詁訓亦本之各家，故不必盡同。必求其說以分之，又或劃每字為是、每字為非，亦可不必。」

這樣，錢坫一面認為《說文》中的字詞必須一一對應，一面承認《說文》有收錄經傳異文的現象。他根據字詞對應校改《說文》，又認為有經傳異文而不必改，這是自相矛盾的，這種矛盾，也是因為沒有發現造意與實義的區別造成的。

總之，錢坫認識到了本字本義層面上的字詞對應關係和「異部重文」現象，是很有意義的。但又無法區分《說文》訓釋中的造意與實義，因而有些失誤和自相矛盾的地方，這在當時的學術發展水平條件下是難免的。

二、錢坫的《說文》正字觀念

《說文》分析字形、說解本義，對漢字的形義關係作了細緻的分析，由此建立了本字、本義的概念。《說文》提供了漢字形義契合的範例，成為後世規範漢字的標準。另外，由於《說文》與漢代經學之間的淵源關係，清代的人們普遍認為《說文》所收的字是當時經典文獻所用之規範正字，以《說文》為標準，可以還原當時的文獻用字情況，糾正後世文獻中竄入流俗用字的混亂，達到規範漢字的目的。

錢坫在錢大昕的影響下，推崇《說文》中的「蒼雅之正文」，排斥俗字。他在《斠詮》中作了許多正字的工作，反映出他以《說文》為標準，對漢字進行規範的觀念。

（一）錢坫對待徐鉉新補、新附字的態度

錢坫在《斠詮》中將徐鉉新增入的十九文和四百零貳個新附字全部刪掉，這與他對新補、新附字的態度有關。

錢坫稱徐鉉新附及添入之字為「不可知之字」，與其叔錢大昕的觀點一致。錢大昕《說文答問》云「考其所增，多委巷流傳、鄉壁虛造之字」，又在為鈕樹玉所作《說文新附考》序中說「唯新附四百餘文，大半委巷淺俗，雖亦形聲相從，實乖蒼雅之正」。可見，錢大昕認為新附字都是後世出現的俗字，不能廁諸《說文》，錢坫受其影響，故有此觀念。

錢大昕認為新附字不當增入《說文》的另一個原因，是他認為這些後出的俗字在《說文》中大多有本字，如：

問：《說文》訓「些」為「識」，未審其義？

曰：《釋詁》「呰」與「茲、斯、咨」已並訓為「此」，皆語絕之詞。《楚詞·招魂》「些」字即「呰」之異文，許君以「呰」為「呰苛」字，「呰」為「呰㘩」字，而以「些」為楚「些」字，大徐不知「些」即「呰」之俗而別補「些」字，非也。〔註1〕

對這一點，錢大昭也曾有專門研究。其《說文統釋》自序云：「四曰辨俗以正訛字。凡經典相承俗字及徐氏新補、新附字，皆辨證詳明，務合于古」。「務合于古」，即是合於《說文》，他為大多數新附字求得《說文》中的本字，其成果見於《說文徐氏新補新附考證》中。

錢坫也有與錢大昕、錢大昭相似的認識。在《斠詮》中，他常常指出所刪新附字的本字。如：

（1）訇，駭言聲。从言匀省聲。漢中西城有訇鄉。又讀若元。訇，籀文不省。

《斠詮》：詹事君曰此即「詢于四岳」之「詢」也。

（2）娃，圜深目皃。或曰吳楚之間謂好曰娃。从女圭聲。

《斠詮》：今「眭」字。

（3）瀾，大波也。从水旛聲。

《斠詮》：即「翻」字。

〔註1〕陳文和主編，嘉定錢大昕先生全集〔M〕，南京：江蘇古籍出版社，1997：第9冊，169。

（4）刏，挑取也。从刀冎聲。一曰窒也。

《斠詮》：即今「剜」字。

（5）菣，茭也，茅根也。从艸均聲。

《斠詮》：今俗「筠」字即此。

（6）芃，艸盛也。从艸凡聲。《詩》曰：「芃芃黍苗」。

《斠詮》：今釋書「梵」字即此，漢街彈碑「梵梵黍稷」。

（7）儧，假也。从人替聲。

《斠詮》：此疑即今「借」字。云「假」則其義是，從「替」則其形近，聲又相似。今人但知「儧妄」不知「借」亦妄也，惟名與器不可以假人，豈有兩說哉！《方言》「倩、茶，借也」，《廣雅》作「賃、茶、假，儧也」，今王君念孫作《廣雅疏証》乃改「儧」為「借」，失之。

按：「詢、眭、翻、剜、筠、梵、借」等字均是徐鉉所加，錢坫在《斠詮》中為其找到本字。文中多用「今」「俗」等字標示出來，說明他認為這些字大多是後出的俗字，不應孱入《說文》。

通過上文的比較分析，可以發現，錢坫對新補、新附字的態度不僅是因為這些字是徐鉉後增入的，原本沒有，主要原因還是錢坫受家學觀念的影響，認為這些新增字大多是俗書妄寫，不當增、不必補。

（二）對說解用字的認識

錢坫在校勘《說文》過程中，屢次針對說解用字的問題作出校改，對《說文》中未收的說解用字，錢坫常用「本書無」某字來指出某處當有誤，如：

（1）噭，呍也。从口敫聲。一曰噭呼也。

《斠詮》：「呍」本作「吼」。本書無之。以意改。

（2）諽，相誤也。从言畀聲。

《斠詮》：本書無「畀」字，當是「畀」之誤，或省聲同「詑」。

（3）輊，抵也。从車執聲。

《斠詮》：《詩》「如輊如軒」，傳「輊，摯也」。本書無「輊」字，應即「輊」字。

有時錢坫也不出校語，就在底本毛氏汲古閣本的基礎上，直接改換說解用字，如：

（1）毛本「齋，戒潔也」「禋，潔祀也」，「潔」《斠詮》逕改作「絜」。

按：《說文》無「潔」字，錢坫改作「絜」。

（2）毛本「璠」字下「美哉璵璠」，「璵」《斠詮》作「與」。

按：毛本「璠」字後是「璵」字，《斠詮》無「璵」字。「璵」是徐鉉新修十九文之一，《斠詮》刪，因改「璠」字下說解用字。

（3）毛本「蕣」字下「朝華暮落」，「暮」《斠詮》作「莫」。

按：說文無「暮」字，錢坫改作「莫」。

（4）毛本「領」字下「顪領也」，「顪」《斠詮》作「𩔖」。

按：「顪」是徐鉉新修十九文之一，錢坫認為不當於說解中出現，改作「𩔖」。錢大昕認為面部之「𩔖」，當是正字，此本錢大昕說。

（5）毛本「候」字下「伺望也」、「䫍」字下「伺人也」，「伺」《斠詮》徑改作「司」。

按：《說文》中無「伺」字，錢坫改作「司」。

以上的作法反映出他的一個認識：《說文》說解中所用的字，應當都是《說文》中所收的字，如果在說解中有《說文》未收的字出現，則是出於後人竄改。錢大昭持論與錢坫相同，也認為「凡許君不收之字，注中不應有此，皆傳寫者妄改」。

可惜的是，二錢的說法都只有結論性的表述，沒有相關理論闡述，很難深入理解。因此，我們結合當時其他學者的類似觀點，試探討這一問題的本質和這種觀念產生的原因。

在當時，有不少學者也注意到說解用字的問題。其中，桂馥的觀點很有啟發性。他在《說文解字義證》中也時常說「本書無」某字，「當作」某，如《說文》「叚，借也，闕。」《義證》云「借也者，本書無『借』字，當為『耤』」。可見他也認為說解用字不當用《說文》未收之字。桂馥不僅改換說解中的《說文》未收字，即使說解字是《說文》所收字，如果說解不是本字，他也改用本字。如：

（1）譒，敷也。从言番聲。

《義證》：「敷也」者，「敷」當為「尃」，經典通用「敷」。

（2）設，施陳也。从言从殳，殳使人也。

《義證》：「施陳也」者，「施」當為「敆」，經典借用「施」字。

（3）俚，聊也。从人里聲。

《義證》:「聊也」者,「聊」當作「憀」,通行「聊」字。

（4）堙,塞也。《尚書》曰:「鯀堙洪水」。从土西聲。

《義證》:「塞也」者,當為「窴」,通作「塞」。

（5）㚯,美女也。从女多聲。

《義證》:「美女也」者,「美」當為「媄」,通作「美」。

在上述例證中,雖然說解用字在《說文》中都有,但桂馥因為它們的本義與說解無關,都改用本字說解。

桂馥對說解用字的改換,雖然有《說文》已收、未收兩種情形,但其意圖是一樣的,即是許慎在《說文》中都是用本字進行說解,不應有通行俗字夾雜其中。

在桂馥這裡,我們看到了對說解用字問題認識的進一步深入和極端化。到了段玉裁,就達到了極致。他說「十四篇皆釋造字之旨,其說解必用本義之字而不用假借。有為後人所亂者,則必更正之。敘則許所自製之文,不妨同彼時通用之字,亦使學者知古今字詁不同。故知敘字不必同十四篇字也。」段氏將「本義之字」與「彼時通用之字」作為對立的概念,是他崇尚《說文》本字、排斥當時通行字的反映。他明確提出許慎正文說解必用本字,所以他在作注時就將說解中的通行用字改為本字。

二錢主張將說解字中的《說文》未收字都改掉,是認為《說文》收字與未收字有雅俗之別;桂馥在改換未收字的同時,將說解中的已收字改為本字,是強化了《說文》收字用字的典雅、正統性;段玉裁將說解字悉數換為本字,是把《說文》講本字本義的特點推向了極端。通過對他們做法的分析,我們發現他們不同程度地持有一種觀念,即《說文》所收字為「蒼、雅之正」「經典正文」,是當時的正字,其未收字則為粗鄙流俗之字;繼而認為《說文》所用以說解之文字也應為許慎所定正字,許慎在書中必不用俗字。把握了這種觀念,對他們修改說解用字的做法就能理解了。

那麼他們這一觀念是怎麼產生的呢?我們認為可以從《說文》著述的目的和清人尊崇《說文》的心理兩個方面來認識。

許慎著《說文》,有很深的經學淵源和社會背景。當時古文諸經並出,各地也常有鼎彝出現,對這類文獻,當時的人們觀念保守,不願意接受是前代文字的現實,認為是假材料、偽學問,因而共相排斥、詆毀古文經典。而在當時隸書通行,通過隸書形體已經很難看出其記錄的詞義,人們卻喜歡說字解

經義、辨律令，這種風氣成為當時社會的陋習，許慎深以為惡。所以，許慎作《說文》，既是為了維護、闡明古文經學，也是為了糾正當時社會對待漢字的不正確態度。許慎的著述動機如此，清代學者認為《說文》中字是「蒼、雅之正」「經典正文」，排斥當時流俗用字，就一點都不奇怪了。

清人的這種認識，基本符合許慎的原意。但是出於對《說文》一書的推崇，將其推上權威的地位，認為此書的內容和理論毫無瑕疵、完美無缺，所謂的真理超出了界限，就產生了很多謬誤。所以，清代學者在尊崇《說文》的基礎上，往往將許多《說文》中的觀念擴大化、絕對化，這就偏離了許慎的原本意圖。

清人對說解用字的認識，就是對《說文》正字性質的過度解讀。《說文》誠然收錄了大量當時經典用字，具有雅正的性質，但這種規範漢字的作用僅限於收錄的字頭。許慎作說解為了使讀者能夠讀懂，就必然要使用當時的通用語、通用字來解釋，順應漢字的使用規律。如果必用本字說解，使漢字都只保持本用的用法，這是違反漢字記錄漢語的客觀規律的。無論是二錢，還是桂馥、段玉裁，他們對說解用字的處理沒有本質區別，只有程度上的不同。相比之下，還是鈕樹玉的看法比較客觀，他說「注中之字雖不必盡為《說文》所有，然往往經後人從俗改易」，他已經認識到許慎說解常用當時通用字，不必盡用本字了。

通過上面的討論，我們認為，錢坫對說解用字的校改，是建立在《說文》為正字之典範的認識之上的。只不過他將《說文》的正字性質推廣到全書的用字，就造成了錯誤。

（三）對文字使用的規範

錢坫在對《說文》本身的校勘中作了很多體現《說文》正字標準的工作，同樣，在與文獻、時俗用字的溝通比較中，也凸顯出《說文》的正字地位，對文獻、時俗用字的使用起著一定的認同與規範作用。

1. 對文獻用字的規範

錢坫在詮釋《說文》時注意溝通與文獻用字的關係，認為《說文》中字與文獻用字之間表現出不同的對應關係。其實無論是文獻中有數字對應於《說文》中的一個字，還是文獻中的一個字對應於《說文》中的幾個字，這都反映出錢坫為文獻用字找本字，以本字來繩括和規範文獻用字的觀念。

在為文獻用字找本字時，錢坫常常使用「當用此字」「當作此」等表述用

語表達他求本字的觀念。如：

（1）嚴，呻也。从口嚴聲。

《斠詮》：《釋名》「吟，嚴也。」當用此字。

按：錢坫認為《釋名》中的「嚴」本字是《說文》中的「嚴」，劉熙當用此字為正。

（2）敶，列也。从攴陳聲。

《斠詮》：此「陳列」字。《司市》「以陳肆辨物」，《肆師》「展器陳武備」，《論語》「衛靈公問陳」，皆當用之。

按：錢坫認為《司市》《肆師》《論語》等文獻中的「陳」，其本字均當作「敶」，也均當用「敶」。

（3）遺，習也。从辵貫聲。

《斠詮》：此「習貫」字。《論語》「仍舊貫」，《左傳》「以盈其貫」，《荀子》「為之貫之」，《漢書》「以次貫行」等皆當用此。

按：同上例，錢坫認為這些文獻中的「貫」其本字作「遺」，均當用「遺」。

（4）徥，行平易也。从彳夷聲。

《斠詮》：凡經典凡有平義或有易義之字，皆當作「徥」。

按：錢坫總結文獻中的平義、易義，其本字為「徥」，當用「徥」來記錄。

（5）趧，趧婁，四夷之舞，各自有曲。从走是聲。

《斠詮》：今通用「鞮」，非是。

按：此條是錢坫從反面說明文獻用「鞮」字之誤，他認為當以「趧」字為正。

從上述例證可以看出，錢坫對《說文》與文獻用字的認同，一方面是以《說文》通經典的需要，深化對經典文獻的解讀；另一方面則表現出對文獻用字的規範，文獻用字的形與義多不統一，以《說文》的本字本義進行規範，就能在文獻用字紛繁的用法中抓住根本，辨別本義與假借義，準確理解文獻中的字詞關係。

錢坫對《說文》正字規範功能的認識，不止在《斠詮》中有所表現，在他早年所著的《十經文字通正書》中，即有執《說文》以御眾經的觀念。《通正書》是體現《說文》正字觀念的典範之作，所謂的「通正」，即是以《說文》為正，以經典文獻用字通之。從本書的編排方式上來看，其仿照《說文解字》

的格式，以五百四十部依次編排，分為十四卷。全書共收 2173 個字頭，字頭為《說文》正字，字頭下是諸經中與之對應的通假字。因而本書是以《說文》為標準，溝通經典文字的著作。

所以，錢坫溝通《說文》與文獻用字，是以《說文》來規範文獻用字的使用，《說文》處於正統、典範的地位。

2. 對時俗用字的規範

由於錢坫輕視俗字的觀念，他不僅將《說文》中的說解用字改換為《說文》中的字，還利用《說文》對當時行用的時俗用字進行了規範，指出它們在《說文》中的本字。

錢坫在以《說文》規範時俗用字時，一般用「即此」「如此」「當用此」「應如此」等用語來表述。如：

（1）菌，葀也，茅根也。从艸均聲。

《斠詮》：今俗「筠」字即此。

（2）晵，旦明也。从日者聲。

《斠詮》：今俗「曙」字如此。

（3）庑，堂下周屋。从广無聲。

《斠詮》：今俗稱「每家每府」當用此字。

（4）硟，以石扞繒也。从石延聲。

《斠詮》：今俗「碾」字應如此作。

（5）捭，兩手擊也。从手卑聲。

《斠詮》：今俗「擺」字應作此也。

其實，錢坫為徐鉉的新補新附字、時俗用字找到《說文》的本字，都帶有輕視後世俗字的態度，即《說文》中已有，本不當再造俗字。可貴的是錢坫又尊重漢字發展使用的實際狀況，雖然俗字不登大雅，但是已經在社會上行用，所以他對待俗字像對待文獻用字一樣，以《說文》為正字標準，為俗字找到在《說文》中的正字，這樣不管使用什麼樣的俗字字形，都能跟《說文》中的正字建立認同關係。《說文》在認同、規範時俗用字的問題上，同樣處於中心的位置，抓住了《說文》，對時俗用字就能做到正本清源，提綱挈領。

《說文》是講造字本義的字書，形與義相互契合，是漢字體系的理想狀

態。而漢字在使用過程中記詞職能經常發生變化，漢字本身也不斷發展演變，這就造成了字形與詞義的脫節。錢坫以萬變不離其宗的觀念緊緊抓住《說文》，以《說文》所載文字的形音義來規範、梳理漢字在實際使用中的複雜情況，是以簡馭繁、行之有效的研究方法。

第二節　對《說文》內部字詞關係的溝通與辨析

《斠詮》在凡例中強調詮釋《說文》每個字的本字、本義、本音，這是以單個漢字為單位進行的，是對《說文》每個基本構成單位的詮釋。錢坫在對每個漢字作了詮釋之後，還探討了《說文》中的字詞關係問題。這說明錢坫已經從對單個漢字形音義孤立的考察深入到探討字與字之間的問題，這是一個重要的突破。

錢坫雖然認為《說文》一字一義，但他也注意到《說文》中不同的字之間意義上的相通和差異。在《斠詮》中，他對許多意義相近的字進行了溝通與辨析。

《說文》收錄的字，一方面是許慎匯集了以前字書的成果，對前代字書作了總結性的吸收；一方面是許慎對當時的經典文獻用字兼收並蓄。由於當時的經學紛爭，文獻用字缺乏統一的規範，今文經學的文獻人們用當時的隸書書寫記錄，古文經又往往是零散出土的前代文字，用字差別很大。漢人師承嚴格，對文獻的傳承各守師說，在經典文字的使用上也就歧異紛出。當時的經典文字狀況，既有歷時的古文積澱，又有共時通行的文字。許慎作《說文》，不持門戶之見，對各家經說凡是合理的均予吸收，形成了一個構形嚴密的文字系統，但是文字系統與所反映的詞義系統不是一一對應的。當時不同學派的文字歧異，其實是當時人們為了記錄文獻、表詞達意各自選用或新造一些字，這些字所出非一人、所用非一鄉，很容易形成同詞異形的關係。許慎在撰《說文》時為了兼取各家經說，對他們各自使用的文字也大多收錄，這樣，《說文》中存在不少同詞異形的字，就不難理解了。

具體而言，《說文》中有許多字雖然分佈在不同部首下，但它們記錄的詞義是一樣的，錢坫在《斠詮》中對這部分異體字進行了溝通，一般用「義同」「義近」「此與某同」等用語來表述這類現象。如：

（1）跟，足所履也。從足艮聲。

《斠詮》：此與「鞦」字義同。

按：《說文》「鞦，履也」，與「跟」字義同，實為異體字。「跟」字從足，是為了表示其穿著的部位和功能；「鞦」字從「韋」，是為了突出它的材質。這兩個字是從兩個不同的角度分別為一個詞造的字，雖然所指有微異，但實指一詞，它們之間是異體關係。與此類似的還有「儇」，《斠詮》「言部讓義同」；「勍」，《斠詮》「此與倞字同」；「爋」，《斠詮》「此與醺字同」；「毳」，《斠詮》「義同絣」；「煉」，《斠詮》「與鍊字義同」；「暴」，《斠詮》「義同襮」；「餌」，《斠詮》「與粔字同」；等等。

（2）吃，言蹇難也。从口气聲。

《斠詮》：欠部有「欯」，義同。

按：「吃」與「欯」是形符義近通用的異體字。「吃」從「口」表示與用口說話有關；「欠，張口气悟也」，也與口有關。「口」與「欠」作形符時因為義近常常可以通用，相同的情況還有「噓」與「欨」、「咄」與「欪」、「听」與「欣」等。在《斠詮》中類似的形符義近通用的例子還有如「轉」，《斠詮》「此與轉字同」；「睒」，《斠詮》「義同覢」；「睨」，《斠詮》「義同覞」；「睺」，《斠詮》「義同親」；「睞」，《斠詮》「義同覩」；「敤」，《斠詮》「手部捼義相近」；等等。其實錢坫說的「義同」與「義近」是一個意思，如：「欣」下云「與听義近」，「親」下云「與睺字義近」，「覩」下云「與睞字義近」，與上文所舉例證相對應。

在上文的舉例中，有一些是屬於形符義近通用的情況，他在「越」字下闡釋說「考走、辵、足三部間有字異而義相近者，許君亦就各家諸經傳授殊異釋之，如『越』『蹻』兩引等是也。其詁訓亦本之各家，故不必盡同。必求其說以分之，又或劃每字為是、每字為非，亦可不必。」他發現了《說文》中形符義近通用的現象並初步探討了其存在的原因，即是許慎備載各家經傳異文所致。

上述對異體字的溝通，體現出錢坫有了初步的字際關係觀念，能夠從詞的角度出發溝通一些散落在各部首下的字形，這對探討字詞關係有一定幫助。他看到了一些形符義近通用的文字現象，但他的理解還比較樸素，還沒有從文字學層面去發現漢字規律的自覺意識。儘管如此，他提出的問題和初步的解釋對我們都有比較大的啟發。

錢坫一方面對表示相同詞義的一些字進行了溝通，認為它們是異體字，

另一方面則對《說文》中其他一些釋義很接近的字進行了辨析。如：

（1）嗷，呿也。从口敫聲。一曰嗷呼也。

《斠詮》：「呿」本作「吼」，本書無之，以意改。「嗷」者，呿而嗷也；「叫」者，嘑而叫也；「唬」者，哭而唬也；「謷」者，痛而謷也；「訆」者，無故忽訆也；「敫」者，因歌而敫也。六字義微異。

按：今本《公羊傳‧昭廿五年》曰「昭公於是嗷然而哭」。《說文》「唬」字下「《春秋公羊傳》曰『魯昭公唬然而哭』」，是「嗷」「唬」在文獻中構成異文關係；「訆」字下引「《春秋傳》曰『或訆于宋大廟』」，今《左傳‧襄三十年》作「叫」，是「訆」與「叫」也構成異文關係。其實這幾個字從聲符上看，或從「敫」聲，或從「丩」聲，讀音都相近；從形符上看，或從口，或從言，或從唬，均與發聲有關。這幾個字當如王筠《句讀》所說「『唬』與言部『訆』『謷』、口部『嗷』『叫』五字並同」，本是異體字關係，許慎在說解時因為他們字形的不同分別給予不同的解釋，誠如錢坫所分析。但是從文獻詞義的角度講，它們所指的其實是一個詞義。

（2）祘，明視以筭之。从二示。《逸周書》曰「士分民之祘，均分以祘之也」。讀若筭。

《斠詮》：此與「筭」字同用。《廣韻》「祘，明也」。凡計歷數之器為「筭」，數之為「算」數，已明為「祘」。

按：《說文》中「祘」「算」「筭」三字都與計算有關，但具體的含義不好分別，錢坫則結合許慎釋義細細分辨，說計算的工具叫「筭」，計算的過程叫「算」，算出的結果叫「祘」。其實「祘」字為古文，「算」「筭」二字在文獻中混用不別，此三字所表示的詞義是一樣的。

（3）呼，外息也。从口乎聲。

《斠詮》：《素問》「候呼引鍼」，此呼吸字。又嚏嘑作「嘑」，評召作「評」，哮虖作「虖」，謼咄作「謼」，五字不同。

按：「口」與「言」都與說話、言語有關，作形符時可通用。在《說文》中從「口」與從「言」多不別，如「詠」或體作「咏」，「謨」古文作「暮」，「吟」或體作「訡」等。以此例之，「呼」與「評」、「嘑」與「謼」當也是這種情況。又朱駿聲《定聲》云：「謼當為評之或體」，張舜徽《約注》云：「唐寫本《玉篇》言部無『謼』字，今本《玉篇》雖有之，而載在部末，當為孫強輩所新增也。顧氏《玉篇》，多據《說文》，而有『評』無『謼』，蓋許

書原本『評』『諱』本為一字。」據此，則「評」與「諱」又是異體關係。從音義的角度說，它們的讀音都一樣，其意義也都跟呼出的氣息相關，可以看作一個表意比較寬泛的詞。在文獻的使用中，這幾個詞義又一般都用「呼」字記錄。從以上幾個方面來看，可以認為它們之間是異體關係。許慎根據字形的不同刻意為它們賦予不同的意義，只是為了配合解釋字形，實際上不必強生分別。

像以上三例這樣的情況，錢坫按照許慎的訓釋將在文獻中實際混用不別的字區分開來，認為它們的本義不同，這樣的做法意義不大。從記錄文獻詞義的角度來看，它們都記錄的是同一個詞義，它們之間就應當是異體關係。許慎為它們作不同的說解，是出於解釋字形的需要，常常作出一些具體化的訓釋，這種訓釋一般是對詞義的形象化的說明，與詞義不完全對等。錢坫將《說文》訓釋與文獻詞義等同起來，可見他對許慎的訓釋還缺乏深入的了解。他以《說文》訓釋為標準辨析詞義，不免求之過深。

錢坫根據許慎的釋義對《說文》內部的字詞關係進行的溝通與辨析，得失參半。其得在於從音義皆同的角度去把握詞義，看到了形符義近通用的現象，溝通了許多異體字；其失在於誤認為許慎的訓釋即是客觀的詞義，並對這些意義相近的訓釋進行辨析，認為這就是它們之間義近而微殊的詞義差別，在今天看來這是錯誤的。儘管如此，他對《說文》字詞關係進行考辨的經驗與教訓是很值得我們吸取的。

第三節 對《說文》與文獻、時俗用字的溝通

一、對《說文》與文獻用字的共時比較

清代漢學復興，《說文》學隨之大盛，這是因為人們看到了《說文》在解讀經典文獻中的重要作用，把它當作通經的利器。而引導人們深入認識《說文》與經典文獻關係的，正是錢大昕。

錢大昕在《說文答問》中對《說文》與經典文獻的關係作了系統的闡述。他注意到了《說文》中字多不見於經典文獻的情況，認為《說文》中字是當時經典文獻所用的字，傳世文獻之字多為後人以俗字亂改，所以兩者差異很大。

關於這個問題，錢大昕在《說文答問》作了深入的闡述：

　　問：許叔重《說文解字》十四篇，九千三百五十三文，不見於經典者幾
十之四，文多而不適於用，竊所未喻。

　　曰：今世所行九經，乃漢、魏、晉儒一家之學。叔重生於東京全盛之日，
諸儒講授，師承各別，悉能通貫，故於經師異文采摭尤備。……今人視為隱
僻之字，大率經典正文也。經師之本互有異同，叔重取其合乎古文者，稱經
以顯之，其文異而義可通者，雖不著書名，亦兼存以俟後人之決擇。此許氏
所以為命世通儒，異於專己守殘黨、同門而妒道真者也。〔註2〕

　　錢大昕的這則答問是他研究《說文》的一個基本出發點，他看到了《說
文》與經典文獻之間存在的歧異，他所作的研究就是致力於溝通《說文》與
經典文獻之間的文字差異，消除這個歧異，實現《說文》與經典文獻的順利
結合。

　　為了證實這種觀念，他還舉了 322 個例子溝通《說文》與文獻用字。不
止如此，他還結合經義闡發許義，如《說文答問》云：

　　問：《說文》「有，不宜有也」，引《春秋傳》「日月有食之」為證。按《春
秋》書日食，不書月食，有字從「月」不從「日」，叔重乃似未讀《春秋》者，
何故？

　　曰：漢儒說《春秋》，以為「有者，不宜有」之辭，如「有蜚」「有蜮」
「有鸜鵒來巢」「有星孛入於北斗」之類皆是。日有食之，月食之也。不言
月食而言有食之者，扶陽抑陰之義，亦見其不宜有也。《說文》「有」從「月」，
以月食日為不宜有，正與《春秋》義合。許氏引經往往以己意足成其義，如
「霮，升雲半有半無」，本解《洪範》「曰霮」之文，而後人乃以「霮霮升雲」
為句，疑為《逸書》。竊意此文當云「《春秋傳》曰『日有食之，月食之』」，
後人妄有改竄，遂失其旨耳。《春秋》不書月食，三尺童子知之，以五經無
雙之大儒而漫不省憶，必不然矣。〔註3〕

　　問：《說文》「弔，从人持弓會歐禽」，近儒譏其穿鑿而遠於理，信有是
乎？

　　曰：愚嘗讀《吳越春秋》而知許君之可信。其言曰：「弩生於弓，弓生

─────────────

〔註2〕陳文和主編，嘉定錢大昕先生全集〔M〕，南京：江蘇古籍出版社，1997：第
　　　 9 冊，159。
〔註3〕陳文和主編，嘉定錢大昕先生全集〔M〕，南京：江蘇古籍出版社，1997：第
　　　 9 冊，166。

於彈,彈起古之孝子。古者人民樸質,死則裹以白茅,投於中野,孝子不忍見父母為禽獸所食,故作彈以守之。」此陳音之言,與孟子上古親死委壑之說略同。為人子者,既挾彈以防禽獸之害,則弔者各持弓以助毆禽,又何怪焉!後人窄讀古書,輒譏漢儒為妄作,不知古人淳厚,各尊所聞,未嘗有鑿空之論也。〔註4〕

錢大昕對《說文》與經典文獻關係的重視與推闡,很大程度上影響了錢坫的《說文》學觀念。錢坫在對《說文》的斠詮中,一方面沿襲了錢大昕的做法,繼續溝通《說文》與文獻用字,另一方面利用經典文獻對《說文》的字義說解進行驗證。通過對這兩方面的詮釋,體現出二者之間的互證關係。

關於錢坫對《說文》與文獻用字的溝通,在上文我們已經指出這種溝通是錢坫利用《說文》對文獻用字的規範,其實這只是問題的一個方面,如果著眼於當時的現實需求,我們就會發現錢坫對文獻用字進行規範和溝通是為了解決通經的實際問題。清代人研讀漢魏經書,首先要面對的是字詞方面的障礙,要解決基本的字詞理解問題,藉助《說文》的訓釋說解,溝通《說文》與文獻用字,是一個事半功倍的好辦法。所以錢坫在書中屢屢指出文獻中的某些字當作《說文》的某字,就是想還原到本字本義的狀態,借助漢字形義統一的特點,來理解文獻詞義。

所以說,對《說文》與文獻用字的溝通,表面上看是為了驗證《說文》皆是經典之正文,其實是以《說文》為工具去解決實際的文獻閱讀問題,以《說文》去詮釋、證明古代文獻。

錢坫廣泛引用經典文獻詮釋《說文》,又是利用經典文獻對《說文》的反向驗證。

《說文》是兩漢經學高度發達的產物,是從當時經典文獻中萃取出來的語言文字精華。對《說文》與經典文獻的這種天然聯繫,錢坫在書中對《說文》釋義以及引經的內容進行了充分的文獻闡釋。

在詮釋《說文》釋義時,錢坫有時提供文獻例證,將釋義還原到經典文獻的語言環境中,使《說文》抽象概括的釋義變得具體生動;有時援引經傳訓詁材料,為《說文》釋義提供相同或相近的佐證;有時以當時文獻中的有關記載,為《說文》說解提供文獻依據,等等。

〔註4〕陳文和主編,嘉定錢大昕先生全集〔M〕,南京:江蘇古籍出版社,1997:第9冊,171。

他對《說文》引經的內容進行了考察，發現許慎援引經文不限於古文經書，同時兼錄今文經的內容，所收字頭也有的來自今文經。這使許慎援引經典兼收並蓄的精神得以顯揚。

綜上，錢坫對《說文》與文獻用字關係的探討，主要體現在以文獻用字對《說文》所收字的驗證和闡述它們之間的對應關係兩個方面。

（一）對《說文》所收字的詮釋

錢大昕說「今人視為隱僻之字，大率經典正文」，意思是《說文》中有些現在看起來比較隱僻的字，大多都是許慎當時所見經典文獻中的出現過的字。錢坫在《斠詮》中對這一觀念進行了闡發，他一方面指出《說文》中的字在文獻出現過的情況，一方面為文獻用字尋找《說文》中對應的本字。

1. 經典文獻所用《說文》字形指證

雖然《說文》中的有些字在今本文獻中不常見，但仍然有些零星的文獻用例可以證明它們在以前是被使用過的「經典正文」。錢坫常在書中指出文獻中某處使用了《說文》中的字，就是要證明《說文》中的這些字在以前是被使用過的，是有真實的文獻依據的。這些字中，既包括正篆，也包括重文。錢坫在行文中一般用「用此字」來表示。如：

（1）觵，兕牛角可以飲者也。从角黃聲。觥，俗觵从光。

《斠詮》：《月令》注引《詩》「兕觵」用此字。

按：今《毛詩》「兕觥」，經典用「觵」之俗體「觥」，唯《月令》注引《詩》作「兕觵」，故錢坫引以證明此字為當時經典正文。

（2）劊，斷也。从刀會聲。

《斠詮》：《易》「劓刖」，京房「刖」作「劊」。

按：今本《周易》作「劓刖」，京房所傳今文《易》「刖」作「劊」，是「劊」字出自今文經書。

（3）旁，溥也。从二，闕，方聲。雱，籀文。

《斠詮》：《詩》「雨雪其雱」用此字。

按：此條為錢坫引《毛詩》證明「旁」之籀文「雱」在文獻中使用過。同為錢坫引經證實重文的還有「瑧」之或體「瑝」，《斠詮》「《弁師》『五采玉瑝』用此字」；「薔」之或體「蔷」，《斠詮》「《爾雅》『蔷薔』用此字」；「薇」之或體「薇」，《斠詮》「『薇』，《本艸》用此字」等。

其實，錢坫所說的「用此字」現象，只是說明《說文》所收的某個字形，曾在文獻中使用過，至於這個字是不是記錄的《說文》中所訓釋的詞義，則不一定。如：

（1）翏，高飛也。从羽从㐱。

《斠詮》：《莊子》「而獨不聞之翏翏」用此。

按：《莊子·齊物論》「而獨不聞之翏翏乎」，《釋文》「翏翏，長風聲也」，段玉裁謂「此引伸之義」，是錢坫說「用此」不一定是指用其本義，也可指其引申義。

（2）薳，艸也。从艸過聲。

《斠詮》：《詩》「碩人之薳」用此字。

按：「薳」，《說文》訓「艸也」，而在《詩》中「碩人之薳」的「薳」，毛傳訓「寬大貌」，而陸德明《釋文》云「『薳』，韓詩作『䁈』。『䁈』，美貌。」這更加證明了《詩》「碩人之薳」，不僅沒記錄自己的詞義，還是個假借字。

綜上兩例，錢坫所謂的「用此字」，只是指出該字形確實在文獻中被使用過，並不是對其本義本用的證明。

2. 為文獻用字找到《說文》中的本字

古代經典文獻中使用的古字在歷代傳抄過程中時常被人改換成當時的通行字或俗字，這是造成《說文》與今本文獻用字差異很大的重要原因。不過雖然字形被改換了，處在這個位置上的讀音和詞義卻很難被替換，人們可以循著這兩個線索，在《說文》中求得與今本文獻用字相對應的本字，通過許慎的說解了解這個字的本義，準確地把握文獻語義。

錢坫在為文獻用字找《說文》中的本字的時候，經常用「此某字」的說法，如：

（1）遦，習也。从辵貫聲。

《斠詮》：此「習貫」字。

按：《孔子家語·弟子解》「少成則若性也，習貫若自然也」，《漢書·賈誼傳》「少成若天性，習貫成自然」，錢坫認為文獻中「習貫」的本字是說文中的「遦」。

（2）迻，遷徙也。从辵多聲。

《斠詮》：此「遷移」字。

按：《說文》「移，禾相倚移也」，其本義為逶迤，與遷徙義無關，錢坫認為其本字當是說文中訓「遷徙」的「迻」字。

（3）衛，將衛也。从行率聲。

《斠詮》：此「帥師」字。

按：《說文》「帥，佩巾也」，與率領義無關，其本字當是訓「將衛」的「衛」字。

錢坫在有些時候也直接說明是文獻中的某字，這種情況更明顯地體現出錢坫是為文獻用字尋找《說文》對應本字的動機。如：

（1）劑，減也。从刀尊聲。

《斠詮》：《曲禮》「撙節」字也。

（2）赼，蒼卒也。从走疌聲。讀若資。

《斠詮》：此《論語》「造次」之「次」。

（3）趏，半步也。从走圭聲。讀若跬同。

《斠詮》：此即《禮》「傾步」字。

錢坫為文獻用字找本字的做法，既是為了證明《說文》中字大抵皆當時「經典正文」，也是為了用《說文》闡釋經典文獻，使《說文》更好地為通經服務。

（二）《說文》與文獻用字的對應關係

錢坫在溝通《說文》與文獻用字時，大多數是文獻中的某字對應一個《說文》中的本字，但他也發現《說文》與文獻用字之間的關係並不都是這樣簡單的一一對應，經常是一個字對應多個字、多個字對應一個字，甚至還有一對多、多對一混在一起的涉及一組字的複雜情況。

錢坫根據對《說文》與文獻用字這兩個不同的文字體系進行的對比，在凡例中提出了兩種對應關係：經傳則數字而許君只一字；經傳只一字而許君有數字。他在《斠詮》中，對這兩類現象進行了詮釋。

1. 詮經傳只一字而許君有數字

這種現象是在文獻中只用一個字來記錄一個或多個詞義，在《說文》中卻有多個字來對應這個或這幾個詞義。

A. 廣義分形字

這種情況是在文獻使用中本來是一個詞，由於許慎堅持形義統一的說解

原則，按照字形的不同分別訓釋為幾個意義較為具體的詞，這幾個字之間就是廣義分形字的關係。如：

（1）和，相應也。从口禾聲。

《斠詮》：此「唱和」字，琴瑟之和當用「龢」，和羹之和當用「盉」。

按：文獻中的「和諧」義一般用「和」字表示，但在《說文》中許慎根據不同情形訓釋為幾個不同的義項，錢坫將它們類聚在一起，進行了辨析，他認為應根據這幾種不同的情形分辨不同的字形，其實它們記錄的是同一個詞，從《說文》的角度看，它們之間就是廣義分形字的關係。

（2）神，天神引出萬物者也。从示申聲。

《斠詮》：《禮運》「別于鬼神」，注：「神者，引物而出。」此「神祇」字，鬼神當用「魁」。

按：文獻中與虛幻的鬼神有關的意義一般用「神」字表示，「天神」與「鬼神」往往混而不別。許慎另收「魁」字，將其與「神」字區別，從字形出發作出了不同的訓釋，對人們心中的鬼神觀念作了細分。其實這兩個字記錄的詞義是一樣的，在文獻中並不存在這種差別，如《山海經》云：「青要之山，魁武羅司之」，郭璞注「魁即神字。」

（3）靈，靈巫以玉事神，从玉霝聲。靈，靈或从巫。

《斠詮》：此「靈巫」字，「神靈」則用「籠」。

按：在文獻中與鬼神有關的意義一般都用「靈」字表示，並不嚴格區分「靈巫」「神靈」的差別，許慎在說解字義時按照字形的不同分別給予不同的解釋，其實是對字形的說解，並不是對它們文獻詞義的訓釋。在《說文》裡，它們屬於廣義分形字。

B. 通假字

通假字是在文獻的傳承書寫中本有其字而不用，卻借用別的字來記錄它的詞義的現象。通假現象的存在，造成了漢字使用職能的兼並與錯綜。在文獻的實際使用中，某個字被借用來記錄多個詞義，這也造成了文獻用字與《說文》收字的不一致，同時也對應於《說文》中幾個不同的字。如：

（1）達，無違也。从辵羍聲。讀若害。

《斠詮》：此「違害」字，與「傷害」「殺害」異。

按：在文獻中「違害」「傷害」字都用「害」字來記錄，但在《說文》中

「違害」字作「遙」，「傷害」字作「害」。文獻中的「害」字對應於《說文》中的「遙」「害」兩字。

（2）迂，進也。从辵干聲。讀若干。

《斠詮》：此「干迂」字，與「干犯」字異。

按：在文獻中「干迂」「干犯」都用「干」字來記錄，但在《說文》中「干迂」的本字是「迂」，「干犯」的本字是「干」，文獻中的「干」字對應於《說文》中的「迂」「干」兩字。

（3）卤，驚聲也。从乃卤省聲。或曰「卤，往也」。讀若仍。

《斠詮》：此與「仍」字同用。《孟子》「尔何曾比予于管仲」，趙岐注「何曾猶何乃也」，「何乃」應即「何仍」，經典「仍」「乃」二字多混。

按：「卤」在文獻中不常用，錢坫認為是「仍」字兼並了它的職能，所以他說「此與『仍』字同用」，是在文獻中「仍」除了記錄本字詞義，還承擔了「卤」的詞義，它們之間是通假關係。從對應關係來看，是文獻中的「仍」對應於《說文》的「卤」「仍」兩字。

（4）疲，病劣也。从疒及聲。

《斠詮》：此與「急」字同用。《素問》「急則死」應用此。

按：「疲」字在文獻中不常見，錢坫認為是「急」字承擔了它的詞義，「同用」，就是說「急」字兼具它們兩字的含義。在文獻中「疲」字的詞義借用「急」字來表示。所以，是文獻中的「急」字對應於《說文》中的「疲」「急」二字。

2. 詮經傳則數字而許君只一字

這種現象是在《說文》中只有一個本字來記錄某詞義，而在文獻使用過程中有多個字被用來記錄這個詞義，這幾個字之間通常是通假字的關係。如：

（1）觢，一角仰也。从角韧聲。《易》曰：「其牛觢」。

《斠詮》：今《易》作「掣」，鄭康成本作「挈」，云「牛角皆踊曰挈」。荀爽、虞翻本作「觭」，云「牛角一低一仰曰觭」。《爾雅》「角一俯一仰觭皆踊。」「觢皆踊」云者，言兩角仰也。是鄭所見之《易》文與許君之《易》文或異。

按：《說文》中「觢」字的詞義，在文獻中有「挈」「掣」「觭」等字來表

示，它們之間是通假字的關係。

（2）剿，絕也。从刀㒸聲。《夏書》曰「天用剿絕其命」。

《斠詮》：今《書》作「剿」，馬融本作「巢」。

按：《說文》中「剿」字的詞義，在不同版本的文獻中用「剿」「巢」等字來表示，是由於音近通假造成的。

（3）刮，掊把也。从刀昏聲。

《斠詮》：《檀弓》「華而睆」，注「說者以『睆』為刮節目字，或為『刮』」。《考工記》「刮摩之工」，注「故書『刮』作『捖』」。

按：《說文》中「刮」的詞義，在文獻中曾借用「睆」「捖」來表示，所以錢坫說「經傳則數字，許君只一字」。

（4）骿，并脅也。从骨并聲。晉文公骿脅。

《斠詮》：《左傳》作「騈」，《國語》作「骿」。

按：《說文》中「骿」的詞義，在文獻中曾用「騈」「骿」表示，也是多對一關係的表現。

其實，錢坫在比較《說文》中字與文獻用字的記詞職能時，不僅對上述對應關係作了探討，還對一些《說文》與文獻用字記詞職能出現交叉的情況作了辨析，如：

晨，早昧爽也。从臼从辰。辰，時也。辰亦聲。丮夕為夗，臼辰為晨。皆同意。凡晨之屬皆从晨。

《斠詮》：此云「早也，昧爽也」。「辰」，時也；「晨」，房星也；「晨」，晨夕也。以此為異。

按：在《說文》中「辰」「晨」「晨」三字的詞義區別明顯，但是在文獻的實際使用中，字形與它們所記錄的詞義產生了交叉合並的情況。如「辰」字在文獻中不僅記錄時辰義，還有星辰義，這就兼記了「晨」的詞義；「晨」字在文獻中在表示本義的同時，更常用來表示早晨義，兼記了「晨」的詞義，「晨」則慢慢不用了。在表示星辰義上，文獻中有「辰」「晨」二字表示，說文只有「晨」，這是多對一的關係；文獻中的「晨」字，則表示《說文》中「晨」「晨」二字的詞義，這是一對多的關係。在這一組字中，字與詞之間的關係錯綜交叉，不是簡單的一種對應關係能概括的。

錢坫對《說文》與文獻用字關係的探討，證明了《說文》與經典文獻之間的密切關係，深入認識和把握這種關係，對研究《說文》和研讀文獻都有

很大幫助。錢坫對比《說文》與文獻用字這兩種文字體系的差異，是對文字使用層面各種關係的有益探討。《說文》是靜態的儲存中的文字體系，文獻用字則是處在實際使用中的文字體系，文字在使用過程中不會像在貯存狀態中那些完全保持本字、本義、本用的形義合一的狀態，會出現兼用、借用等錯綜複雜的情況，錢坫對此作了初步研究，對認清文獻中複雜的字詞關係有一定的積極意義。

二、對《說文》與時俗用字的歷時溝通

錢坫溝通《說文》與文獻用字，是將《說文》和經典文獻看作是時代相近的著作進行的比較，基本是共時層面的文字比較。那麼，錢坫溝通《說文》與近世時俗用字的做法，就可以看作從歷時角度對古今用字的溝通。

錢坫在溝通《說文》與時俗用字時，是從兩個方向來進行的：一是指出時俗用字所對應的《說文》中的本字；一是指出《說文》中字在時俗用字中所用的漢字。

（一）追溯時俗用字所對應的《說文》本字

錢坫在《斠詮》中，一般用「今某字」「今俗某字」等用語來為時俗用字找出《說文》中的本字，如：

（1）玒，玉也。从玉工聲。

《斠詮》：今「拱璧」字。

按：現在「拱璧」一詞用「拱」字表示，是假借用法，錢坫認為其本字當是《說文》的「玒」字。

（1）蕖，菜也。似蘇者。从艸處聲。

《斠詮》：今「苣菜」字也。

按：現在「苣菜」一詞寫作「苣」，而《說文》「苣，束葦燒之」，與蔬菜義不符，錢坫認為其本字當作「蕖」。

（3）鬻，吹釜溢也。从弼孚聲。

《斠詮》：今俗謂釜溢為「溥」，即此字。

按：俗語與《說文》中的「鬻」字聲近義通，錢坫以為「鬻」為「溥」的本字。

（4）號，土鍪也。从虍號聲。讀若鎬。

《斠詮》：《廣雅》「釜也」，《玉篇》「土釜也」，今俗有「熬盆」，此字也。

按：錢坫認為俗語中的「熬盆」與「甗」字音近義通，其本字當作「甗」。

錢坫為時俗用字追溯《說文》中的本字，其實是在突破古今字形的限制，加深對《說文》詞義的認識。人們往往對現時的事物感受深刻，對過往的東西缺乏直觀的感知，錢坫通過溝通古今用字的方式，使人們以今識古，能更深刻地了解古代社會，解讀經典文獻。

（二）指出《說文》中字的現時通俗用字

錢坫在比較《說文》與文獻用字時，梳理了《說文》中字與文獻用字之間的對應關係，指出了《說文》詞義在文獻中不同的記錄方式。他在溝通《說文》與時俗用字時，也指出了《說文》詞義在時俗用字中的記錄方式。

錢坫以《說文》為本，指出《說文》中的字在時俗用字中的對應字，一般用「今作某」「今俗作某」等用語表示。如：

（1）葰，薑屬，可以香口。從艸俊聲。

《斠詮》：今俗作「荽」。

按：《說文》中的「薑屬」，其本字作「葰」，現在通俗寫作「荽」。

（2）唬，號也。從口虒聲。

《斠詮》：今俗作「啼」。

按：《說文》中的「號也」，其本字作「唬」，現在通俗寫作「啼」。

（3）殨，爛也。從歺貴聲。

《斠詮》：今通作「潰」。

按：《說文》中的「爛也」，其本字作「殨」，現在一般都用「潰」表示。

（4）胆，蠅乳肉中也。從肉且聲。

《斠詮》：今俗作「蛆」。

按：《說文》中的「蠅乳肉中也」，其本字作「胆」，現在通俗寫作「蛆」。

錢坫對俗字持排斥否定的態度，他在《斠詮》中以《說文》為正字標準，指明其對應的時俗用字，其用意在於以《說文》指導對時俗用字的規範。他認為時俗用字中大多都能在《說文》中找到本字，其字形應當以《說文》為正，方能得製字本義。

結　語

　　錢坫的《斠詮》是清代乾嘉時期《說文》學研究大潮中的一部重要著作，在它誕生後不久段玉裁的《說文解字注》即問世，使《斠詮》還沒來得及發出光芒，就已經被掩蓋了。有清一代，對錢坫《斠詮》的評論不多見，大多數時候與嚴可均的《說文校議》、鈕樹玉的《說文解字校錄》等著作放在一起泛泛而論，未能對其作出中肯的評價，給它一個準確的定位。經過本書的研究，我們認為《斠詮》在當時的學術氛圍下，處於《說文》學史發展的特定階段中，具有較高的學術價值和歷史地位。

　　錢坫的為學取向既受錢大昕影響較深，學術成就在當時學者的行列中，也當屬重要的一員。

　　錢坫在文字學方面的成就，主要在六書、《說文》的校勘整理與詮釋。錢坫對六書中的轉注認同江聲，而假借觀點發揮為用字方面的聲轉理論，而其他四書為造字法，這與戴震的四體二用說有類似之處，只不過戴震的轉注是互訓，假借只是單純的音同相借，沒有涉及文獻用字。在對《說文》的校勘上，錢坫按文本的時代層次組織校勘材料，其校勘材料的豐富程度、校勘的方法、校勘的結論、校勘的目標，與段玉裁、嚴可均、鈕樹玉等人都有很多一致之處，正如嚴可均所說「各自成書、不相因襲」，正反映了諸位學者的學術眼光與實踐能力。在對《說文》的詮釋上，錢坫緊緊圍繞闡發《說文》的本字本音本義這一目標，揭示《說文》形義統一的道理，以服務於閱讀實踐。而《十經文字通正書》則在以《說文》為本的基礎上探討文獻中的字用問題，這兩部分合起來，與段玉裁《說文解字注》闡明本義、以本義辨明引申義、假借義兩部分內容是一致的。這體現了錢坫與段玉裁對《說文》一書

的功能認識有近似之處。

在字詞關係的問題上，雖然當時的學者大都拿《說文》與文獻用字進行比較，但錢坫明確提出「文獻只一字，《說文》有數字」「文獻有數字，《說文》只一字」的對應關係，實際上是指出了字詞對應關係的複雜性和字詞關係研究的重要性。像段玉裁在《說文解字注》中只是在每個字下指出對應關係，還缺少明確的理論概括。

總的來說，錢坫的《說文》學研究斠、詮並重，見解獨到，成果豐富，是乾嘉時期一位重要的學者。他出身學術世家，一生交遊廣泛，是考察乾嘉學術史的一個重要切入點，從錢坫的身上，我們能看到乾嘉學術更鮮亮的色彩。

參考文獻

編寫規則：

1. 古籍按照作者的出生時間順序排列。
2. 研究論著包括專著、期刊論文、學位論文三類，均按作者姓氏音序排列。

一、古　籍

1. （東漢）許慎，說文解字，清初毛氏汲古閣刻本，國家圖書館藏。
2. （東漢）許慎，說文解字〔M〕，北京：中華書局，1963。
3. （東漢）許慎，說文解字〔M〕，北京：中國書店，1998。
4. （東漢）許慎，說文解字〔M〕，中華再造善本，唐宋編，經部，北京：北京圖書館出版社，2004。
5. （東漢）許慎，說文解字〔M〕，《續古逸叢書》第 16～20 冊，揚州：廣陵書社，2004。
6. （梁）顧野王，原本玉篇殘卷〔M〕，北京：中華書局，1985。
7. （日）空海，篆隸萬象名義〔M〕，北京：中華書局，1995。
8. （南唐）徐鍇，說文解字繫傳，清乾隆四十七年汪啟淑刻本，國家圖書館藏。
9. （南唐）徐鍇，說文解字繫傳，清乾隆五十九年馬俊良《龍威秘書》本，北京師範大學圖書館藏。
10. （南唐）徐鍇，說文解字繫傳，翁方綱手校抄本，臺灣國家圖書館藏。

11. （南唐）徐鍇，說文解字繫傳〔M〕，《四部叢刊初編》第 70～77 冊，臺灣：商務印書館，1979。

12. （南唐）徐鍇，說文解字繫傳〔M〕，《景印文淵閣四庫全書》第 223 冊，臺灣：商務印書館，1983。

13. （南唐）徐鍇，說文解字繫傳〔M〕，北京：中華書局，1987。

14. （清）朱文藻，說文繫傳考異〔M〕，《景印文淵閣四庫全書》第 223 冊，臺北：商務印書館，1983。

15. （清）段玉裁，說文解字注〔M〕，上海：上海古籍出版社，1988。

16. （清）段玉裁，汲古閣說文訂〔M〕，《續修四庫全書》第 204 冊，上海：上海古籍出版社，2002.

17. （清）桂馥，說文解字義證〔M〕，北京：中華書局，1987。

18. （清）錢塘，溉亭述古錄〔M〕，《叢書集成新編》第 10 冊，臺北：新文豐出版公司，1985。

19. （清）潘奕雋，三松堂集〔M〕，《續修四庫全書》第 1460 冊，上海：上海古籍出版社，2002。

20. （清）錢大昭，《說文統釋》序〔M〕，《四庫未收書輯刊》第捌輯第 3 冊，北京：北京出版社，2000。

21. （清）錢大昭，說文新補新附考證〔M〕，《中華漢語工具書書庫》第 28 冊，合肥：安徽教育出版社，2002。

22. （清）錢坫，說文解字斠詮〔M〕，《續修四庫全書》第 211 冊，上海：上海古籍出版社，2002。

23. （清）錢坫，車制考〔M〕，《續修四庫全書》第 85 冊，上海：上海古籍出版社，2002。

24. （清）錢坫，爾雅古義〔M〕，《續修四庫全書》第 187 冊，上海：上海古籍出版社，2002。

25. （清）錢坫，爾雅釋地四篇注〔M〕，《續修四庫全書》第 187 冊，上海：上海古籍出版社，2002。

26. （清）錢坫，論語後錄〔M〕，《續修四庫全書》第 154 冊，上海：上海古籍出版社，2002。

27. （清）錢坫，詩音表〔M〕，《續修四庫全書》第 245 冊，上海：上海古

籍出版社，2002。

28. （清）錢坫，十經文字通正書〔M〕，《四庫未收書輯刊》第四輯第 9 冊，北京：北京出版社，2000。

29. （清）錢坫，十六長樂堂古器款識考〔M〕，《續修四庫全書》第 901 冊，上海：上海古籍出版社，2002。

30. （清）錢坫、徐松，新斠注地理志〔M〕，《四庫未收書輯刊》第六輯第 10 冊，北京：北京出版社，2000。

31. （清）錢坫，異語〔M〕，《叢書集成續編》經部第 20 冊，上海：上海書店，1994。

32. （清）鈕樹玉，說文解字校錄〔M〕，《續修四庫全書》第 212 冊，上海：上海古籍出版社，2002。

33. （清）鈕樹玉，說文新附考〔M〕，《續修四庫全書》第 213 冊，上海：上海古籍出版社，2002。

34. （清）嚴可均，說文校議〔M〕，《續修四庫全書》第 213 冊，上海：上海古籍出版社，2002。

35. （清）包世臣，藝舟雙楫〔M〕，上海：世界書局，1935。

36. （清）王筠，說文釋例〔M〕，北京：中國書店，1983。

37. （清）王筠，說文解字句讀〔M〕，北京：中國書店，1983。

38. （清）王筠，說文繫傳校錄〔M〕，《續修四庫全書》第 215 冊，上海：上海古籍出版社，2002。

39. （清）朱駿聲，說文通訓定聲〔M〕，北京：中華書局，1984。

40. （清）錢師璟，嘉定錢氏藝文識略，清道光二十三年刊本，南京師範大學圖書館藏。

41. （清）桂文燦，經學博采錄〔M〕，《續修四庫全書》第 179 冊，上海：上海古籍出版社，2002。

二、專　著

1. 蔡信發，一九四九年以來臺灣地區《說文》論著專題研究〔M〕，臺北：文津出版社，2005。

2. 陳光政，段注《說文》以聲勘誤之研究〔M〕，高雄：復文圖書出版社，

1993。

3. 陳文和主編，嘉定錢大昕先生全集〔M〕，南京：江蘇古籍出版社，1997。

4. 陳新雄，古音學發微〔M〕，臺北：文史哲出版社，1983。

5. 党懷興，宋元明六書學研究〔M〕，北京：中國社會科學出版社，2003。

6. 丁福保，說文解字詁林〔M〕，北京：中華書局，1988。

7. 董蓮池，說文解字研究文獻集成（現當代卷）〔M〕，北京：作家出版社，2006。

8. 古敬恒，徐鍇《說文繫傳》研究〔M〕，重慶：重慶大學出版社，1995。

9. 顧吉晨主編，錢大昕研究〔M〕，上海：華東理工大學出版社，1996。

10. 何九盈，中國古代語言學史〔M〕，北京：北京大學出版社，2006。

11. 洪亮吉，洪亮吉集〔M〕，北京：中華書局，2001。

12. 胡樸安，中國文字學史〔M〕，北京：中國書店，1983。

13. 黃德寬、陳秉新，漢語文字學史〔M〕，合肥：安徽教育出版社，2006。

14. 黃侃，文字聲韻訓詁筆記〔M〕，上海：上海古籍出版社，1983。

15. 黃侃，《說文》箋識四種〔M〕，上海：上海古籍出版社，1981。

16. 蔣冀騁，說文段注改篆評議〔M〕，長沙：湖南教育出版社，1993。

17. 蔣人傑、劉銳，說文解字集注〔M〕，上海：上海古籍出版社，2009。

18. 黎經誥，許學考〔M〕，臺北：華文書局股份有限公司，1970。

19. 黎千駒，《說文》學專題研究〔M〕，北京：中國社會科學出版社，2010。

20. 李葆嘉，清代古聲紐學〔M〕，上海：上海古籍出版社，2012。

21. 李傳書，《說文解字注》研究〔M〕，長沙：湖南人民出版社，1997。

22. 李國英，章瓊，《說文》學名詞簡釋〔M〕，鄭州：河南人民出版社，1994。

23. 李士彪，輯佚大家——嚴可均傳〔M〕，杭州：浙江人民出版社，2008。

24. 梁光華，《唐寫本說文解字木部箋異》注評〔M〕，貴陽：貴州人民出版社，1998。

25. 梁啟超，清代學術概論〔M〕，上海：上海古籍出版社，2005。

26. 林明波，清代許學考〔M〕，臺北：嘉新水泥公司文化基金會，1964。

27. 劉葉秋，中國字典史略〔M〕，北京：中華書局，2003。

28. 陸宗達，陸宗達語言學論文集〔M〕，北京：北京師範大學出版社，1996。

29. 陸宗達，說文解字通論〔M〕，北京：北京出版社，1981。

30. 陸宗達、王寧，訓詁與訓詁學〔M〕，太原：山西教育出版社，1996。

31. 馬慧，《說文解字注箋》研究〔M〕，銀川：寧夏人民出版社，2008。

32. 馬景侖，《段注》訓詁研究〔M〕，南京：江蘇教育出版社，1997。

33. 馬敘倫，說文解字研究法〔M〕，北京：中國書店，1988。

34. （清）江藩撰，漆永祥箋釋，《漢學師承記》箋釋〔M〕，上海：上海古籍出版社，2006。

35. 宋均芬，說文學〔M〕，北京：首都師範大學出版社，1997。

36. 宋永培，《說文》與訓詁研究論集〔M〕，北京：商務印書館，2013。

37. 萬獻初，《說文學》導論〔M〕，武漢：武漢大學出版社，2014。

38. 王貴元，《說文解字》校箋〔M〕，上海：學林出版社，2002。

39. 王力，清代古音學〔M〕，北京：中華書局，2013。

40. 王寧，訓詁學原理〔M〕，北京：中國國際廣播出版社，1996。

41. 王平，《說文》重文研究〔M〕，上海：華東師範大學出版社，2008。

42. 翁敏修，唐五代韻書引《說文》考〔M〕，臺北：花木蘭文化出版社，2006。

43. 翁敏修，清代《說文》校勘學研究〔M〕，古典文獻研究輯刊第九編，臺北：花木蘭文化出版社，2009。

44. 向光忠，說文學研究（第五輯）〔M〕，北京：線裝書局，2010。

45. 謝啟昆，小學考〔M〕，北京：國家圖書館出版社，2011。

46. 徐前師，唐寫本《玉篇》校段注《說文》〔M〕，上海：上海古籍出版社，2008。

47. 余國慶，說文學導論〔M〕，合肥：安徽教育出版社，1995。

48. 余行達，《說文》段注研究〔M〕，成都：巴蜀書社，1998。

49. 張標，20世紀《說文》學流別考論〔M〕，北京：中華書局，2003。

50. 張翠雲，《說文繫傳》板本源流考辨〔M〕，古典文獻研究輯刊第五編，臺北：花木蘭文化出版社，2007。

51. 張其昀，「說文學」源流考略〔M〕，貴陽：貴州人民出版社，1998。

52. 張舜徽，說文解字約注〔M〕，武漢：華中師範大學出版社，2009。

53. 張濤、鄧聲國，錢大昕評傳〔M〕，南京：南京大學出版社，2006。

54. 張意霞，《說文繫傳》研究〔M〕，古典文獻研究輯刊第五編，臺北：花木蘭文化出版社，2007。

55. 趙平安，《說文》小篆研究〔M〕，南宁：廣西教育出版社，1999。

56. 中國科學院圖書館整理，續修四庫全書總目提要·經部〔M〕，北京：中華書局，1993。

57. 中國歷史文獻研究會主編，嘉定文化研究〔M〕，西安：三秦出版社，1990。

58. 周祖謨，問學集〔M〕，北京：中華書局，1981。

三、期刊論文

1. 班吉慶、殷俊，簡論錢大昕《說文》研究的特點〔J〕，揚州大學學報，2009，（2）。

2. 陳平，箋注本《切韻》引《說文》體例研究〔J〕，紅河學院學報，2014，（1）。

3. 陳東輝，略論桂馥《說文解字義證》之價值〔J〕，古籍整理研究學刊，1996，（3）。

4. 陳鴻森、潘妍艷，錢坫事跡考證〔J〕，中國典籍與文化，2011，（4）。

5. 陳鴻森，錢坫年譜〔J〕，中國經學，2012，（9）.

6. 陳鴻森，錢坫遺文小集〔J〕，中國典籍與文化論叢，2009，（12）。

7. 陳煥良，古籍用字述論〔J〕，廣東社會科學，1998，（2）。

8. 陳雅飛，畢沅幕府書家群概論〔J〕，新美術，2012，（2）。

9. 陳雅飛，乾隆年間的畢沅幕府及其書法活動〔J〕，書法賞評，2010，（1）。

10. 叢培凱，錢坫《詩音表》「雙聲」說初探〔J〕，輔大中研所學刊，2005，（15）。

11. 馮方，《原本玉篇殘卷》引《說文》與二徐所異考〔J〕，古籍整理研究學刊，2000，（2）。

12. 古敬恒、王瑞英，《說文解字》體例研究的歷史演進〔J〕，河池學院學報，2005，（3）。

13. 顧圍，錢大昭著作考〔J〕，文教資料，2008，（10）。

14. 管錫華，說《說文》重出字〔J〕，安徽教育學院學報，1987，（1）。

15. 郭慧、宋均芬，錢大昭《說文徐氏新補新附考證》研究（上）〔J〕，漯河職業技術學院學報，2003，（4）。

16. 郭慧、宋均芬，錢大昭《說文徐氏新補新附考證》研究（下）〔J〕，漯河

職業技術學院學報，2004，（1）。

17. 郭慧、《說文解字》新附字初探〔J〕，漢字文化，2003，（2）.

18. 郭子直，王筠、許瀚兩家校批祁刻《說文解字繫傳》讀後記〔J〕，陝西師大學報，1989，（3）。

19. 胡家全，鈕樹玉的《說文》研究〔J〕，南陽師範學院學報，2011，（4）。

20. 胡永鵬、宋均芬，毛際盛《說文新附通誼》論略〔J〕，漢字文化，2007，（1）。

21. （日）花登正宏，《古今韻會舉要》所引《說文解字》考〔J〕，人文研究，1986，（4）。

22. （日）花登正宏、王欣，《古今韻會》和《古今韻會舉要》〔J〕，河北師院學報，1996，（4）。

23. （日）花登正宏，再論《古今韻會舉要》所引的《說文解字》〔J〕，第一屆國際訓詁學研討會論文集，1997，（4）。

24. 經本植，段玉裁《汲古閣說文訂》與《說文解字注》——兼及段氏校改《說文》文字的緣由〔J〕，四川大學學報，1985，（3）。

25. 康泰，評段玉裁對《說文》互訓的校勘〔J〕，吉安師專學報，1998，（4）。

26. 李葆嘉，論清代上古聲紐研究〔J〕，語言研究，1992，（2）。

27. 李計偉，略論錢大昕文字學研究〔J〕，古籍整理研究學刊，2004，（1）。

28. 李淑萍，段注《說文》「某行而某廢」之探討〔J〕，中正大學中文學術年刊，2007，（2）。

29. 李先華，《說文》兼用三家《詩》凡例說略〔J〕，安徽師大學報，1990，（1）。

30. 李先華，清代以前《說文》流傳與研究述略〔J〕，安徽師大學報，1989，（2）。

31. 林宏佳，《汲古閣說文訂》寫作模式試探：兼談汲古閣《說文》的評價〔J〕，傳統中國研究集刊，2013（11）。

32. 劉維東、趙楊，祁寯藻重刻《說文繫傳》始末及其意義〔J〕，編輯之友，2014，（1）。

33. 劉曉南，《說文》連篆讀例獻疑〔J〕，古漢語研究，1989，（1）。

34. 魯一帆，段玉裁校勘實踐中的辯證思維觀〔J〕，河北學刊，2012，（4）。

35. 魯一帆，清代《說文》校勘評議〔J〕，湖北社會科學，2014，(12)。

36. 魯一帆，程際盛的《說文》引經研究〔J〕，湖北社會科學，2011，(2)。

37. 陸宗達，文字的貯存與使用——《說文》之字與文獻用字的不同〔J〕，湖南師大社會科學學報，1987，(2)。

38. 呂詠梅，應該注意《說文》學的學術史研究〔J〕，殷都學刊，1992，(4)。

39. 呂友仁，錢大昕及其《潛研堂文集》述評〔J〕，上海師範大學學報，1986，(4)。

40. 呂友仁，錢大昕小學表微〔J〕，河南師範大學學報，1989，(1)。

41. 呂友仁，錢大昕與《說文》兩大家〔J〕，河南師範大學學報，1989，(3)。

42. 馬小能，論錢大昕金石學研究的特點〔J〕，歷史文獻研究，2009。

43. 莫家良，錢坫書法四論〔J〕，故宮學術季刊，2012，(3)。

44. 漆永祥，錢大昕音韻學述論——兼談錢氏對少數民族語言漢譯的研究〔J〕，西北師大學報，1993，(6)。

45. 曲彥斌，錢大昕的《恒言錄》與錢大昭的《邇言》〔J〕，尋根，2013，(5)。

46. 任文博，《廣韻》引《說文》資料研究〔J〕，漢字文化，2012，(3)。

47. 邵敏，徐鍇《說文解字繫傳》版本考〔J〕，信陽師範學院學報，2007，(6)。

48. 石鳴，承培元《說文引經證例》平議〔J〕，南陽師範學院學報，2009，(1)。

49. 萬久富，《字林》的流傳及其在中國語言學史上的價值〔J〕，古籍整理研究學刊，2001，(5)。

50. 王貴元，《說文解字》版本考述〔J〕，古籍整理研究學刊，1999，(6)。

51. 王浩，桂馥證義的方法論研究〔J〕，河北師範大學學報，2007，(2)。

52. 王華寶，論段玉裁校勘學之特色〔J〕，東南大學學報，2014，(3)。

53. 吳繼剛，論莊炘等對《玄應音義》的研究〔C〕，佛經音義研究——第二屆佛經音義研究國際學術研討會論文集，2011。

54. 吳民先，斯冰遺韻 文儒清標——讀錢坫篆書對聯〔J〕，中國書畫，2003，(4)。

55. 吳培德，《說文解字》引《詩》辨析〔J〕，貴州文史叢刊，1987，(4)。

56. 相宇劍，談戴震的「說文學」成就〔J〕，古典文獻學術論叢，2013，(3)。

57. 肖建春，試論錢大昕的字詞考釋〔J〕，西南民族學院學報，1993，（3）。

58. 熊慶年，錢大昕音轉說試析〔J〕，江西教育學院學報，1989，（4）。

59. 楊瑞芳，近十年來傳世文獻引《說文解字》研究述評〔J〕，辭書研究，2014，（4）。

60. 姚永銘，顧野王之《說文》研究索隱〔J〕，古漢語研究，2002，（1）。

61. 葉玉，黃易與錢氏家族的問學〔J〕，新美術，2010，（4）.

62. 袁本良，《說文新附考》論略〔J〕，古漢語研究，2002，（4）。

63. 詹鄞鑫，《說文》連篆讀研究〔J〕，辭書研究，1986，（1）。

64. 張凡，《古今韻會》與《古今韻會舉要》〔J〕，貴州教育學院學報，2000，（6）。

65. 張其昀，《說文釋例》述評〔J〕，鹽城師專學報，1998，（2）。

66. 張慶綿，略述徐鍇《說文解字繫傳》〔J〕，遼寧大學學報，1992，（1）。

67. 張湧泉，《說文》「連篆讀」發覆〔J〕，文史，2002，（3）。

68. 趙堅，段注校勘《說文》釋例〔J〕，辭書研究，1985，（5）。

69. 趙錚，《說文解字繫傳》在《說文》研究中的開創性意義〔J〕，襄樊職業技術學院學報，2004，（1）。

70. 鍾哲宇，「《說文》四大家」形成溯源：一個學術史的考察〔J〕，東吳中文線上學術論文，2011，（15）。

71. 周斌武，錢大昕與清代音韻學〔J〕，復旦學報，1985，（4）。

72. 朱葆華，原本《玉篇》引《說文解字》考〔J〕，中國文字研究，1999，（1）。

四、學位論文

1. 程勝平，《說文》徵引研究〔D〕，華南師範大學碩士學位論文，2004。

2. 崔瑾，錢坫《說文解字斠詮》研究〔D〕，寧夏大學碩士學位論文，2013。

3. 戴環宇，朱文藻及《說文繫傳考異》研究〔D〕，寧夏大學碩士學位論文，2013。

4. 丁玲，鈕樹玉《段氏說文注訂》研究〔D〕，天津師範大學碩士學位論文，2012。

5. 方達，《惠氏讀說文記》研究〔D〕，華東師範大學碩士學位論文，2013。

6. 黃慧萍，錢大昕《說文》學之研究〔D〕，國立屏東師範學院碩士學位論文，2005。

7. 郎晶晶，《字林》研究〔D〕，上海師範大學碩士學位論文，2007。

8. 李琦，《十經文字通正書》通假字聲母研究〔D〕，首都師範大學碩士學位論文，2009。

9. 劉琴華，《說文解字約注》校勘研究〔D〕，江西師範大學碩士學位論文，2013。

10. 劉仁霞，錢大昭研究〔D〕，西北師範大學碩士學位論文，2009。

11. 劉若一，《說文解字義證》專題研究〔D〕，南京師範大學碩士學位論文，2004。

12. 劉新民，清代「說文學」專著之書目研究〔D〕，北京：中國科學院碩士學位論文，2002。

13. 劉秀華，論段玉裁對《說文》的勘誤成就〔D〕，曲阜師範大學碩士學位論文，2008。

14. 劉艷清，清代「六書」學研究〔D〕，陝西師範大學博士學位論文，2010。

15. 羅時偉，清代「轉注」學說研究〔D〕，陝西師範大學碩士學位論文，2011。

16. 牛紅玲，鈕樹玉《說文新附考》研究〔D〕，首都師範大學碩士學位論文，2003。

17. 邵敏，《說文解字繫傳》研究〔D〕，山東大學碩士學位論文，2006.

18. 孫雅芬，《說文釋例》研究〔D〕，曲阜師範大學碩士學位論文，2006。

19. 陶生魁，《說文古本考》考〔D〕，陝西師範大學博士學位論文，2011。

20. 童春華，《說文解字》引《詩》研究〔D〕，首都師範大學碩士學位論文，2009。

21. 王浩，論桂馥的《說文解字義證》〔D〕，河北師範大學碩士學位論文，2002。

22. 王麗雅，鈕樹玉《說文解字校錄》研究〔D〕，臺灣逢甲大學碩士學位論文，2002。

23. 王志清，《說文》收字與文獻用字差異研究〔D〕，蘭州大學碩士學位論文，2006。

24. 嚴立仁，錢坫《詩音表》研究〔D〕，國立成功大學碩士學位論文，2004。

25. 楊秀恩，《玉篇殘卷》等五種材料引《說文》研究〔D〕，河北師範大學碩士學位論文，2002。

26. 俞紹宏，《說文古籀補》研究〔D〕，安徽大學博士學位論文，2006。

27. 趙曉飛，唐五代韻書引《說文》考〔D〕，河南大學碩士學位論文，2011。

28. 鄒禮超，簡論毛際盛的「說文學」〔D〕，湖北大學碩士學位論文，2008。